辽宁省职业教育“十四五”首批规划教材
21世纪新概念教材 · 高等职业教育现代物流管理专业教材新系

GUOJI HUOYUN DAILI

国际货运代理

(第七版)

岗课赛证融通教材

孙家庆 编 著

东北财经大学出版社
Dongbei University of Finance & Economics Press
大连

图书在版编目（CIP）数据

国际货运代理 / 孙家庆编著．—7版．—大连：东北财经大学出版社，2024.5

（21世纪新概念教材·高等职业教育现代物流管理专业教材新系）

ISBN 978-7-5654-5194-2

Ⅰ.国…　Ⅱ.孙…　Ⅲ.国际货运-货运代理-高等职业教育-教材　Ⅳ.F511.41

中国国家版本馆CIP数据核字（2024）第060670号

东北财经大学出版社出版

（大连市黑石礁尖山街217号　邮政编码　116025）

网　　址：http://www.dufep.cn

读者信箱：dufep@dufe.edu.cn

大连天骄彩色印刷有限公司印刷　东北财经大学出版社发行

幅面尺寸：185mm×260mm　字数：363千字　印张：16.5

2024年5月第7版　2024年5月第1次印刷

责任编辑：郭海雷　张爱华　吉　扬　责任校对：何　群

封面设计：原　皓　版式设计：原　皓

定价：45.00元

教学支持　售后服务　联系电话：（0411）84710309

如有印装质量问题，请联系营销部：（0411）84710711

第七版前言

国际货运代理被誉为“国际运输的组织者和设计师”，是国际贸易中不可或缺的重要环节。随着共建“一带一路”、交通强国建设任务的推进，无疑为我国国际货运代理迈向更高水平、迈上更高台阶提供了更加有力的战略指引，注入了更强劲的发展动力；同时，风云变幻的国际贸易形势使国际货运代理实践呈现多元化、复杂化的趋势，需要教材建设与国家战略、业务实践发展的同频共振、协同发展。鉴于此，我们对《国际货运代理》（第六版）进行修订，并力争体现以下特色：

（1）强化育人功能。以习近平新时代中国特色社会主义思想为指导，深入贯彻落实党的二十大精神和习近平总书记关于技能人才工作的重要指示，通过案例分析、方案设计等形式，注重培养国际货运代理人才树立家国情怀、技能报国，积极投身“一带一路”和“交通强国”建设。

（2）创新教材结构。为全面落实“知识、技能、育人”三大人才培养目标，采用任务化/模块化方式，设置国际货运代理基础、代理人业务、当事人业务、风险管控业务四大模块，从角色维（代理人、当事人）-方式维（海运、空运、陆运、联运）-货种维（普通货、危险品、冷藏品、国际展品）-理赔维（投诉、索赔）四大维度，围绕全流程关键环节（托运订舱、装拆箱、制单、计费、交付理赔）的业务操作，通过问题引导的方式设计了十个业务项目，实现了任务化/模块化、全程多维的教材结构体系创新，具有视角独特、体系清晰、内容全面、可读性强的特色。

（3）深化产教融合。邀请中国物流与采购联合会国际货代分会康树春会长，大连仓储与配送协会于波秘书长，世界技能大赛货运代理赛项中国专家组成员、上海交通职业技术学院孙晓教授，教育部高职院校职业技能大赛货运代理赛项裁判员、辽宁装备制造职业技术学院吴维军教授等行业及职教专家参与教材编写，注重引入国际货运代理企业实践案例、新技术、新规范、新标准，进一步增强教材的职业特色，凸显校企协同育人价值。

（4）融入世赛规范。世界技能大赛是当今世界地位最高、规模最大、影响力最广的职业技能赛事，被誉为“世界技能奥林匹克”。世界技能大赛标准反映了全球领先行业企业的水准，对全球技能人才发展和产业发展具有引领作用，是技能人才培养的“风向标”。本人长期兼任中国国际货运代理协会（CIFA）专家组成员、国际货代职业教育与职业发展集团专家委员会委员，多次担任辽宁、吉林、深圳等省市高职院校货运代理技能大赛裁判长，指导学生连续两次获得第一届、第二届全国职业技能大赛货运代理赛项银牌，并入选国家集训队。依托教材编写团队“赛教融合”经验，一方面，基于世赛、国赛的竞赛内容以及货代行业发展需求，删除租船、报关报检等业务，形成以国际集装箱货物为主线的货运代理业务体系；另一方面，适时将客户获取、报价计算、陆运管理、费用计算、海运空运操作、投诉处理、索赔处理等相关的技术规范融入教材，并强化训练环节，以期更好地满足全球经济产业转型升级对货代技能人才发展的新需要。

（5）汲取最新成果。一是基于《国际贸易术语解释通则2020》（INCOTERMS2020）、《中华人民共和国民法典》、《中华人民共和国国际海运条例及其实施细则》、《国际道路运输管理规定》、《关于加快推进多式联运“一单制”“一箱制”发展的意见》等新标准新法规以及中欧班列、中欧卡航（TIR跨境道路运输、GMS跨境道路运输、ACTS跨境道路运输）等新型运输模式的新特点、新趋势，更新了相关数据、资料与案例，以适应新变化、新需求，具有鲜明的时代感；二是吸收了2023年度中国物流学会物流教改教研课题（JZW2023343）等课题的部分成果，将最新的教改教研成果转化为教材，确保教材知识体系与技能体系的创新性；三是对于课外拓展知识，加大二维码链接拓展的图文等资源，以二维码为桥梁，构建教材新动态，实现教学资源的高效利用。

（6）配套教学资源。本教材配有相应的教学资源库，包括教学日历、教学大纲、电子课件、两套期末考试模拟试卷及参考答案、各章习题参考答案、常见的各类运输单证式样等，授课教师可以登录www.dufep.cn免费下载。

本教材由孙家庆教授编著，在修订过程中参考、吸收、采用了有关专家和学者的研究成果，在此向他们表示衷心的感谢。同时，对孙倩雯、房丽华、包文祺、景奥严、梁现珍、李林芮、王嘉胜、杨哲等研究生参与本书的调研、资料收集、文字核对工作表示衷心的感谢。

由于作者水平有限，本书难免有不足或偏颇之处，敬请读者批评指正。

孙家庆
2024年3月于大连海事大学

目录

模块一

国际货运代理基础

学生通过本模块的学习，进一步认识国际货运代理与国际货运代理行业，了解国际货运代理基本概念与业务范围，熟悉货运代理在以不同的活动身份开展经营活动时的费用计收与结算，掌握国际货运代理协议的内容与长期代理关系和航次代理协议建立程序。认识国际货运代理与国际贸易实务的关系，了解国际贸易进出口操作流程与风险防范技巧，熟悉国际货物运输保险业务操作，掌握国际贸易术语选择与信用证主要条款审核。

本模块内容架构如下：

- **模块一　国际货运代理基础**
  - 项目一　国际货运代理基础知识
    - 任务一　了解国际货运代理
    - 任务二　熟悉国际货运代理费用计收与结算
    - 任务三　掌握国际货运代理协议
    - 任务四　掌握国际货运代理关系的确定
  - 项目二　国际贸易实务基础知识
    - 任务一　了解国际贸易进出口操作流程与风险防范技巧
    - 任务二　掌握国际贸易术语操作
    - 任务三　掌握信用证操作
    - 任务四　熟悉国际货物运输保险操作

项目一
国际货运代理基础知识

学习目标

知识目标：

1.认识国际货运代理与国际货运代理行业。

2.了解国际货运代理基本概念与业务范围。

3.熟悉货运代理在以不同的活动身份开展经营活动时的费用计收与结算。

4.掌握国际货运代理协议的内容与长期代理关系和航次代理协议建立程序。

能力目标：

1.能进行国际货运代理费收计收与结算操作。

2.具备制定国际货运协议的能力。

素养目标：

1.认识国际货运代理行业对于加快推进我国国际贸易强国建设的支撑作用。

2.明确国际货运代理人的责任和担当，增强使命感，提高专业认同度。

任务一　了解国际货运代理

★课堂讨论

学习本课程之前，你了解国际货运代理吗？知道国际货运代理的业务范围与类型吗？

课外拓展

国际货运代理协会联合会（FIATA）简介

★问题引导

某生产企业拟出口一批货物至国外，现打算委托国际货运代理全权办理该批货物的租船订舱事宜。

思考：如果你是货运代理业务人员，你将如何向其介绍国际货运代理的业务范围与类型？

课外拓展

国际货运代理的产生与发展

小词典

货运代理的称谓，来自英文“freight forwarder”。国际货运代理（以下简称货运代理）是指接受进出口货物收货人、发货人和其他委托方或其代理人的委托，以委托人的名义或者以自己的名义，组织、办理国际货物运输及相关业务，提供国际货物流通领域的物流增值服务的企业。

引导知识点

一、货运代理的业务范围

1.《中华人民共和国国际货物运输代理业管理规定实施细则》的规定

《中华人民共和国国际货物运输代理业管理规定实施细则》(修订草案)第三十五条规定，货运代理企业可从事的经营范围包括：揽货、订舱（含租船、包机、包板、包舱)、托运、仓储、包装；货物的监装、监卸、集装箱拼装拆箱、分拨、中转及相关的短途运输服务；报关、报检、报验、保险；缮制签发有关单证、交付或收取运费、结算及交付或收取杂费；国际展品、私人物品及过境货物运输代理；国际多式联运、集运（含集装箱拼箱)；国际快递（不含私人信函)；咨询及其他国际货运代理业务。

2.实践中货运代理的业务范围

在实际业务中，有些货运代理向专业化方向发展，专注于某一领域的服务；有些货运代理则向多元化方向发展，力争成为现代物流服务的组织者、供应链的管理者。因此，经有关部门批准，货运代理的业务范围可以包括以下几个方面：

(1）以代理人身份从事外贸代理、保险兼业代理、报关代理、报检代理等业务。

(2）以无船承运人、多式联运经营人等身份从事无船承运与多式联运业务。

(3）以代理人或当事人身份从事国际快递、国际展品运输、危险品运输、冷藏品运输、过境运输等特殊货运服务。

(4）以第三方物流经营人身份从事国际物流业务。

二、货运代理的类型

1.按运输方式划分

按运输方式划分，货运代理可分为海上货运代理、陆上货运代理、航空货运代理等。

2.按法律地位不同划分

按法律地位不同划分，货运代理可分为代理人型和当事人型两类。

(1）代理人型货运代理。这类货运代理的特点是其收入来源为代理费，可细分为以下两种类型：①直接代理或显名代理，是指披露委托人身份的货运代理，即货运代理接受委托后，以委托人名义与第三方发生业务关系。②间接代理或隐名代理，是指未披露委托人身份的货运代理，即货运代理接受委托后，以自己名义与第三方发生业务关系。《中华人民共和国民法典》(以下简称《民法典》）委托合同一章，吸收了英美法系有关这类代理的相关规定，对这两种类型分别进行了的规定。

(2）当事人型货运代理。这类货运代理的特点是其收入的来源为运费或仓储费差价。按运输方式多少划分，可细分为单一运输方式下的无船（车、机）承运人、多种运输方式的多式联运经营人。有关具体内容将在当事人业务一篇予以介绍。

3.按企业所有制结构不同划分

按企业所有制结构不同划分，货运代理可分为国有、外资、民营三大类。国有独资或国有控股货运代理、外商投资货运代理、民营货运代理各具优势，以市场占有率计算，基于上处于三足鼎立的态势。

任务二　熟悉国际货运代理费用计收与结算

★课堂讨论

在学习本课程前，你认为货运代理费用应该包括哪些内容？有哪些要求？有哪些计收的方法？

★问题引导

某年4月，A公司委托B货运公司海运出口一批环型荧光灯由上海至悉尼，海运委托书注明运费到付。承运人E公司签发了本公司提单。提单载明：托运人A公司，收货人凭指示，运费到付等。货物出运后，A公司向B货运公司支付若干代理费。B货运公司要求A公司向C货运公司支付海运费。A公司遂根据运费发票向C货运公司支付11 205元人民币。其后，A公司以提单载明运费到付、其不应承担海运费为由，起诉B货运公司和C货运公司返还海运费并赔偿损失。C货运公司确认收到该笔运费并称已向E公司支付，但未提交付款凭证。C货运公司和A公司均确认收货人在目的港已提货。

思考：在本案例，B货运公司和C货运公司各充当的是什么角色？它们的费用构成有哪些？

引导知识点

一、货运代理费用的构成

货运代理费用的构成同其开展经营活动的身份、业务对象、处理内容及作业方式等有关，需由当事人之间约定。

1.货运代理作为代理人时的费用

货运代理作为代理人，业务活动中涉及的费用主要是向委托人收取的货运服务费以及代收代付费用。

（1）货运服务费。货运服务收费项目与其受托的服务内容有关，通常包括以下各项：①租船订舱佣金；②货物的监装、监卸劳务费；③集装箱拆装箱劳务费；④接交劳务费；⑤转运劳务费；⑥代办报关报验费；⑦缮制单证费；⑧代收代付手续费或垫款佣金；⑨特种货物服务费；⑩退关税服务费、退关单费、换单费、签单费。

（2）代收代付费用。代收费用是指货运代理为委托人（货主）代收相关货款等，在国际贸易中极少发生；代付费用是指货运代理为委托人垫付相关费用，比如，海运费、港杂费、关税等。

2.货运代理作为当事人时的费用

货运代理以当事人身份开展业务活动时，主要涉及以下应收应付款：

（1）应收款。应收款是指货运代理作为当事人，向委托方收取的费用，比如，运杂费、仓储费等。

（2）应付款。应付款是指货运代理作为当事人，向业务分包商、委托代理等关联方支付的费用，比如，运杂费、仓储费等。

3.货运代理以“混合身份”开展业务时的费用

货运代理应针对不同服务项目下的身份：代理人还是当事人，分别计收费用。

★问题引导

某年6月，杭州某国际货运有限公司宁波分公司（以下简称委托人）委托宁波某货运代理公司（以下简称货运代理）出运一票货物从宁波港至巴尔的摩港。委托人和货运代理双方约定货配“韩进”航线，由委托人支付海运费2 170美元、包干费150元人民币，共计14 472元人民币。在海上货运代理合同履行期间，经委托人同意，货运代理将货物改配“DSR”航线。货物起运后，货运代理垫付了全部费用，并于6月18日及7月28日两次通知委托人支付海运费及包干费。9月17日另通知委托人支付因改配航线增加的费用200美元。但委托人只同意支付原约定的运费款项，拒绝支付增加费用。货运代理遂诉至某海事法院，要求委托人支付海运费2 370美元、150元人民币及逾期付款滞纳金1 705元人民币。

思考：本案例中，货运代理计收计付时有哪些处理不当的行为？

引导知识点

二、货运代理费用计收

1.货运代理费用计收要求

（1）了解客户的委托业务与要求。防止在委托不清或没有完全理解委托业务事宜的情况下，因随意和轻率的代理行为而引发费用责任事件。

（2）代付费用的书面确认。代付费用支付前，应取得委托方的确认。费用支付后，应取得付费发票，以用于事后结算。

（3）业务承诺和费用确认同时进行。所有与业务相关的费用应在业务承诺前通盘考虑，并计入对外报价。

（4）掌握费用计收相关规定。应充分了解提单、运单等运输单据中有关费用的规定，以及运价有关费用项目及计算的说明，计收要准确。

2.货运代理费用计收方法

（1）分项计收法。费用的高低取决于作业环节和每个环节的费用水平。这种计收法具有明码标价的特点，整个业务作业环节和费用水平较清楚。

（2）包干计收法。以总费用包干或一揽子费用形式向委托人计收费用。这种方法计费方法简洁，缺点是不了解计费过程，透明度较差。

（3）照实计收法。货运代理代表委托人向第三人支付费用，然后凭费用支付发票向委托人进行实报实销。至于货运代理的代理费用，则由双方另行约定。

（4）混合计收法，也称部分包干计收法，即对部分项目费用实行包干计收，其余按项目费用照实计收。实践中，包干计收主要针对环节比较复杂或费用难以估计的业务部分；照实计收主要针对作业清晰和费用明确的业务部分。

★问题引导

某年10月下旬，一自称为马钢的人，以上海A货运有限公司淮阴分公司名义就国际货运代理业务与青岛B货运代理公司（以下简称B公司）联系。B公司与其合作了两笔业务，成交价格均高于市场价格，利润丰厚。鉴于此，B公司同意马钢提出的费用月结申请，并派人前往其公司进行实地考察。11月17日，B公司与对方签订了费用月结协议，协议规定结算期为30天。协议签订后，马钢提供的货量大幅上升，B公司代垫的海运费随之增加，至11月底马钢以上海A货运有限公司淮阴分公司名义在B公司共产生运费140余万元人民币。在业务操作过程中，因垫付金额较大，B公司业务人员不断催促马钢还款，马钢也先后向B公司支付了少量运费，但其一笔金额为20万元人民币的电汇水单经事后查证系伪造的。B公司遂向公安机关报案。B公司后来调查得知，上海A货运有限公司根本未设立或授权他人设立淮阴分公司，马钢显然属于假冒上海A货运有限公司淮阴分公司名义进行诈骗。经法院审理，马钢因犯诈骗罪被判10年有期徒刑，而B公司因马钢诈骗蒙受损失高达120万元人民币。综上所述，在市场竞争日趋激烈的今天，国际货运代理应特别重视对客户信用风险的防范，并根据客户的信用状况选择不同的费用结算方式。

思考：B公司采用的是哪种结算方式？这种结算方式有何风险？

小词典

货运代理费用结算是指货运代理企业财务部门对业务相关费用与费收进行整理、汇总、核实、确认和结清的整个过程。结算的目的是理清业务关系人之间的费用与费收关系，并对结算余额进行支付和收取提供依据。

引导知识点

三、货运代理费用结算

1.内部结算与外部结算

内部结算，是指按照成本管理、经济效益核算和企业财务管理的要求对业务活动的费用与费收进行结算；外部结算，是指与业务活动的对象或委托人按照协议或事先约定对从事的业务和委托项目的有关费用与费收进行整理、核实和结清。

2.按委托项目结算与综合结算

按委托项目结算，是指当事人根据预先协议或约定，在活动过程中或结束后的规定时间里开具账单并结清费用，通常适用于散客和简单业务事项；综合结算，是指按委托人和业务分包方进行结算，通常用于复杂业务委托或长期业务委托项目。

3.记账式结算和现付式结算

记账式结算，是指业务活动过程中所产生的费用与费收，根据与委托人的约定和财务管理要求先计入专门为此建立的账户，然后按照规定在账户中进行收支抵冲，余额由赊欠者支付结清；现付式结算或称一笔一清，是指以当场结算和现金支付形式就委托业务事项所产生的费用进行核实与结清。

4.即时结算与定期结算

即时结算，是指货运代理按票与货主结算其应收应付的费用，通常适用于首次往来的客户；定期结算，是指按双方约定的时间结算，适用于大客户及长期客户。

任务三　掌握国际货运代理协议

★课堂讨论

组织学生讨论，货运代理协议与一般委托代理协议相比有哪些特殊性。

★问题引导

某出口商拟出口一批货物至国外，现需要与相关的货运代理洽谈委托代理事宜。

思考：根据你的理解，货运代理协议通常包括哪些条款？

小词典

货运代理协议是指货运代理企业接受进出口收货人或发货人的委托，以委托人或自己的名义办理国际货物运输业务并收取报酬的协议。

引导知识点

一、货运代理协议的特点与类型

1.货运代理协议的特点

（1）主体的特定性。货运代理协议当事人均是特定的主体，分别是国际货运代理企业、进出口货物的贸易公司（发货人、收货人或其代理）。

（2）客体的限定性。货运代理协议服务内容必须是与国际货物运输相关的事务。显然，货运代理不得从事诸如旅游、保险等与货运无关的服务。

（3）身份的多重性。与国内货运代理只能以委托人名义开展业务不同，国际货运代理可以以委托人或自己名义开展业务，即具备显名代理与隐名代理两种身份。

（4）合同的混合性或无名性。实践中，货运代理业务内容，既可以是代理人业务，也可以是当事人业务，因而所签订的合同将具有不同的合同特征。当每种不同的合同特征出现在同一合同中时，这一合同被称为混合合同，同时因无法归属于《民法典》中的任一合同，故也称无名合同。

2.货运代理协议的类型

从不同的角度出发，货运代理协议可有不同的类型，以下为实践中常见的货运代理协议。

（1）根据代理内容的不同，可分为专门处理一项货运事务的代理协议，以及处理数项甚至概括处理一切货运事务的代理协议。

（2）根据委托人的不同，可分为货运代理协议、互为代理协议、揽货/销售代理协议。这三种协议下的委托人分别是发货人/收货人、货运代理、承运人。

（3）根据委托人授权不同，可分为总代理协议、独家代理协议和一般代理协议。

总代理协议、独家代理协议与一般代理协议三者的区别在于，总代理与独家代理均享代理专营权，而一般代理不享有代理专营权；总代理与独家代理的区别是总代理可以将业务交由自己的分支机构或分代理代为办理，而独家代理必须自行完成代理业务，不得转委托。

课外拓展

CMAC 货运代理协议示范条款

（4）根据代理时间的长短不同，可分为长期代理协议和航次代理协议。

在国际运输市场竞争激烈的情况下，货运代理应力争与委托人签署长期代理协议。

（5）根据代理协议是否标准化，可分非标准代理协议和标准代理协议。目前，国际货运代理协会联合会制定了标准交易条款。中国国际货运代理协会和中国海事仲裁委员会上海分会于2016年4月26日共同草拟了《国际货运代理协议示范条款》。

二、货运代理协议与货运委托书的区别

货运代理委托书（简称货运委托书），是委托代理授权行为的书面形式。可见，与货运代理协议是一种双方的法律行为不同，货运委托书是委托人向代理人授予代理权的意思表示，是一种单方法律行为。因此，在实践中，委托人以电传、传真、电子邮件等形式向代理人发出的书面委托，如果未经代理人书面确认，其代理关系并未成立。在收到书面委托后，代理人应及时做出接受书面委托的承诺，或在答复期限内用实际履行的方式做出，并通知委托人已开始履约。

在实践中，货运委托书并没有统一的形式，以下为常用的货运委托书：

（1）货物进出口订舱委托书（entrusting order for export/import goods）。

（2）货物进出口委托书（application for export/import goods）。

（3）国际货物委托书（shipper's letter of instruction）。

（4）订舱单（booking note），用于非集装箱货物。

（5）集装箱货物托运单，用于集装箱货物。

（6）租船确认书（fixture note），租船中使用。

（7）海运出口货物代运委托单。

（8）陆/海运出口货物委托书。

（9）出口货运代理委托书。

（10）货运委托书（中国国际货运代理协会和中国海事仲裁委员会上海分会拟定的标准格式）。

课外拓展

货运委托书

货运委托书因内容过于简单而难以有效地保护代理人的利益，因此当事人双方尤其是货运代理人应事先制作标准的委托代理协议，并予以实际应用，以保护自身利益。

三、货运代理协议基本条款

货运代理协议基本条款主要包括以下内容：

（1）委托人名称、地址、法定代表人姓名及公司电话。

（2）代理人的名称、地址、法定代表人姓名及公司电话。

（3）代理授权、代理期限、代理权限。

（4）代理人的义务，包括一般性义务及特定义务。

（5）委托人的义务，包括一般性义务及特定义务。

(6) 代理事项，包括通常事项、特定事项（需要声明的）。

(7) 收费标准、收费时间、收费方式，以及未按时支付费用的法律后果。

(8) 协议纠纷的解决办法，选择适用法律。

(9) 协议生效条件、终止、变更、续展及有效期。

(10) 协议正本数，所用文字及其效力。

(11) 其他协议事项。

(12) 单位盖章，法定代表人或其代理人签字。

(13) 协议附件说明，包括代理公司业务规程，收费标准，双方往来电报、电文等。

任务四　掌握国际货运代理关系的确定

★课堂讨论

根据需要，可将学生分成若干组，分别扮演货运代理企业人员和进出口贸易企业人员，然后，探讨两企业如何建立代理关系。

★问题引导

随着货运代理市场竞争日趋激烈，如何尽快承揽业务、与客户建立代理关系成为货运代理从业人员迫切需要掌握的技巧。

思考：作为货运代理企业业务人员，应采取哪些对策，才能尽快与客户建立代理关系？

引导知识点

货运代理关系的确立是指货运代理企业通过一系列市场营销活动，与委托方签署代理协议，获取代理业务的过程，包括争取代理业务和签署代理协议两个部分。

一、建立长期代理关系的基本程序

1.建立较强的市场营销机构

货运代理企业除了拥有自己的营销队伍外，应选择可靠的代理机构，成为互为代理。在选择代理机构时，应选择那些与国际货物运输服务链上各环节相关企业以及行政机关均有密切联系的大型代理机构。此外，货运代理企业可在主要目的港等建立自己的办事处或分支机构。

2.初步分析市场

了解并分析货运市场，分析自己与竞争对手的基本情况，做到知己知彼，并列出可能的客户名称；确定委托代理事项及其要求、达到的目的等。

3.分析客户，确定可以进行开发的客户

对已列出的客户进行分析，并尽可能地了解其具体情况，比如每月货物数量、流向，通过何种公司承运或代理等，同时应根据既定目标对客户资信、业务情况进行评估。

4.开发客户

将有开发价值的客户筛选出来，有针对性地拜访客户，了解客户需求，并作为销售对象。货运代理企业可选择的销售方式五花八门，主要有：

（1）电话销售。此为普遍采用的销售方式，也为以后上门销售打下基础。

（2）上门推销。此为不得已才采用的销售方式，一般不宜采用。

（3）间接方式。通过各种渠道，包括朋友、同学以及老客户的推荐等，与新客户先建立交往，待时机成熟后再进行销售。此种方式往往用于大客户。

5.开展试代理

通过以上销售方式取得部分客户的初步信任之后，双方可开始进入试代理阶段。但一定会有一部分不合作的客户，对其要进行跟进销售，不可轻易放弃，因为经验告诉我们这种客户往往是有货源或船舶的大客户。

6.签署长期代理协议

经过试代理阶段，双方取得相互信任后，双方尝试签署长期代理协议。在实际业务中，双方也可以无需试代理阶段而直接签署长期代理协议。

7.建立业务档案和往来账户，进行运作

货运代理企业应建立业务档案和往来账户，并进行运作。在运作中要对客户进行认真维护，想客户之所想，急客户之所急，以便使其成为长期合作的伙伴。

8.检查与评估

货运代理企业应对委托事项与代理工作、业务运作与资金往来、协议内容等事项进行检查与评估，做出评估报告（包括建立代理关系的实际效果和效益，存在的问题和有待注意与改进的方面等）；必要时，应对业务与财务运作进行调整，提出修改或补充协议内容，并取得协议关系人的确认。

二、建立航次代理协议的基本程序

航次代理协议的建立，除了同样需要通过市场营销活动取得委托人的委托申请外，包括如下基本内容：

（1）对委托人及其委托书（托运单）的审核与评估，重点审核与评估委托人有无不良记录和能否接受委托内容等。

（2）就委托事项的资料与文件要求、代理安排与时间、费用等事项向委托人报价，并要求其及时提供和回盘。

（3）委托人提供资料和文件、费用确认等相关事宜，代理人复审无误并认为可以接受时，则及时予以确认，即代理协议确认。

（4）双方建立委托业务关系和联系档案。

（5）按代理协议的约定，做好代理的每项工作，包括处理结果和信息反馈。

（6）对委托人履行合同情况进行恰当评估，以决定是否继续进行业务往来。

三、货运代理建立代理关系时应注意的若干问题

（1）销售的不同阶段应采取不同的方式。销售初期要以市场渗透为主，市场开发为辅，“广撒网，拓宽路”，随后应稳中求进，重点维护现有客户，同时发展新客户，补充新鲜血液。原因是很多客户常常倾向于轮流尝试与多家代理合作，或同时使用几家代理，以便进行优劣评价，并进而通过压价来降低成本。

（2）摆正自己的心态和姿态，打好与客户交往的基础。在把客户作为上帝为其提供优质服务的同时，如对其不合理要求一味退让，会使自己陷入被动销售的地位。

（3）应用电子商务，在网上进行销售。公司不但要建立网站宣传自己，还要在网上推销自己。

（4）既要抓住机遇，更要创造机遇。既要推陈出新，在广告、包装、服饰等方面创造新形象，又要抓住客户的心理，主动销售自己的产品。

（5）做好客户的维护工作。如果不能做好客户的维护工作，则最终难以使客户放心和满意。

（6）要有完整的销售计划、维护计划。在销售与维护之前做好计划，工作才能有条不紊；每隔一定的时间，还应对这些计划进行总结和修正，从而更好地完成销售工作。

（7）奖励机制应与员工亲和力相结合。既要重视奖励机制的作用，也应营造和谐、向上、有发展潜力的气氛，使员工感到在公司工作既心情愉快，又有发展前途。

项目考核

1.单项选择题

（1）国际货运代理企业作为代理人时往往为货主代付费用，但（　　）不属于代付费用。

A.运费　　B.港杂费　　C.关税　　D.报关报验费

（2）传统下的国际货运代理实际是（　　）。

A.代理人　　B.契约/无船承运人

C.仓储经营人　　D.多式联运经营人

（3）与国际货运代理不同，国内货运代理只能以（　　）名义开展业务。

A.委托人　　B.自己　　C.承运人　　D.第三人

2.多项选择题

（1）（　　）属于国际货物运输代理企业的经营范围。

A.国际展品运输代理　　B.国际多式联运

C.私人信函快递业务　　D.报关报检

（2）国际货运代理企业的费用计收方法主要有（　　）。

A.分项计收法　　B.照实计收法

C.包干计收法　　D.混合计收法

（3）按法律地位不同，国际货运代理可以分为（　　）。

A.居间人型　　B.代理人型

C.当事人型　　D.第三人型

（4）国际货运代理协议的特点包括（　　）。

A.委托人的广泛性　　B.受托人的特定性

C.委托内容的限定性　　D.合同的无名性

3.判断题

（1）我国国际货运代理企业实行登记许可制度。（　）

（2）我国国际货运代理企业可以以自己名义开展业务。（　）

（3）国际货运代理具有双重身份。（　）

4.简答题

（1）简述国际货运代理的概念及业务范围。

（2）简述国际货运代理的基本类型。

（3）简述国际货运代理费用的构成及计收的方法。

（4）简述国际货运代理协议的种类。

项目实训

（1）上网查询中国及各省市国际货运代理协会网站，对中国国际货运代理协会的发展过程及其职能等做简要评述。

（2）深入某国际货运代理企业调研，针对该企业的业务发展情况并参照《国际货运代理协议示范条款》，起草国际货运代理委托协议。

项目二

国际贸易实务基础知识

学习目标

知识目标：

1.认识国际货运代理与国际贸易实务的关系。

2.了解国际贸易进出口操作流程与风险防范技巧。

3.熟悉国际货物运输保险业务操作。

4.掌握国际贸易术语选择与信用证主要条款审核。

能力目标：

1.能正确审核信用证主要条款。

2.具备国际术语与国际货物运输保险条款选择能力。

素养目标：

1.认识国际贸易实务在国际货运代理业务操作中的作用。

2.增强国际货运代理人的风险意识，遵循职业操守。

任务一　了解国际贸易进出口操作流程与风险防范技巧

★课堂讨论

你认为国际贸易进出口操作流程包括哪些？如何防范可能面临的风险？

★问题引导

一批国产货物经由外贸公司出口到国外。

思考：这批货物的运输要经过哪些流程？外贸公司如何防范可能面临的风险？

引导知识点

一、国际贸易进出口操作流程

图2-1显示了国际贸易进出口操作流程，可知，国际贸易进出口操作流程主要分为三个阶段：准备阶段、磋商和签订合同阶段、履约阶段。

以国际贸易公司作为外贸代理为例，具体说明出口操作内容：

（1）了解考察。国际贸易公司接受委托后，要对委托的生产企业进行必要的考察。

（2）核算产品出口成本。生产企业向国际贸易公司提供本企业的最低出口价格，由国际贸易公司核算并确定产品的出口成本。

（3）选择外商。外商可由生产企业自找，也可由国际贸易公司选定。要注意对所选择的贸易对象进行资信调查，这一过程可委托国外分支机构或银行咨询机构办理。

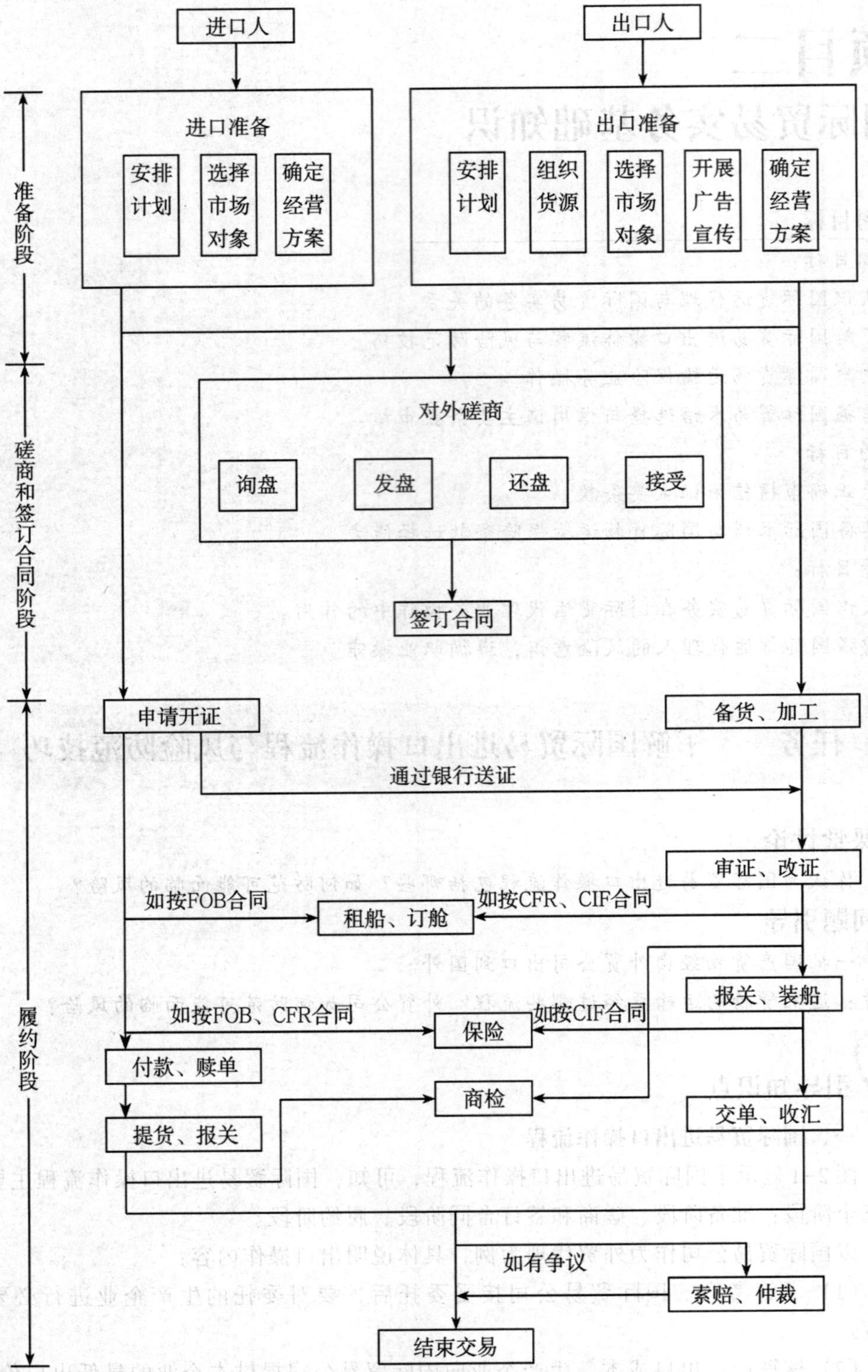

图2-1　国际贸易进出口操作流程图

（4）签订外贸代理协议。①从产品供货角度，明确生产企业对其产品交货期、数量、质量、价格承担义务；②从商务角度，明确国际贸易公司应对产品出口过程中涉及的对外的商务联系、货物出口报关、租船订舱、办理出口商品检验、保险、缮制有关出口单证等承担义务；③协商确定代理出口手续费比例、结算方式和外汇留成比例；④明确在可能引起的商务纠纷中双方各自应承担的责任。

（5）与外商签订国际贸易合同。①与境外客户就国际贸易合同条款达成一致后，制作国际贸易合同，由业务、财务等部门进行合同评审。②经评审合格后，国际贸易公司与境外客户签订国际贸易合同。

（6）货物检验和出运。①备货及检验。②安排租船订舱。③出口产品发运后取得运输单据。

（7）收汇。①汇付项下，及时将全套单据通过安全途径送达境外客户。②托收和信用证项下，审核单据、制作交单申请，及时办理银行交单或议付手续。

（8）催收账款。对逾期不能收汇、催收无效给企业造成损失的，按责任事故处理权限及处罚规定办理，并保留相应的记录。

（9）工贸结算。外销合同执行完毕，工贸双方按外贸代理协议有关条款结算。

（10）核销退税。①按规定的期限及时办理外汇核销手续。②复核发票及有关单据后，及时办理出口退税及核销手续。

（11）售后工作。①及时处理生产企业和境外客户提出的投诉与理赔。②对生产企业和境外客户进行年度满意度情况调查。

二、国际贸易进出口业务常见风险的防范

（1）收汇风险。为避免发生收汇风险，国际贸易公司应与委托方——工厂签订书面协议，这样一旦发生外商不支付货款的情况，国际贸易公司可向工厂追偿。

（2）资金风险。国际贸易公司应避免为委托方垫付资金，比如，打包贷款或支付订金、预付款等，以防发生垫付资金无法回收的风险。

（3）质量风险。当国际贸易公司以当事人开展业务时，应与买卖双方约定质量问题的承担方，这样一旦发生质量后，可迅速明确质量责任承担方。

（4）骗汇和核销责任。为防发生此类风险，应在国际贸易代理协议中详细规定核销的责任以及骗汇处罚内容。

任务二　掌握国际贸易术语操作

★课堂讨论

谈谈你对进出口贸易的理解。你知道哪些国际贸易术语？

★问题引导

印度孟买一家电视机进口商与日本京都电器制造商洽谈买卖电视机的交易。从京都（内陆城市）至孟买有集装箱多式联运服务，在京都当地货运代理以契约承运人的身份可签发多式联运提单，货物装集装箱后用卡车运至横滨，然后由海轮运至孟买。

思考：京都电器制造商是否可向孟买电视机进口商按 FOB、CFR、CIF 术语报价？京都电器制造商最适宜的贸易术语是什么？如果孟买电视机进口商不愿意承担货物交运

前的风险，应采用何种贸易术语？

小词典

国际贸易术语（trade terms）是指用简短的概念或英文缩写字母来表示商品的价格构成，说明交易地点，确定买卖双方的责任、费用、风险、通关划分等四大核心问题的专门用语。

引导知识点

目前在国际上有较大影响的国际贸易术语惯例主要包括国际商会（International Chamber of Commerce，ICC）制定的《国际贸易术语解释通则》（International Rules for the Interpretation of Trade Terms）、国际法协会（International Law Association）制定的《华沙-牛津规则》（Warsaw-Oxford Rules）、美国一些商业团体制定的《美国对外贸易定义修订本》（Revised American Foreign Trade Definitions）。在上述国际贸易术语惯例中，国际商会《国际贸易术语解释通则》（INCOTERMS）对贸易术语解释内容最多、应用范围也最广。国际商会每十年对《国际贸易术语解释通则》修订一次，目前常用的版本包括INCOTERMS2000、INCOTERMS2010和INCOTERMS2020。

一、INCOTERMS2000

INCOTERMS2000对十三种术语按其特点分类，分成E、F、C、D四组，详见表2-1。

表2-1 国际贸易术语表

组别	价格术语	英文名称	中文名称	买方付款时间	运输方式	运费支付	运输安排
E组起运	EXW	ex works	工厂交货	收货后	无限制	买方	买方
F组主运费未付	FCA	free carrier	货交承运人	单据指示时	无限制	买方	买方
	FAS	free alongside ship	船边交货	单据指示时	水运	买方	买方
	FOB	free on board	装货港船上交货	单据指示时	水运	买方	买方
C组主运费已付	CFR	cost and freight	成本加运费	单据指示时	水运	卖方	卖方
	CIF	cost，insurance and freight	成本加保险费、运费	单据指示时	水运	卖方	卖方
	CPT	carriage paid to	运费付至	单据指示时	无限制	卖方	卖方
	CIP	carriage and insurance paid to	运费、保险费付至	单据指示时	无限制	卖方	卖方
D组抵达	DAF	delivered at frontier	边境交货	收货后	无限制	卖方	卖方
	DES	delivered ex ship	目的港船上交货	收货后	水运	卖方	卖方
	DEQ	delivered ex quay	目的港码头交货	收货后	水运	卖方	卖方
	DDU	delivered duty unpaid	未完税交货	收货后	无限制	卖方	卖方
	DDP	delivered duty paid	完税后交货	收货后	无限制	卖方	卖方

（1）E组为起运（departure）术语，只有EXW一种术语。EXW是卖方承担责任最小的术语 。买方必须承担在卖方所在地受领货物的全部费用和风险。若双方希望

在起运时卖方负责装载货物并承担装载货物的全部费用和风险时，则须在销售合同中明确写明。

（2）F组为主运费未付（main carriage unpaid）术语，本组包括FCA、FAS和FOB三种贸易术语。使用这些术语，买卖双方承担的责任、费用和风险是以始发地约定的交货点为分界线的。卖方需要办理货物出口通关手续，将货物交至买方指定的承运人，买方应办理货物的保险、租船订舱、进口通关等手续，支付相应的费用，并承担始发地（港）货交承运人（FCA术语下）、货交船边（FAS术语下）或者货物装上船（FOB术语下）以后的货损、货差风险。

案例2-1

新加坡A公司与马来西亚B公司订立FCA合同，购买500吨白糖，合同约定提货地为B公司所在地。某年7月3日，A公司派代理人到B公司提货，B公司已将白糖装箱完毕并放置在临时敞篷堆场中，A公司代理人由于人手不够，要求B公司帮助装货，B公司认为已履行完应尽义务，故拒绝帮助装货。A公司代理人无奈返回，3日后A公司代理人再次到B公司所在地提走货物。但是，在货物堆放的3天里，因遇湿热台风天气，货物部分受损，造成10%的脏包。问：该损失应由哪一方承担？

案例分析： INCOTERMS2000重新规定了FCA术语下装货和卸货的义务：交货地在卖方所在地时，卖方负责装货；交货地在卖方所在地之外时，卖方不负责装货。可见，在本案中，B公司将货物装箱并存放后，并未履行完交货义务，B公司应负责装货。A公司代理人在3日后自行派人将货物装车并提走，可以视为放弃了要求B公司装货的权利，但在此之前的货物灭失或损坏的一切风险仍应由B公司承担。

案例2-2

沈阳某公司采用FOB大连到美国出口货物一批，装运期为5月份，集装箱装运。我方4月26日收到买方发来的装船通知，告知我方载货船舶将于5月15日到达装货港。为了及时装运，我方业务员于5月10日将货物从沈阳运至大连码头仓库，不料货物因当夜仓库发生火灾而全部损失。问：（1）以上损失是否应该由我方承担？为什么？（2）若采用FCA沈阳交货，该损失是否应该由我方承担？为什么？

案例分析：（1）以上损失应该由我方承担。因为FOB大连的风险点在大连装货港船舷，该损失发生在货物越过船舷之前，因此由卖方承担。（2）若采用FCA沈阳交货，该损失不应该由我方承担。因为FCA沈阳的风险点在沈阳货交承运人处，而该损失发生在运出沈阳之后，因此风险已转移至买方。

（3）C组为主运费已付（main carriage paid）术语，本组包括CFR、CIF、CPT、CIP四种贸易术语。使用这些术语，买卖双方承担的责任和风险是以始发地约定的交货点为分界线的，卖方应办理出口通关、租船订舱等手续、支付相应的费用，但不承担发货后货损、货差风险。其中，CIF和CIP术语下的卖方还需负责投保货物运输险和支付相应的保险费，CFR和CPT术语下的买方应负责投保货物运输险和支付相应的保险费。

案例2-3

国内内陆某出口公司于某年2月向日本出口30吨甘草膏，每吨40箱，共1 200箱，每吨售价为1 800美元，FOB天津新港，共54 000美元，即期信用证，装运期为2月25日之前，货物必须装集装箱。该出口公司在天津设有办事处，于是在2月上旬便将货物运到天津，由天津办事处负责订箱装船。不料货物在天津存仓后的第三天，仓库午夜着火，因夜风大火烈，抢救不及，1 200箱甘草膏全部被焚。办事处立即通知该出口公司并要求尽快补发30吨甘草膏，否则无法按期装船。结果该出口公司因货源不济，只好要求日商将信用证的有效期和装运期各延长15天。请分析此案应吸取的教训。

案例分析：我国进出口企业长期以来不管采用何种运输方式，对外洽谈业务或报盘仍习惯用FOB、CFR和CIF三种贸易术语。但在滚装、滚卸、集装箱运输的情况下，船舷无实际意义时应提倡尽量改用FCA、CPT及CIP三种贸易术语，特别是内陆地区的出口。案例中出口公司所在地正处在铁路交通的干线上，外运公司在该市有集装箱中转站，既可接受拼箱托运也可接受整箱托运。假如当初采用FCA（该市名称）对外成交，出口公司在当地将1 200箱甘草膏交中转站或自装、自集后将整箱（集装箱）交中转站，不仅将风险转移给买方，而且当地承运人（即中转站）签发的货运单据即可在当地银行办理议付结汇。该公司自担风险将货物运往天津，再集装箱出口，不仅加大了自身风险，而且推迟了结汇。

（4）D组为抵达（arrival）术语，也称目的地交货类术语。本组包括DAF（边境交货）、DES（目的港船上交货）、DEQ（目的港码头交货）、DDU（未完税交货）和DDP（完税后交货）五种贸易术语。这类术语的特点是：买卖双方承担的责任、费用和风险是以目的地约定的交货点为分界线的，卖方必须承担将货物运至目的地国家和地点所需要的所有费用与风险。这个交货点可能是目的港的船上、码头、车站、仓库或其他地点，甚至是内陆某个地点。只有当卖方在该交货点将货物置于买方控制下才算交货，才能向买方收取货款。因此，在国际贸易中，卖方通常不愿意采用这类术语。D组根据谁负责进口清关，分成两类：按DAF、DES、DDU，买方负责货物清关；按DEQ和DDP，卖方负责货物清关。

上述国际贸易术语的费用与风险划分如图2-2所示。

在我国对外贸易中，经常使用的主要贸易术语为FOB、CFR和CIF。在海上运输中，根据惯例，在班轮运输下，船方负担货物装卸费，即班轮运费内包括装货费用和在目的港的卸货费用；但在租船运输下，船方通常不承担装卸费用。因此，在租船运输方式下，为了明确责任，买卖双方通常在合同中就装卸费由谁承担做出明确的规定。具体的规定方法，既可以在合同中订明，也可以采用如表2-2所示的上述三种术语的变形。

对于国际货运经营者来说，国际贸易术语将决定货运运作的过程。

（1）国际贸易术语不仅决定了货运运作的主体是由货物的买方还是卖方负责，还划分了买卖双方各自应承担的货运服务的内容。

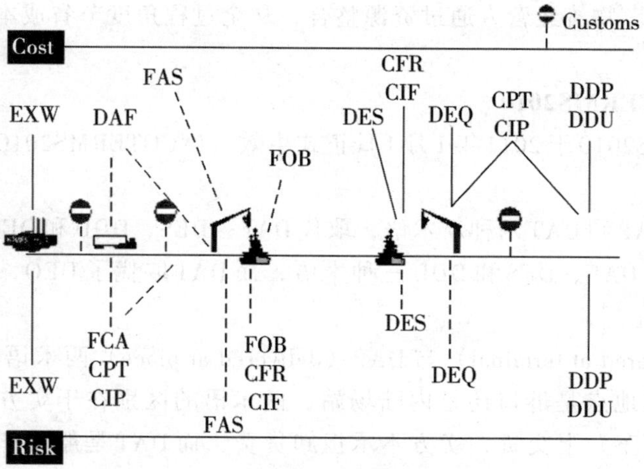

图2-2　国际贸易术语的费用与风险划分示意图

表2-2　FOB、CFR、CIF术语的变形表

术语的变形	装货费/卸货费等费用的分担
FOB班轮条件（FOB liner terms）	装货费按班轮办法处理，由支付运费的买方负担
FOB吊钩下交货（FOB under tackle）	从货物吊装开始，装货费由买方负担
FOB包括理舱（FOB stowed）	卖方负担包括理舱费在内的装货费
FOB包括平舱（FOB trimmed）	卖方负担包括平舱费在内的装货费
CFR班轮条件（CFR liner terms）	卸货费按班轮办法处理，由支付运费的卖方负担
CFR吊钩交货（CFR ex tackle）	卖方负担货物从舱底至船边卸离吊钩为止的费用
CFR卸到岸上（CFR landed）	卖方负担将货物卸至目的港岸上的费用
CFR舱底交货（CFR ex ship's hold）	买方负担将货物从舱底起吊卸至码头的费用
CIF班轮条件（CIF liner terms）	卸货费按班轮办法处理，由支付运费的卖方负担
CIF吊钩交货（CIF ex tackle）	卖方负担货物从舱底至船边卸离吊钩为止的费用
CIF卸到岸上（CIF landed）	卖方负担将货物卸至目的港岸上的费用
CIF舱底交货（CIF ex ship's hold）	买方负担将货物从舱底起吊卸至码头的费用

（2）国际贸易术语决定了货运过程中的主要运输方式。在十三种国际贸易术语中，有六种国际贸易术语（FAS、FOB、CFR、CIF、DES和DEQ）只适用于海运或者内河运输。这就意味着，如果贸易合同采用了这六种贸易术语中的一种，那么航空公司就基本上与该票货物无缘。

（3）国际贸易术语决定了货运的路线。十三种国际贸易术语无一例外都有后缀：named place …或port of …，这一后缀限制了货运路线的选择，使得不经营这些路线的承运人就没有参与竞争的可能。

（4）大部分国际贸易术语决定了货物的交付过程通常是分段运输。十三种国际贸易术语中，EXW、FCA、CPT、CIP、DDU和DDP为"门到门"全程服务提供了可能，而其他术语都限制了这一最先进的运输方式的应用，也就限制了承运人的服务范围。

（5）国际贸易术语提供了划分货运费用支付的界限。国际贸易术语希望通过细分货运环节达到准确估计贸易成本和确定各自承担费用范围的目的，但是这与物流经营的理念不甚符合。物流经营人通过资源整合，从全过程角度节省成本，可能无法划清某一阶段的成本。

二、INCOTERMS2010

INCOTERMS2010于2011年1月1日正式生效。INCOTERMS2010的变化主要体现为以下几点：

（1）增设DAP和DAT两种新术语，取代DAF、DES、DDU和DEQ。

DAP取代了DAF、DES和DDU三种术语，而DAT取代了DEQ，并且扩展至适用于一切运输方式。

DAT（delivered at terminal）与DAP（delivered at place）两术语的应用见表2-3。显然，无论交货地点是港口还是内陆场站，两术语的区别在于卖方是否承担卸货费用。DAP是船（车）上交货，卖方不承担卸货费，而DAT是船（车）下交货，卖方应承担卸货费。

表2-3 DAP、DAT两种术语的应用

交货地点为港口：Seattle Port	交货地点为货运站：Chicago Terminal
DAP Seattle Port，是指在西雅图港船上交货，相当于DES，卖方不承担卸货费	DAP Chicago Terminal，是指在芝加哥内陆场站车上交货，卖方不承担卸货费
DAT Seattle Port，是指在西雅图港船下交货，相当于DEQ，卖方承担卸货费	DAT Chicago Terminal，是指在芝加哥内陆场站车下交货，卖方承担卸货费

（2）贸易术语分类与数量变化。INCOTERMS2010最大的变化是将原来的十三种贸易术语减至十一种，而四组术语亦减为两组术语，分别是适用于所有运输方式（any mode of transport）的术语，包括EXW、FCA、CPT、CIP、DAT、DAP和DDP，以及适用于水路运输（sea and inland waterway transport only）的术语，包括FAS、FOB、CFR、CIF。

（3）取消了“船舷”的概念。与INCOTERMS2000之越过船舷不同，INCOTERMS2010版的FOB、CFR、CIF的交货点是卖方须将货物运送至指定装载港并将货物装载于买方所指定之船舶上（…placing them on board），换句话说，在INCOTERMS2010下，对于FOB、CFR、CIF术语，只有货物越过船舷，并安全装上或卸下船，卖方才算完成交货。

三、INCOTERMS2020

INCOTERMS2020于2020年1月1日生效，其修改主要集中在七个方面：

（1）对FCA术语，增加签发装船提单选项。在FCA术语下，卖方交货义务在货物装船前已经完成，卖方交货时无法从承运人处获得装船提单。当卖方使用FCA术语，又希望使用信用证结算方式时，由于信用证通常会要求出示已装船提单，为化解签发装船提单和FCA项下交货之间的矛盾，新版本的FCA术语A6/B6条款增加了一个附加选项，即买卖双方可以约定，买方可指示其承运人在货物装船后向卖方签发装船提单，然后卖方有义务向买方提交该提单。不过，虽采用该附加选项，但卖方并不受买方签署的运输合同条款的约束。

（2）费用划分条款的调整。新版本，一方面在总括条款列出了每种术语规则分配的所有费用，以便卖方或买方可以在一个条款中找到其所选择的术语应承担的所有费用；另一方面，原散见于各条款的费用项目仍然保留，比如，FOB术语中获取凭证对应的费用同时出现在A6/B6及A9/B9，方便用户在想了解某一特定事项的费用划分时可直接翻阅相关特定条款而非总括条款。

（3）CIP保险条款调整为必须符合《协会货物保险条款》条款（A）的承保范围。在2010年版本中，CIF和CIP规定了卖方必须自付费用取得货物保险的责任。该保险至少应当符合《协会货物保险条款》条款（C）或类似条款的最低险别。在新版本中，对保险义务，CIF维持现状，即默认条款（C），但当事人可以协商选择更高级别的承保范围；而对于CIP，卖方必须取得符合《协会货物保险条款》条款（A）承保范围的保险，但当事人可以协商选择更低级别的承保范围。《协会货物保险条款》条款（C）一般指的是货物运输条款，即只需负担货物运输险；《协会货物保险条款》条款（A）规定的是"一切险"（all risks）。显然，条款（A）承保的风险比条款（C）要大得多，也就是说，新版本中，使用CIP术语，卖方承担的保险义务变大，而买方的利益会得到更多保障。这一修订的原因在于CIF更多地被用于大宗商品贸易，CIP作为多式联运术语更多地被用于价值较高的工业制成品。

（4）FCA、DAP、DPU及DDP允许卖方/买方使用自己的运输工具。考虑买卖双方可能使用自己的运输工具完成运输，因此新版本明确规定，在采用FCA、DAP、DPU、DDP时，买方或卖方可以选择自己的运输工具。同时规定，买卖双方既要订立运输合同，而且仅允许安排必要的运输，以防止在选择自己的运输工具时，对方承担了不必要的运输费用。

（5）将DAT改为DPU（delivered at place unloaded）。新版本对DAT和DAP进行两处修改。一是调整DAP与DAT的位置，将DAP调至DAT之前。二是将DAT改为DPU，明确此术语下卖方承担卸货费。

（6）在运输责任和费用划分条款中增加了安保要求。随着运输安全要求（例如对集装箱进行强制性检查）越来越普遍，新版本将与之相关的安保要求明确规定在了各术语的A4"运输合同"及A7"出口清关"中，因安保要求增加的成本，也在A9/B9费用划分条款中做了更明确的规定。

（7）升级"指导说明"为"用户解释性注释"。升级的目的有两个：一是帮助用户准确、有效地使用适合特定交易的国际贸易术语解释通则；二是当受新版本制约的合同存在争议时，这些解释可以为合同制定者和咨询者提供必要的指导。

值得注意的是，新的INCOTERMS实施之后并非旧的INCOTERMS就自动作废。因为国际贸易惯例在适用的时间效力上并不存在"新法取代旧法"的说法，因此当事人在订立贸易合同时仍然可以选择适用INCOTERMS2000，甚至INCOTERMS1990。

任务三 掌握信用证操作

★课堂讨论

谈谈你对国际贸易结算的理解，你知道信用证吗？

★问题引导

某年11月，某上海企业出口孟加拉国一批纺织用涂料，支付方式为信用证90天，全额约17万美元。上海企业在正常交单后，迟迟没有收到开证行的承兑电报，询问孟加拉国客户，客户提出有质量问题，要求降价。上海企业通过货代查询，银行擅自放单，货物已被客户提走。

思考：中国到孟加拉国船期较短，但是买方倾向于选择90天及以上信用证付款，这是因为孟加拉国客户大部分是为欧美客户代加工，他们会等欧美客户付款以后，再向中国企业付款，自身几乎不垫资。如果遇到原材料价格大幅跌价，客户会借口质量问题，要求降价。显然，因银行资信等因素，信用证的安全并非绝对的，因此有必要掌握信用证的性质及主要条款。

小词典

信用证（letter of credit，L/C）是指开证银行应开证人的请求开具给受益人的，保证在一定条件下履行付款责任的一种书面担保文件。

引导知识点

一、信用证、汇付、托收的比较

（1）图2-3显示了信用证结算的一般程序。为了规范信用证业务的运作，国际商会（ICC）在1933年制定了《商业跟单信用证统一惯例》，此后经过多次修订，最新文本是2007年7月1日实施的《跟单信用证统一惯例》（Uniform Customs and Practice for Documentary Credit，简称《UCP600》）。

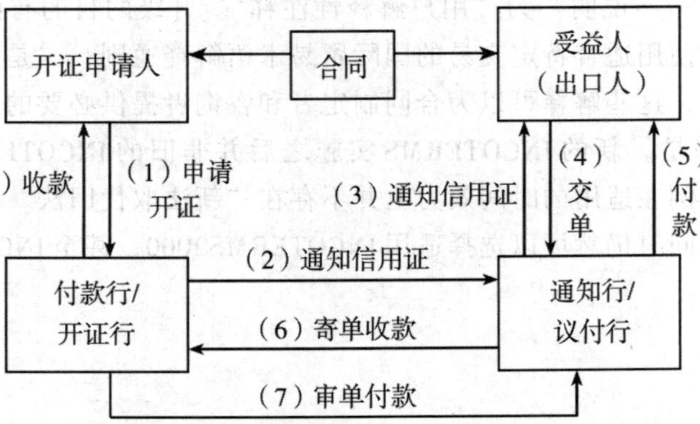

图2-3 信用证结算的一般程序

（2）汇付（remittance）是指付款人通过银行，使用各种结算工具将货款汇交收款人的一种结算方式。汇付可分信汇、电汇和票汇三种。

（3）托收（collection）根据交单条件不同，可以分为付款交单和承兑交单两种。①付款交单。付款交单（documents against payment，D/P）是指银行作为出口商代理人，其交单是以进口人的付款为条件。根据支付时间不同，可分为即期付款交单与远期付款交单。前者是指经银行向进口人提示，进口人见票后须立即付款，付款后获取货运单据；后者是经银行向进口人提示，进口人见票承兑并于到期日付款后领取货运单据。②承兑交单（documents against acceptance，D/A）是指银行作为出口商代理人，其交单以进口人承兑远期汇票为条件，即进口人先提货后付款。显然，承兑交单明显对出口人不利。

有关信用证、汇付、托收三大结算方式的特点，请参见表2-4。

表2-4　**汇付、托收、信用证三种结算方式的比较**

结算方式		手续	费用	出口商风险大小	进口商风险大小	资金负担	信用种类
汇付	预付货款	简单	小	最小	最大	买方负担重	商业信用
	货到付款			最大	最小	卖方负担重	商业信用
托收		稍多	稍大	中	中	卖方负担重	商业信用
信用证		繁	大	小	大	较平衡	银行信用

二、信用证的标准格式

信用证的开立可以用信函的方式，也可以用电文方式，因此信用证可以分为信开本（也称函开信用证，mail credit）和电开本（也称电开信用证，cable credit）两种。目前最流行的格式是根据国际商会制定的电文信用证格式，利用环球同业银行金融电信协会（Society for Worldwide Interbank Financial Telecommunications，SWIFT）系统所设计的特殊格式。SWIFT用统一的字母和数字来规范电文内容。

课外拓展

信用证范本

通常在信用证开端标注MT700、MT701代号。MT700是由开证行发送给通知行，用来列明发报行（开证行）开立的跟单信用证条款的报文格式。当跟单信用证内容超过MT700报文格式的容量时，可以使用几个（最多3个）MT701报文格式传送有关跟单信用证条款。目前，凡该协会的成员银行都有自己特定的SWIFT代码，即SWIFT Code。正常情况下，SWIFT Code为8位数，最后的3位数针对银行的分支机构，为可选项（可写可不写）。

以下为信用证的标准格式：

LETTER OF CREDIT

编号 reference：

作者 author：

标题 title：

发往 send to：

报文类型 message type：

优先级 priority：

传送监控 delivery monitoring：

27：报文页次 sequence of total

20：跟单信用证号码 documentary credit number

23：预通知编号 reference to pre-advice

31C：开证日期 date of issue

31D：到期日 date of expiry 到期地点 place of expiry

51A：开证申请人银行——银行代码 applicant bank-BIC

50：开证申请人 applicant

59：受益人 beneficiary

32B：币别代号与金额 currency code，amount

40E：适用规则 applicable rules

41D：向银行押汇… 押汇方式为 available with … by … name/address

42C：汇票汇款期限 drafts at…

42A：汇票付款人——银行代码 drawee-BIC

43P：分批装运条款 partial shipments

43T：转运条款 transshipment

44A：装船/发运/接受监管的地点 loading on board / dispatch/taking in charge

44B：货物发送最终目的地 for transportation to …

44C：最迟装运日期 latest date of shipment

45A：货物/劳务描述 description of goods and/or services

46A：单据要求 documents required

47A：附加款件 additional conditions

71D：费用负担 charges

48：交单期限 period for presentation

49：保兑指示 confirmation instructions

78：给付款行/承兑行/议付行的指示 instructions to pay/accept/negotiate bank

72：附言 sender to receiver information

三、信用证的操作要点

一般而言，信用证操作可通过“编号看证”法，重点关注以下条款：

1.看信用证类型

40A：跟单信用证类型 form of documentary credit

信用证有6种类型：

（1）irrevocable（不可撤销）；

（2）revocable（可撤销）；

（3）irrevocable transferable（不可撤销可转让）；

（4）revocable transferable（可撤销可转让）；

（5）irrevocable standby（不可撤销备用）；

（6）revocable standby（可撤销备用）。

2.看客户名与受益人

50：开证申请人 applicant

59：受益人 beneficiary

审核开证申请人（一般为国外的买家）和受益人（信用证收款方）的名称与地址是否正确，如果不正确，可能会影响收汇。

3.看金额与费用

核对货物数量和总金额是否相符。实务中常有部分预付款、部分信用证结算的操作，这时候往往出现货物足数量可只显示部分金额的情况。

32B：币别代号与金额 currency code，amount

39A：信用证金额上下浮动允许的最大范围 percentage credit amount tolerance

71B：费用明细 Details of Charges

有些信用证不会出现39A，而是39B，表示信用证交单最高金额 maximum credit amount 。

4.看货物

45A：货物/劳务描述 description of goods and/or services

有关货物的信息包括品名、金额、贸易术语等。制作发票需要将45A的所有内容完全打上，如果审核时发现错误一定要提醒国外买家改证。

5.看时限

31D：到期日 date of expiry 到期地点 place of expiry

44C：最迟装运日期 latest date of shipment

48：交单期限 period for presentation

（1）装运期或最迟装运期：卖方将全部货物装上运输工具或交付给承运人的期限或最迟日期。（提单的出单日期即开船日不得迟于信用证上规定的有效期，若未规定有效期，则装运日期不得迟于信用证的到期日）

（2）到期日：也就是信用证有效期。（卖方在向银行提交单据时，不得迟于此日期，因此承运人应在此日期之前将提单交到卖方手中，以便其及时向银行交单议付）

（3）交单期：运输单据出单日期后必须向信用证指定的银行提交单据要求付款、承兑或议付的特定期限。（信用证中如有规定，必须在规定的有效期内交单；如没有规定，则最迟于运输单据日期21天内交单；但两种情况下，单据不得迟于信用证的到期日提交）

（4）双到期：信用证规定的最迟装运期和议付到期日为同一天，或未规定装运期限，实践上称之为双到期。（原则上信用证的到期日与最迟装运期应有一定的间隔，以便承运人有时间办理制单、交单、议付等工作，但如果出现双到期情况，卖方应注意在信用证到期日前提早几天将货物装上运输工具或交给承运人，以便有足够的时间制备各种单据、交单和办理议付等手续）

综上所述，有关信用证有效期的关系可表述：

到期日（有效期）≥交单期，最迟装船期；

理想的到期日（有效期）=最迟装船期+交单期。

值得注意的是有效地点：

①若有效地点为中国，在上述规定时间内交单即可。

②若有效地点为国外，则需要注意预留好寄往国外的快递的时间，因为交单时间是以国外银行收到单据的时间为准。如果没有在规定的时间内到达指定银行，就会超

过有效期，造成迟交单。

例如，7月1日开船，交单期为开船后15天，有效期为7月30日，有效地点为中国。单据必须于7月16日以前交到中国的指定银行，而不是7月30日。若有效地点为国外，则需要预留单据寄往国外的时间（国家不同预留的时间也不同），如预留5天，则须在11号之前交单。

6.看单证

46A：单据要求 documents required

对需要提交单据的要求，一般包括发票、装箱单、提单等，国外客户会将其需要的单据基本上都显示在46A（少数的会在47A里体现），逐条地审核单据是否能够出具。

一般来说，所有单据，例如产地证、装箱单、发票日期等都应在提单日期之前，而且所有的单证都不能早于信用证开证日期。单据中日期最早的应该是发票，然后产地证，然后装箱单，但是都要早于提单日期。提单日期绝对不得早于信用证日期（信用证的开证日期），同时不能晚于信用证要求的最迟装运期。至于产地证上面的日期，估计一个大概的开船日期就可以，不一定非要准确的开船日期。

商业发票的日期：通常是所有单据中最早的日期。当然，根据需要，卖方也可以延迟出具发票，比如，发票日期等于或迟于提单日期，但是不能超过信用证规定的交单日期或合理的交单日期。

提单日期：正常情况下提单日期都在信用证开证日期后，信用证规定的最迟装运日之前（包括装运日）。提单日期不能早于信用证规定的最早装运期，不能超过（晚于）信用证规定的最迟装运期。当然，提单签单日期必须早于信用证到期日（有效期）。

保单的签发日期：除信用证另有特殊规定外，保单签发日期应早于或等于提单日期。如果保单日期在提单日期后，则要有信用证特别许可，并注明保险责任及生效时间，但是不是万不得已，保单日期不要晚于提单日期。

装箱单、重量单日期：与发票日期相同或略迟于发票日期，不能早于发票日期，但必须在提单日期之前。

产地证签发日期：不早于发票日期，可以迟于发票日期，但不能晚于提单日期。普惠制产地证书发票上的号码和日期必须按照正式商业发票日期填写，签证当局签署日期和出口商签署日期不得早于发票日期。

检验检疫证书日期：商检检疫证书日期不能晚于提单日期。

受益人证明日期：晚于或等于提单日。

船公司证明日期：等于或早于提单日。

出口许可证日期：早于提单日期。

汇票日期：等于或晚于发票日期，但早于交单日期。

7.看分批与转运

43P：分批装运条款 partial shipment

43T：转运条款 transshipment

需要清楚是 allowed 还是 notallowed，一定要按要求发运才行。

8.看装卸港站

44E：装运港 port of loading

44F：卸货港 port of discharge

9.看要求

47A ：附加款件 additional conditions

一般是对46A项中所列单据的一些额外要求，或者是银行之间的一些指示，或者是对于此信用证项下发货的一些要求等。

10.看指示

78 ：给付款行/承兑行/议付行的指示 instructions to pay/accept/negotiate bank

对银行的指示，开证行的寄件地址会在此列明。

任务四　熟悉国际货物运输保险操作

★课堂讨论

学习本课程之前你了解国际货物运输保险吗？知道国际货物运输保险兼业代理的险种与保险事故索赔吗？

★问题引导

某货代公司接受货主委托，安排一批茶叶海运出口。货代公司在提取了船公司提供的集装箱并装箱后，将整箱货交给船公司。同时，货主自行办理了货运一切险。收货人在目的港拆箱提货时发现集装箱内异味浓重，经查明，该集装箱前一航次所载货物为精萘，致使茶叶受精萘污染。

思考：收货人可以向谁索赔？怎样索赔？

小词典

保险兼业代理是指符合中国银行保险监督管理委员会（以下简称中国银保监会）规定的资格条件，并经中国银保监会批准取得保险兼业代理许可证（以下简称许可证），在从事自身业务的同时，接受保险公司的委托，在保险公司授权范围内代为办理保险业务，并向保险公司收取保险代理手续费的各类机构。

引导知识点

一、保险兼业代理及其操作流程

1.保险兼业代理人与保险经纪人的区别

目前，许多国际货运代理企业取得保险兼业代理资质，通过与保险公司签订保险代理合作协议，由保险公司授权其直接代理进出口货物运输保险业务。国际货运代理企业凭借强大的保险代理业务总量优势，整体费率较保险市场平均费率低20%以上，因而可以为客户争取更多的实惠并为客户提供全方位的服务。

保险兼业代理人作为保险代理人中的一种特殊形式，与保险经纪人有明显的区别

（详见表2-5）。

表2-5 **保险兼业代理人与保险经纪人的区别**

比较项目	保险兼业代理人	保险经纪人
主体	依法成立的单位，兼营从事保险代理业务，个人不能成为保险兼业代理	依法成立的单位，个人不能成为保险经纪人
法律地位	依据代理契约或授权书代理保险公司经营业务，属于保险公司一方业务的延伸；在法律上对被保险人不负任何责任，其行为的后果是由保险人承担相关的法律责任	代表投保人向保险公司洽订合理完善的保险合同，是投保人专属的保险顾问，可合法代表投保人，并向投保人负责，一切行为由保险经纪人自己承担法律责任
代表利益	代表保险公司的利益	代表投保人的利益
被保险人的利益	仅针对某特定保险公司之现有产品从事招揽或销售行为，无法从其他市场上找寻更佳的保险范围来保障被保险人的利益	熟悉不同的保险市场，对各家保险公司的产品、内容、保单及条款均有深入的了解，可依客户的需求来规划及设计完善的保险范围和保障，是专业的保险顾问公司
职能任务	招揽业务、收取保险费	风险的确定和评估、保险方案的设计、市场询价与报价、协助索赔处理
资讯提供	因属于保险公司的代理人，因此在封闭有限的空间，无法提供市场资讯以改进被保险人的需求	通过全国的资讯网络，可适时地提供最新的保险资讯以改进被保险人现有的保险状况，使其获得更完善的保障

2.进出口货运保险代理流程

进出口货运保险代理流程如图2-4所示。

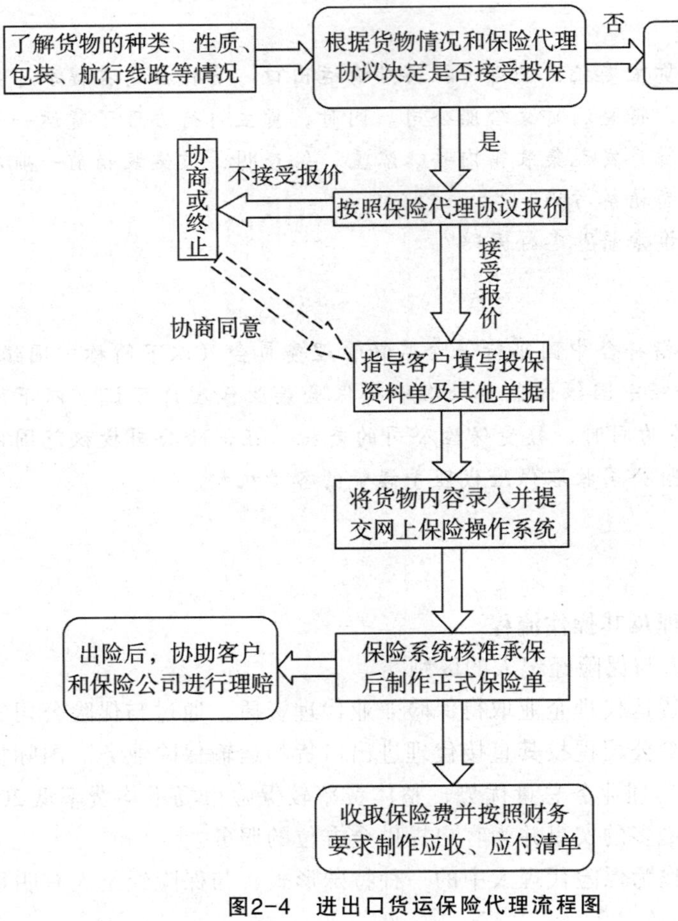

图2-4 进出口货运保险代理流程图

（1）接受客户委托。

（2）协助协商保险条件。

（3）代办投保手续。

（4）完善投保手续。

（5）缴付保险费。

★问题引导

广州某厂从英国进口货物一批，进口商安排船公司将货物运至广州。在广州卸货时发生短缺，船公司称所有短缺货物已卸至中国香港，将安排运回广州，但过了20天，仍未将短缺货物运来，而且无法查清货物究竟在何处，致使该厂的生产计划拖延，生产受到损失。

思考：在多次转船运输中，买方为避免此损失发生应该投保何种险别较好？

引导知识点

二、进出口货物保险险别的选择

1.进出口货物保险种类

依运输方式不同，可分为以下4类保险。

（1）海洋运输货物保险条款所承保的险别，分为基本险别和附加险别两类。基本险别有平安险、水渍险和一切险3种。

①平安险（free from particular average，F.P.A.）的责任范围：主要承保因自然灾害造成整批货物的全部损失或推定全损，以及因运输工具遭受意外事故造成货物的全部或部分损失。

②水渍险（with average or with particular average，W.A.or W.P.A.）的责任范围：除平安险的各项责任外，还负责被保货物由于自然灾害造成的部分损失。

③一切险（all risks，A.R.）的责任范围：除平安险和水渍险的各项责任外，还负责被保货物在运输途中由于一般外来原因所造成的全部或部分损失。

附加险是基本险责任的扩大和补充，不能单独投保。附加险可分为一般附加险、特别附加险和特殊附加险3类。一般附加险承保各种外来原因造成的货物全损或部分损失，包括偷窃、提货不着险，淡水雨淋险，短量险，渗漏险，混杂、沾污险，碰损、破碎险，串味险，受潮受热险，钩损险，包装破裂险，锈损险等11种；特别附加险承保因特殊风险造成的货物损失，包括交货不到险、进口关税险、舱面险、拒收险、黄曲霉素险等；特殊附加险承保战争险和罢工险。值得注意的是，一切险已承保一般附加险的责任范围，但尚未承保特别附加险和特殊附加险。

（2）陆上运输货物保险分为陆运险和陆运一切险两种。除投保陆运险和陆运一切险外，还可以加保附加险，如陆运战争险。

（3）航空运输货物保险分为航空运输险和航空运输一切险两种。除投保航空运输险和航空运输一切险外，还可以加保附加险，如航空战争险。

（4）邮包保险按其保险责任分为邮包险和邮包一切险两种。

2.保险责任期限

（1）基本险责任期限为“仓至仓条款”（warehouse to warehouse clause，W/W Clause），即保险单载明的起运地发货人仓库至目的地收货人仓库为止，但抵达目的地后的责任期限，海运最长不超过卸离船或车站后60天，空运最长不超过卸离飞机后30天。

（2）海洋货运战争险的保险责任期限以水面危险为限，即自始发港装上船至目的港卸离船。如不卸船，则从船舶抵达目的港当天午夜起算满15天，保险责任自行终止。

3.保险除外责任

保险除外责任是指保险公司不予负责的损失或费用。以海运基本险为例，除外责任包括以下5项：①被保险人的故意行为或过失所造成的损失；②发货人责任所引起的损失；③在保险责任开始前，被保险货物已存在品质不良或数量短差所造成的损失；④被保险货物因自然损耗、本质缺陷、特性以及市场价格跌落、运输延迟所引起的损失和费用；⑤战争险和罢工险条款规定的责任及除外责任。陆运、空运、邮包保险的除外责任与海运基本险别的除外责任基本相同。

4.保险险别的选择

（1）在投保时，应在保险范围和保险费之间寻找平衡点。首先应结合货物、包装、运输、港口、目的地五大因素，评估风险，然后综合权衡不同险种的保险费率。

（2）视情况选用一切险。一般而言，水渍险的费率约相当于一切险的1/2，平安险的费率约相当于一切险的1/3，因此是否选择一切险作为主险应视实际情况而定。例如，低值、裸装的大宗货物，如矿砂、钢材、铸铁制品，主险可投保平安险；对于铁钉、铁丝、螺丝等不大可能发生碰损、破碎或容易生锈但不影响使用的货物，主险可投保水渍险；对于花生、油菜籽、大米等含有黄曲霉素的食物，在投保一切险的基础上，应将黄曲霉素险作为特别附加险予以承保。

（3）主险与附加险灵活使用。附加险的选择要针对易出险因素来加以考虑。例如，玻璃制品、陶瓷类的日用品或工艺品等产品，会因破碎造成损失，投保时可在平安险或水渍险的基础上加保破碎险；麻类商品，受潮后会因发热引起霉变、自燃等带来损失，应在平安险或水渍险的基础上加保受热受潮险；石棉瓦（板）、水泥板、大理石等建筑材料类商品，主要损失因破碎导致，应该在平安险的基础上加保破碎险。此外，货主在选择险种的时候，要根据市场情况选择附加险，比如，到菲律宾、印度尼西亚、印度的货物，因为当地码头情况混乱，风险比较大，应该选择偷窃、提货不着险和短量险作为附加险，或者干脆投保一切险。

★问题引导

某外贸公司按CIF术语出口一批货物，装运前已向保险公司按发票总额的110%投保平安险，6月初货物装妥顺利开航。载货船舶于6月13日在海上遭遇暴雨，致使一部分货物受到水渍，损失价值为2 100美元。数日后，该轮又突然触礁，致使该批货物又遭到部分损失，损失价值达8 000美元，保险公司对于该批货物的损失应该赔偿。

思考：保险公司为什么要对该批货物的损失进行赔偿？如何索赔？

引导知识点

三、国际货物保险事故索赔代理实务

1.货运代理协助索赔

在保险期间发生保险事故，货运代理有义务尽力协助客户向保险人索赔。代理保险企业应提醒投保人掌握不同情况下的保险索赔时效，在规定的时间内行使自己的权利，使所受损失及时获得补偿，特别是既负责协助投保又负责办理接货手续的货运代理，在接货时应：①认真验收货物，及时检查货物外观和清点货物数量；②发现货损货差应向有关责任方（如海、陆、空运的承运人，或多式联运经营人、港务当局等）或理货公司索取货损货差证明；③当发现货损有可能扩大时，应协助客户采取必要的合理措施，防止或减少损失；④协助客户联系目的港或目的地认证机构和/或保险公估人商谈有关货损检验事宜，同时协助客户进行货物检验；⑤协助客户与有关责任方进行交涉；⑥协助客户收集有关索赔单证。

2.索赔途径

收货人向保险公司办理索赔，可按下列途径进行：①海运进口货物的损失，向卸货港保险公司索赔；②空运进口货物的损失，向国际运单上注明的目的地保险公司索赔；③邮包进口货物的损失，向国际包裹单上注明的目的地保险公司索赔；④陆运进口货物的损失，向国际铁路运单上注明的目的地保险公司索赔。

3.出口货物保险索赔单证

国外收货人取得检验报告后，提出索赔时，应同时提供下列单证：①保险单或保险凭证正本。②运输契约。③发票。④装箱单。⑤向承运人等第三者责任方请求补偿的函电或其他单证，以及证明被保险人已经履行应办的追偿手续等文件。⑥由国外保险代理人或国外第三者认证机构出具的检验报告。⑦海事报告。海事造成的货物损失，一般均由保险公司赔付，船方不承担责任。⑧货损货差证明。⑨索赔清单等。

4.进口货物保险索赔单证

国内进口收货人向保险公司提出索赔时，要提交下列单证：进口发票；提单或进口货物到货通知书、运单；在最后目的地的卸货记录及磅码单等。

若损失涉及发货人责任，须提供订货合同，包括发货人保函和船方批注等；若损失涉及船方责任，须提供卸货港口理货签证以及船方批注；凡涉及发货人或船方责任，还须委托商品质量检验部门进行鉴定出证；若损失涉及港口装卸及内陆、内河或铁路运输方责任，须提供责任方出具的货运记录（商务记录）及联检报告等；凡涉及国外发货人、承运人、港口、铁路或其他第三者所造成的货损事故责任，只要由收货人办妥向上述责任方的追偿手续，保险公司即予赔款。反之，如属于国外发货人的有关质量、规格责任问题，因属于保险公司免责范围，则只能由收货人请国家认证机构出具公证检验书，然后由收货人根据国际贸易合同相关规定向发货人提出索赔。

项目考核

1.单项选择题

（1）按照INCOTERMS2000的规定，CPT术语与CFR术语的主要差别是（　　）。

A.CPT下卖方承担的货物风险大于CFR下卖方承担的货物风险

B.CPT下卖方承担的货物费用大于CFR下卖方承担的货物费用

C.CPT适用于各种运输方式；CFR只适用于海运、内河运输

D.CPT下卖方承担的义务大于CFR下卖方承担的义务

（2）托收方式下的D/A和D/P的主要区别是（　　）。

A.D/A属于光票托收，D/P属于跟单托收

B.D/A是承兑后交单，D/P是付款后交单

C.D/A是远期付款，D/P是即期付款

D.D/A是即期付款，D/P是远期付款

（3）外贸代理企业出口业务主要结算方式是（　　）。

A.现金支付方式　　B.汇付方式

C.信用证支付方式　　D.托收方式

（4）“仓至仓”条款是（　　）。

A.承运人负责的运输责任起讫的条款

B.出口人承担的货物包装担保责任起讫的条款

C.出口人承担的货物品质担保责任起讫的条款

D.保险公司承保的保险责任起讫的条款

（5）按保险人承保责任范围大小，下列3种险别从大到小依次顺序应为（　　）。

A.平安险，一切险，水渍险　　B.一切险，平安险，水渍险

C.水渍险，平安险，一切险　　D.一切险，水渍险，平安险

（6）在定值保险中，保险金额都高于合同的CIF价发票金额，国际上习惯按CIF价发票金额的（　　）投保。

A.150%　　B.120%　　C.110%　　D.125%

2.多项选择题

（1）按CIF条件达成交易，如果卖方愿意承担卸货费用，可以选用（　　）。

A.CIF liner terms　　B.CIF ex tackle

C.CIF landed　　D.CIF ex ship’s hold

（2）依据INCOTERMS2000的规定，仅适用海上运输方式的贸易术语有（　　）。

A.DAF、DDU、DDP　　B.FOB、CIF、CFR

C.FAS、DES、DEQ　　D.FCA、CIP、CPT

（3）下列（　　）术语为“门到门”全程服务提供了可能。

A.EXW　　B.FCA　　C.FOB　　D.DDP

（4）出口茶叶，为防止运输途中串味，办理投保时应投保（　　）。

A.串味险　　B.平安险加串味险

C.水渍险加串味险　　D.一切险加串味险

E.一切险

（5）山东一公司对外出口红枣100吨，在驶往目的港途中，遇热带风暴，海水浸入船舱内，导致全部红枣受水浸泡变质，如该批货物已办理了相应的保险，则这种损失属于（　　）险别的保险责任范围之内。

A.平安险　　B.水渍险　　C.一切险　　D.特别附加险

（6）特别附加险包括（　　）。

A.战争险　　B.拒收险　　C.交货不到险　　D.串味险

3.判断题

（1）保险代理人的委托人是保险公司，保险经纪人的委托人是被保险人。（　　）

（2）在两伊战争期间，我方A公司向伊拉克B公司出口一批商品，以CIF巴士拉成交，我方A公司按照合同规定加保战争险。货物系租用国外C船舶公司的船进行运输。该船于7月10日到达巴士拉，但由于港口拥挤未能卸货；7月30日该船遭炮火袭击，货物损失了一半。按照惯例，负责赔偿这一半损失的是保险公司。（　　）

（3）货物保险中的特别附加险与特殊附加险实际上是指同一件事。（　　）

4.简答题

（1）简述INCOTERMS2020的主要变化。

（2）简述外贸代理操作的基本流程。

（3）简述保险兼业代理的概念及与保险经纪人的区别。

项目实训

自学《中华人民共和国公司法》《中华人民共和国保险法》等法律法规，并模拟实际环境说明国际货运代理企业如何才能获准从事国际保险兼业代理业务。

模块二

代理人业务

学生通过本模块的学习，在掌握海运、陆运（铁路与道路）、空运三种运输方式货运代理业务操作的基础上，进一步熟悉特种货物（危险品、冷藏品、展品）货运代理业务操作，有助于全面提升学生的知识体系、职业技能，实现育人价值。

本模块内容架构如下：

模块二　代理人业务

- 项目三　海上班轮货运代理业务操作
  - 任务一　了解海上班轮运输
  - 任务二　熟悉海上班轮运输主体及操作流程
  - 任务三　掌握海上班轮运费计算
  - 任务四　熟悉集装箱箱管业务操作实务
  - 任务五　熟悉托运业务操作实务
  - 任务六　掌握班轮提单与海运单操作实务
  - 任务七　熟悉交付业务操作实务
- 项目四　陆路货运代理业务操作
  - 任务一　熟悉外贸货国内段陆路运输业务操作
  - 任务二　掌握中欧班列货运代理业务操作
  - 任务三　掌握国际道路运输业务操作
- 项目五　航空货运代理业务操作
  - 任务一　认识航空货运代理
  - 任务二　掌握航空货物运费的计算
  - 任务三　掌握航空货运单的制作
  - 任务四　熟悉航空包舱包板与包机运输操作
  - 任务五　熟悉航空进出口货运代理流程
- 项目六　特种货物货运代理业务操作
  - 任务一　掌握危险品货运代理业务操作
  - 任务二　掌握冷藏品货运代理业务操作
  - 任务三　熟悉展品货运代理业务操作

项目三
海上班轮货运代理业务操作

学习目标

知识目标：

1.认识海上班轮货运代理与海上班轮运输。

2.了解海上班轮货运代理基本概念与业务范围。

3.熟悉海上班轮货运代理进出口业务流程。

4.掌握集装箱选择、海上班轮运费计算与提单等相关单证制作。

能力目标：

1.能进行海上班轮货运代理进出口业务流程操作。

2.具备提单制作、集装箱选择与海上班轮运费计算的能力。

素养目标：

1.认识海上班轮货运代理对于加快海洋强国、交通强国建设的支撑作用。

2.明确货运代理人的责任和担当，提高我国国际海上运输服务能力的使命感。

任务一　了解海上班轮运输

★课堂讨论

学习本课程之前，你了解海上班轮运输吗？知道集装箱货物的组织方式和交接方式吗？

★问题引导

班轮运输最早出现于19世纪初，美国首先采用。1818年美国黑球轮船公司开辟了纽约—利物浦的定期航线，用帆船进行运输，以运送海外移民、邮件和货物。1824年，英国跟随美国之后，开辟了伦敦、汉堡、鹿特丹之间的班轮航线，19世纪40年代又扩展到中东、远东和澳大利亚。此后，日本、德国、法国等轮船公司均开始经营班轮运输，设有横渡大西洋、太平洋的环球运输航线。中国于19世纪70年代开始出现沿海和长江的班轮运输。中华人民共和国成立后，开辟了大连—上海定期定港班轮货运航线。1961年中国远洋运输总公司成立，开始建立运输船队和国际班轮航线。

思考：海上班轮运输有哪些特点呢？

小词典

海上班轮运输（liner shipping），也称定期船运输，是指班轮公司使用固定的船舶，按固定的船期在固定的港口间为非特定的众多货主提供规则的、反复的货物运输服务，并按运价成本或协议运价的规定计收运费的一种营运方式。

引导知识点

一、海上班轮运输的产生与特点

1.海上班轮运输的产生

杂货班轮运输为最早的班轮运输，主要以散货、杂货为主。对货主而言，杂货班轮运输的优点有：能及时、迅速地将货物发送和运达目的港；适应小批量零星件杂货对海上运输的需求；能满足各种货物对海上运输的要求，并能较好地保证货运质量；因班轮公司负责转运工作而满足货物运输的特殊需要等。

20世纪60年代后期，随着集装箱运输的发展，班轮运输中出现了以集装箱为运输单元的集装箱班轮运输方式。由于集装箱班轮运输具有运送速度快、装卸方便、机械化程度高、作业效率高、便于开展联运等优点，到20世纪90年代后期，集装箱班轮运输已逐渐取代传统的杂货班轮运输。对货主而言，集装箱班轮运输除了具有与杂货班轮运输相似的优点外，在运输速度、货运质量等方面更具有优势。

2.海上班轮运输的特点

海上班轮运输的特点可概括为“五固定一负责”。

（1）“五固定”：固定船舶、固定航线、固定港口、固定船期、相对固定的运费率。

（2）“一负责”：货物由班轮公司负责配载和装卸，核收的运费中包括装卸费用，承运人和托运人不计算滞期费与速遣费。此外，班轮运输下，承运人和托运人双方的权利义务与责任豁免以签发提单条款为依据。

★问题引导

中远海运集装箱运输有限公司（以下简称中远海运集运）隶属于中国远洋海运集团有限公司，系沪港两地上市企业中远海运控股股份有限公司全资子公司。截至2023年7月底，中远海运集运共有境内外法人企业237家，境内、境外营销服务网点400余个，全球员工达1.7万人，其中海外5 273人。公司自营船队在全球约140个国家和地区的580多个港口均有挂靠。公司加速布局资源网络，持续增强全链服务，在海内外供应链发展项目方面多点并进，形成覆盖干线、支线、拖车、铁路、关务、仓储的全链服务能力，TMS、WMS系统陆续推广实施，有力提升产业链供应链保障的韧性，为涵盖汽车、家电、光伏等行业的众多中资企业出海，提供了全程供应链服务和一站式解决方案。

思考：中远海运集运是什么性质的海运企业？你了解海上班轮运输系统的组成吗？

引导知识点

二、海上班轮运输系统的构成

如前所述，海上班轮运输以集装箱货物为主导，因而海上班轮运输系统包括航线、港口及货运站、船舶、集装箱、货物五大要素。其中，航线是船舶运行的活动场所（通路）；港口及货运站是船货结合的集散地和衔接点；船舶是海上承运人从事运输服务的生产工具；集装箱兼具包装和运输工具双重功能，是海上运输的重要载体；

货物是运输服务的劳动对象。

1.集装箱航线

航线是指船舶在两个或多个港口之间，从事海上货物运输的线路。航线由天然航道、人工运河、进出港航道及航标和导航设备等组成。目前，世界海运集装箱航线主要有：①跨太平洋航线（远东—北美航线）；②跨大西洋航线（北美—欧洲、地中海航线）；③欧洲、地中海—远东航线；④远东区域内航线（中、韩、日—东南亚航线）；⑤远东—澳新（澳大利亚、新西兰）航线；⑥澳新—北美航线；⑦欧洲、地中海—西非、南非航线。这7大航线中，以跨太平洋航线、跨大西洋航线和欧洲、地中海—远东航线最为重要，3大航线占全球总运量比例高达45%，其中，跨太平洋航线占17%，跨大西洋航线占9%，欧洲、地中海—远东航线占19%。

基于航线形式的不同，班轮航线可以分为以下几种：

（1）点—点（point to point）航线。

它是指连接A、B两港，进行往返运输的航线，如大连—釜山航线。随着集装箱船舶的大型化，为提高船舶的箱位利用率，在点—点航线的基础上，衍生出两端港航线（如图3-1所示）。

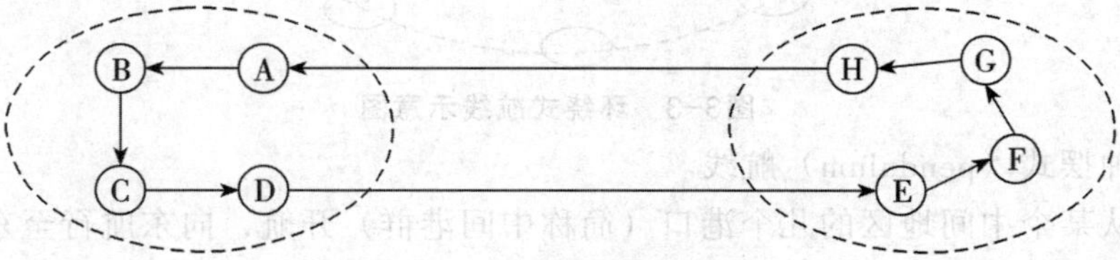

图3-1　两端港航线示意图

虚线圆圈范围内的港口均为基本港（base port），这些港口之间没有货物流动。例如，船舶由A港出发，承载着运往E、F、G、H港口的货物，先后到达B、C、D港而不卸货；同样在B港也只装运到达E、F、G、H港口的货物，在C、D港并不卸下在A、B港装运的货物，以此类推。也可以这样理解，同一虚线圆圈范围内的港口可以视为一个虚拟的大港，即一个端港，船舶在这个端港的货量分批次在不同的实际港口（A、B、C、D）分别装运。另一端也是如此，将E、F、G、H视为一个虚拟的目的港，到该虚拟港的货物分批次、分地点（E、F、G、H）分别卸下。例如，目前的远东—欧洲航线即为这一类型的航线。

（2）枢纽—辐射式（hub-and-spoke）航线。

该航线又称干支配合航线，是以枢纽港之间的干线航线为骨架，以枢纽港与周边喂给港之间的辐射支线为补充构成的海上运输网络，干线航线由吨位较大的集装箱船航行，挂靠货运量大、地理位置佳的枢纽港；非枢纽港由于货流量较小，采用支线运输将货物运送到枢纽港，通过枢纽港将货物中转到干线航线运输，以实现相互之间的运输联结（如图3-2所示）。例如，新加坡、中国香港、韩国釜山等港口以其优越的地理位置，依靠枢纽—辐射式航线，吸引了大量的中转集装箱。

（3）环绕式（go-around）航线。

在选定的港口间依次停靠每一港口，一般一个航次中，每个港口仅挂靠一次（也有挂靠两次的情况）。这种航线的优点是只有去程没有回程，能解决航线上货流不平衡

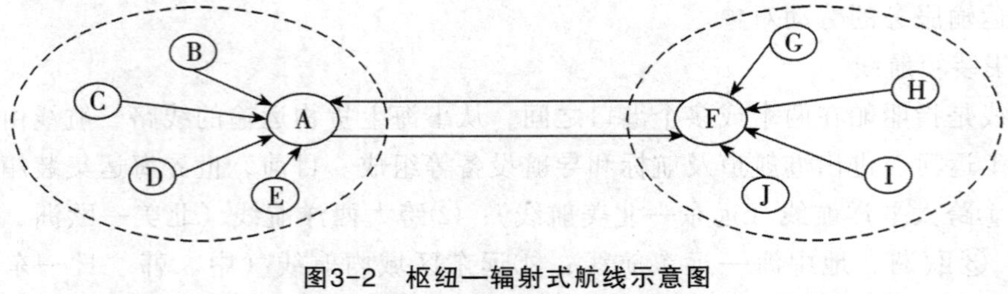

图3-2 枢纽—辐射式航线示意图

问题，提高船舶箱位利用率。还可以增设反向环绕式航线以减少正向环绕式航线运行所需要的时间，由于贸易的不平衡性，正向、反向环绕式航线可选择不同港口（如图3-3所示）。例如，远东—北美航路上的许多航线都是环绕式航线。

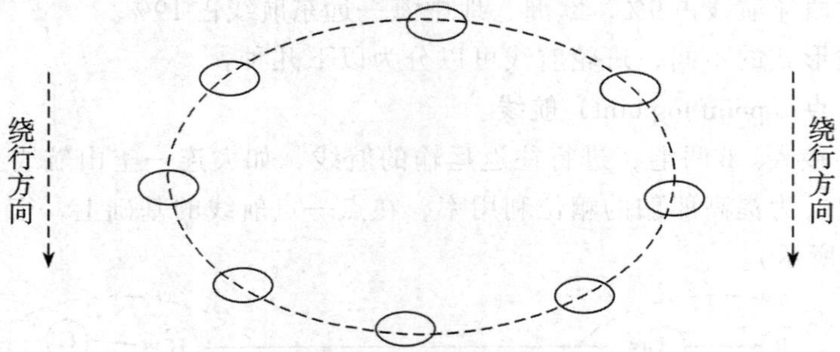

图3-3 环绕式航线示意图

（4）钟摆式（pendulum）航线。

船舶从某个中间地区的几个港口（简称中间港群）开航，向东航行至东部地区的几个港口（简称东港群）进行装卸，再从东港群摆回至中间港群进行装卸，再由中间港群出发向西摆至西部地区的几个港口（简称西港群）进行装卸，再由西港群摆回至中间港群进行装卸，即完成一个钟摆周期（如图3-4所示）。

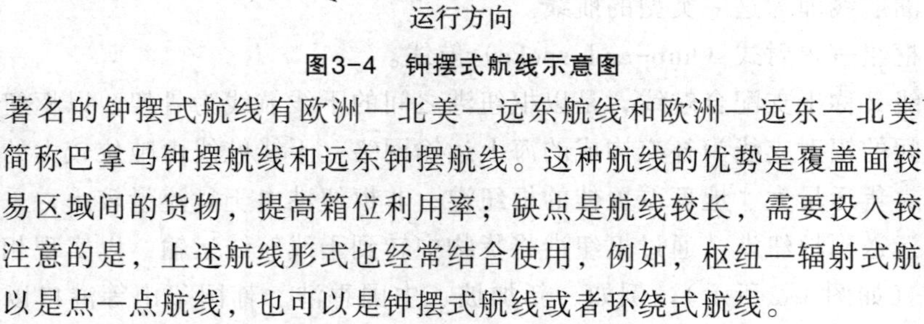

图3-4 钟摆式航线示意图

比较著名的钟摆式航线有欧洲—北美—远东航线和欧洲—远东—北美西海岸航线，分别简称巴拿马钟摆航线和远东钟摆航线。这种航线的优势是覆盖面较大，可运载多个贸易区域间的货物，提高箱位利用率；缺点是航线较长，需要投入较多船舶。

值得注意的是，上述航线形式也经常结合使用，例如，枢纽—辐射式航线的干线航线既可以是点—点航线，也可以是钟摆式航线或者环绕式航线。

2.集装箱码头（container terminal）

它是指专供停靠集装箱船舶、装卸集装箱的港口作业场所，是港口的主要组成部分，主要由泊位、码头前沿、集装箱堆场、控制塔、维修车间、办公楼等基本设施组成（其布局如图3-5所示）。

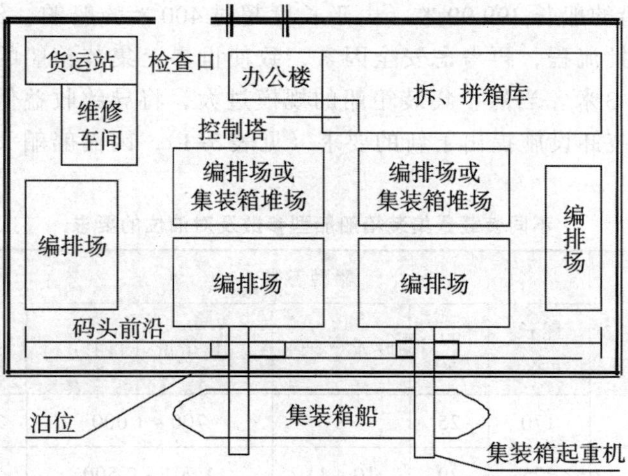

图3-5 集装箱码头布局

集装箱堆场（container yard，CY），是为进行装卸、交接和保管重箱、空箱的场地，包括前方堆场、后方堆场和码头前沿。

集装箱码头大门俗称道口，又称检查桥、闸口等，是集装箱码头的出入口、集装箱和集装箱货物的交接点，是划分集装箱码头与其他部门责任的分界点。目前，大型集装箱码头已采用"集装箱智能大门系统"，这样当集装箱运输车辆通过大门时，可自动识别车号、箱号，自动检查电子手续，自动分配最优的集装箱箱位，并进行集装箱箱体残损检验，每台集装箱车辆的处理时间不超过30秒。

3.集装箱货运站（container freight station，CFS）

它是处理拼箱货的场所，即对货物进行装箱、拆箱工作，并完成货物的交接、分类与短时间保管等辅助工作的场地和仓库。集装箱货运站分为口岸货运站与内陆货运站，其中，口岸货运站目前倾向于设置在港区之外，设在港区内的较少；内陆货运站也称中转站或内陆站，包括集装箱装卸港的市区中转站，以及内陆城市、内河港口的内陆站，其主要作用是用于集装箱运输的中转或集散。

4.集装箱船舶

集装箱船是一种新型的船，其结构和形状跟常规货船有明显不同。它外形狭长，单甲板，上甲板平直，货舱口达船宽的70%～80%，上层建筑位于船尾或中部靠后，以让出更多的甲板堆放集装箱，甲板一般堆放2～4层，舱内可堆放3～9层。集装箱船装卸速度快，停港时间短，大多采用高航速，通常为每小时20～23海里。近年来为了节能，一般采用经济航速，每小时18海里左右。在沿海短途航行的集装箱船，航速每小时仅为10海里左右。

（1）按船型分：杂货-集装箱两用船（conventional ship）、半集装箱船（semi-container ship）、全集装箱船（full container ship）。

（2）按装卸方式分：吊装集装箱船（LO/LO-lift on /lift off）、滚装式集装箱船（RO/RO-roll on /roll off）、滚-吊船（RO/LO）、载驳船（barge carrier）。

目前，全球掀起了建造超大型集装箱船的竞赛，最大集装箱船的记录不断被刷新。比如，由南通中远海运川崎船舶工程有限公司建造的24188TEU级"中远川崎

336”轮集装箱船的船长399.99米（由于长度超过400米的船舶，经由苏伊士运河，将历经复杂的审批流程，再考虑安全因素，致使世界上集装箱船的船长始终未超越400米），船宽61.3米。当然，集装箱船的规模过大，将导致收益低、风险高，而且对港口的泊位与装卸设施提出了新的要求（见表3-1），因而船舶大型化趋势将有所减缓。

表3-1　　不同装载量集装箱船船型参数及对泊位的要求

集装箱船船型	船型参数				码头泊位参数（米）		
	船长（米）	船宽（米）	吃水（米）	载箱量（TEU）	长度	宽度	水深
第一代集装箱船	170	25	8	700 ~ 1 000	206	50	-10
第二代集装箱船	225	29	10 ~ 11	1 001 ~ 2 500	270	60	-13
第三代集装箱船	275	32	11.5 ~ 12	2 501 ~ 3 000	335	65	-14
第四代集装箱船	294	32.2	12.5	3 001 ~ 4 000	355	65	-15
第五代集装箱船	285	40	12.7	4 401 ~ 5 500	345	80	-15
8 500TEU集装箱船	334	42.8	13	8 500	395	85	-15
10 000TEU集装箱船	348	45.6	14.5	10 000	410	90	-17
18 000TEU集装箱船	399.2	54	14.5	18 000	530	100	-17
21 413TEU集装箱船	399.87	58.8	14.5	21 413	530	100	-17

5.集装箱

目前，国际上并无统一的集装箱定义，国际标准化组织对集装箱的定义为：“集装箱是一种运输设备：①具有足够的强度，可长期反复使用；②适于一种或多种运输方式运送，途中转运时，箱内货物无须换装；③具有快速装卸和搬运的装置，特别便于从一种运输方式转移到另一种运输方式；④便于货物装满和卸空；⑤具有1立方米及1立方米以上的容积。”集装箱这一术语的含义不包括车辆和一般包装。

目前，使用的国际集装箱规格尺寸主要是ISO/TC104制定的第一系列的4种箱型，即A型、B型、C型、D型（见表3-2）。其中，1A型是业务中常见的40英尺（ft）集装箱。1C型是业务中常见的20英尺（ft）集装箱。1AAA和1BBB是两种超高箱型，俗称高柜。

为了便于计算集装箱数量，以20ft的集装箱作为换算标准箱（twenty-feet equivalent units，TEU），并以此作为集装箱载运工具载箱量、集装箱场站吞吐量等的计量单位。故存在下列换算关系：40ft=2TEU，30ft=1.5TEU，20ft=1TEU，10ft=0.5TEU。

按用途分类，集装箱可分成通用箱、通风集装箱、保温集装箱、冷藏集装箱、开顶集装箱、板架集装箱等不同类型；按其所有权不同可分为货主自备箱（shipper's own container，SOC）、承运人箱（carrier's own container，COC）和出租箱（lender's own container，LOC）。

表 3-2　　国际标准集装箱现行主要箱型系列

型号	高度（H）（毫米）		宽度（W）（毫米）		长度（L）（毫米）		总重（千克）
	尺寸	极限偏差		尺寸	极限偏差	尺寸	极限偏差
1AA	2 591	0，-5	2 438	0，-5	12 192	0，-10	30 480
1A	2 438	0，-5	2 438	0，-5	12 192	0，-10	30 480
1AX	<2 438		2 438	0，-5	12 192	0，-10	30 480
1CC	2 591	0，-5	2 438	0，-5	6 058	0，-6	20 320
1C	2 438	0，-5	2 438	0，-5	6 058	0，-6	20 320
1CX	<2 438		2 438	0，-5	6 058	0，-6	20 320
10D	2 438	0，-5	2 438	0，-5	4 012	0，-5	10 000
5D	2 438	0，-5	2 438	0，-5	1 968	0，-5	5 000

根据国际标准化组织的《集装箱的代号、识别和标记》（ISO6346—1981（E）），集装箱标记包括必备标记和自选标记两类，每一类标记细分为识别标记和作业标记。

课外拓展

集装箱类型与尺寸

（1）箱主代号、顺序号和核对数字，比如，COSU8005631。

（2）尺寸和类型代号（箱型代码），比如，45G1。其中45为尺寸代码，表示集装箱的外形尺寸；G1为箱型代码，表示集装箱的箱型及其特征。45表示1AAA型箱；G1表示货物上部空间设有透气孔的通用集装箱。

课外拓展

集装箱标识

（3）额定重量和自定重量标记、空陆水联运集装箱标记、登箱顶触电警告标记、超高标记、国际铁路联盟标记、通行标记等作业标记。

6.集装箱货物

随着集装箱运输的发展，集装箱运输的货运量迅速增长，但并不是所有的货物都适合用集装箱运输。有些货物虽然从技术角度看是能够用集装箱运输的，但从经济角度看就不一定是合适的了，因此一般从经济性、物理性角度分析，集装箱运输的货物可分为四大类。

（1）最佳装箱货（prime containerizable cargoes）。属于这一类货物的，一般是价值大、运价高、易损坏、易盗窃的货物，这些货物的尺寸、容积与质量等方面适合于装载集装箱，并具有装箱利用率较高的特点。例如，光学仪器、家用电器、医疗用品、照相机、摩托车等体积不是很大的机械类货物，以及可用冷藏集装箱装运的水果、肉类、乳酪等冷藏类食品。

（2）适合装箱货（suitable containerizable cargoes）。属于这一类货物的，一般是价值较大、运价较高、较易损坏和较易被盗窃的货物，例如，电线、电缆、纸浆、金属制品等。

（3）边缘装箱货（marginal containerizable cargoes）。这一类货物从技术上看是可以装箱的，但由于其价格低廉、运价便宜，所以从经济上看装箱并不是有利的，而且这些货物在其包装方面都是难以进行集装箱化的，例如，钢、生铁、原木等。

（4）不适合装箱货（unsuitable containerizable cargoes）。这一类货物是指那些从技术上看装箱是有困难的，或是货运量大不宜于直接用运输工具装运的货物，例如，桥梁、大型卡车等，以及原油、谷物、砂石等货物。

随着集装箱种类的逐渐增加，特别是装载特种货物的专用集装箱的使用，各货种适合装箱程度的等级都有所提高，边缘装箱货和不适合装箱货的品种正在不断减少。

★问题引导

某年，浙江宁波北站铁路货运线上，3节车皮装运6个集装箱满载军用食品，随铁路货物列车驶出车站，去往北京、广州等地，为部队调运给养物资。这是我军首次将具备条件的该类任务全部纳入集装箱多式联运保障范围。

思考：集装箱运输业务中，包括哪些组织方式与交接方式？它们之间是何种关系？

引导知识点

三、集装箱货物组织方式与交接方式

1.集装箱货物组织方式

根据发货人或收货人是否单独需要使用一个集装箱，可分为整箱货（full container load，FCL）和拼箱货（less than container load，LCL）两大类。整箱货是指由发货人负责装箱、计数、积载并加铅封，以箱为单位向承运人进行托运的货物。拼箱货是指承运人或其代理接受货主托运的货物数量不足装满箱的小票货运后，根据货类性质和目的地进行分类整理，把去同一目的地的货物，集中到一定数量，拼装入箱。由于箱内不同货主的货物拼装在一起，因此称为拼箱货。

整箱货与拼箱货涉及货物在起始地的装箱和目的地的拆箱，是由货主还是由承运人承担等相关问题，由此，在货主与承运人之间产生了以下4种组织方式。

（1）整箱接/整箱交（FCL/FCL）。双方以整箱为单位进行交接，货物的装箱与拆箱均由货主负责。

（2）整箱接/拼箱交（FCL/LCL）。在始发地，装箱由货主负责，双方以整箱为单位进行交接；在目的地拆箱由承运人负责，双方以货物为单位进行交接。

（3）拼箱接/拼箱交（LCL/LCL）。双方以货物为单位进行交接，货物的装箱与拆箱均由承运人负责。

（4）拼箱接/整箱交（LCL/FCL）。在始发地，装箱由承运人负责，双方以货物为单位进行交接；在目的地拆箱由货主负责，双方以整箱为单位进行交接。

2.集装箱货物交接方式

基于贸易条件所规定的交接地点不同，整箱货和拼箱货在货主与承运人之间也存在如下9种交接方式：

（1）门到门（DR to DR）：由发货人负责装载的集装箱，在其工厂或仓库交承运人验收后，承运人负责全程运输，直到收货人的工厂或仓库交箱为止。

（2）门到场（DR to CY）：由发货人工厂或仓库至目的地或卸箱港的集装箱装卸区堆场。

（3）门到站（DR to CFS）：由发货人工厂或仓库至目的地或卸箱港的集装箱货运站。

（4）场到门（CY to DR）：由起运地或装箱港的集装箱装卸区堆场至收货人的工厂或仓库。

（5）场到场（CY to CY）：由起运地或装箱港的集装箱装卸区堆场至目的地或卸箱港的集装箱装卸区堆场。

（6）场到站（CY to CFS）：由起运地或装箱港的集装箱装卸区堆场至目的地或卸箱港的集装箱货运站。

（7）站到门（CFS to DR）：由起运地或装箱港的集装箱货运站至收货人工厂或仓库。

（8）站到场（CFS to CY）：由起运地或装箱港的集装箱货运站至目的地或卸箱港的集装箱装卸区堆场。

（9）站到站（CFS to CFS）：由起运地或装箱港的集装箱货运站至目的地或卸箱港的集装箱货运站。

3.集装箱货物组织方式与交付方式的关系

由于FCL货物由发货人/收货人在工厂装拆箱，因此FCL货物的交付地点必定为DR或CY；而LCL货物由承运人委托的货运站装拆箱，因此LCL货物的交付地点必定为CFS。由此可见，4种组织方式与9种交接方式之间存在一定的联系与对应关系，即DR/CY、DR/DR、CY/CY、CY/DR对应为FCL/FCL；DR/CFS、CY/CFS对应为FCL/LCL；CFS/CY、CFS/DR对应为LCL/FCL。

任务二　熟悉海上班轮运输主体及操作流程

★课堂讨论

你认为海上班轮运输的主体应包括哪些？根据自己的理解说一说班轮运输的具体操作流程。

★问题引导

某发货人将5个集装箱货物委托某国际货运代理公司（以下简称货代）由中国某港口装船运往美国西部某港口，集装箱在美国西部某港口卸船后再通过铁路运抵美国东部目的地交货。该批货物由货代出具全程提单，提单记载运输条款堆场—堆场，提单标注“由货主装载、计数”。该批集装箱在始发港装船后，船公司签发了以货代为托运人的海运提单，提单记载运输条款堆场—堆场。集装箱在美国西部某港口卸船时，其中2个集装箱外表破损严重，货代在当地的代理与船方代理对此破损共同做了检验并签字确认。货物运达美国东部目的地后，收货人开箱时发现外表有破损的集装箱内货物已严重受损，另一外表状况良好的集装箱内货物也有不同程度受损。

思考：本案例中共涉及的班轮运输主体有哪些？他们分别扮演着什么角色，又承担着什么责任呢？

引导知识点

一、海上班轮运输主体

海上班轮运输主体包括货主、班轮公司、场站经营人、海运代理人、无船承运人等。限于篇幅与分工，无船承运人将在后面章节专门予以说明。

1.货主

货主系海上运输服务的需求者（买方），在法律上，他们被称为发货人（托运人）、收货人等。

（1）发货人（consignor）和托运人（shipper）。一般而言，发货人通常是指实际交付货物的人；托运人通常是指与承运人订立运输合同并支付运输费用的人。在实务中，发货人和托运人通常为同一人，但有时可能不是同一人。

（2）收货人（consignee）。《中华人民共和国海商法》规定："收货人，是指有权提取货物的人。"

2.班轮公司

班轮公司系海上运输服务的供给者（卖方），是指运用自己拥有或自己经营的船舶，提供港口间班轮运输服务，并依据法律规定设立的船舶运输企业。在法律上，班轮公司被称为承运人，有时为了同本身不拥有船舶但以承运人身份开展运输经营的无船承运人相区别，这类承运人也称实际承运人。

3.场站经营人

（1）码头经营人（operator of transport terminals），是指接受货主、承运人或其他有关方的委托，负责接管运输货物，并为这些货物提供或安排包括堆存、仓储、装载、卸载、平舱、隔垫和绑扎等与货物运输有关服务的企业。

（2）集装箱货运站经营人，是指利用集装箱堆放场所，对货物进行装箱、拆箱工作，并完成货物的交接、分类和短时间保管等辅助工作的企业。

4.海运代理人

（1）国际船舶代理，是指接受船舶所有人或者船舶承租人、船舶经营人的委托，为其揽货、揽客和/或为其在港船舶办理各项业务和手续并收取报酬的人。

国际船舶代理的服务内容可分为以下四大部分：

①客货运代理业务。客货运代理业务包括：代为揽货，洽订舱位，办理海上联运货物的中转业务；签发提单；办理提货手续，交付货物，洽办货物理赔；代售客票，办理旅客上下船舶手续等。

②船务代理业务。船务代理既包括诸如联系安排装卸，办理申请理货及货物监装、监卸、衡量、检验，办理申请检验、熏舱、洗舱、扫舱等货物装卸工作，也包括诸如办理船舶进出口的申请及报关手续，申请引航以及安排泊位，洽购船用燃料、物料、淡水及食品等，洽办船舶修理、检验等，办理船员登岸及遣返手续，转递船员邮件，安排船员就医等船舶与船员服务工作。

③箱务代理业务。箱务代理业务也称箱管业务，是指国际船舶代理接受国内外集装箱班轮公司的委托，对集装箱和集装箱设备的保管、租用、发放、交接和调运等进

行管理。它包括办理集装箱的进出口申报手续，洽办集装箱的建造、修理、清洗、熏蒸、检疫、检验，办理集装箱的租赁、买卖、交接、转运、收箱、发箱、盘存，签发集装箱交接单证工作等。

④其他代理工作。其他代理工作包括洽办海事处理，联系海上救助；代办租船及船舶买卖；代收运费及其他有关款项，办理支付船舶速遣费及计收滞期费等。

（2）国际海上货运代理，也称远洋货运代理，通常是指接受进出口发货人、收货人的委托，代办国际海上货物运输及其相关业务并收取服务报酬的人。

国际海上货运代理通常具有如下特点：

①以从事集装箱班轮代理业务为主。随着集装箱运输的发展，集装箱运输成为班轮运输的主流，因此集装箱运输代理几乎成了国际海上货运代理的代名词。当然，实践中许多货运代理也在从事不定期船运输中有关杂货、干散货、液散货的报关报检以及集运、转运业务。

②从业人员较多，业务主要以缮制单证、报关报验为主，但一些从事集运分拨业务的货运代理则多以装箱、拆箱以及组织集运与分拨为主。

③一些国际海上货运代理兼具班轮公司的订舱代理，为船公司揽货。这样他们不但可以获得更多的扩展空间，还可以获得班轮公司的奖励，即通常所说的“佣金”。由此可以看出，国际海上货运代理与国际船舶代理之间在业务内容上存在一定的交叉，因而也具有一定的竞争性。

④一些具有较高业务能力和较为完善的业务网络的国际海上货运代理已发展成为无船承运人或多式联运经营人，从而使其身份呈现多重性。他们在从事国际海上货运代理业务的同时，往往提供延伸服务，甚至是门到门多式联运服务和第三方物流服务，因而他们往往兼营铁路、道路集疏运业务和仓储业务。

★问题引导

某贸易商拟出口若干集装箱货物，现正寻找货运代理为其办理海上运输事宜。

思考：假如你担当其货运代理，需要如何办理该批货物的出口运输？

引导知识点

二、海上班轮运输操作流程

1.海上班轮运输有关方的业务环节与业务内容

表3-3和表3-4分别显示国际海上集装箱出口、进口运输有关方的业务环节与业务内容。

2.货运代理在海上班轮运输中的作用与业务内容

图3-6和图3-7分别显示了国际海上集装箱出口、进口运输操作流程（拼箱货）。货运代理接受客户（发货人或收货人）委托后，除了办理订舱（出口）或提货（进口）、报关报验等业务之外，对于拼箱货，货运代理需要安排货物送至CFS（出口）或从CFS提取货物（进口）；对于整箱货，货运代理需要到船代箱管办理提/还空箱手续、安排拖车到CY提/还重箱/空箱、安排在工厂或仓库装/拆箱等。

表3-3　　国际海上集装箱出口运输有关方的业务环节与业务内容

发货人	（1）订立贸易合同。（2）备货。（3）租船订舱（如以CIF、CFR价格条件成交时）。（4）报关报检。（5）货物装箱与托运并取得承运人或其代理签发的场站收据。具体业务分工视交付条款而定。比如，交付条款为CY/CY，则负责提空箱、装箱、送重箱至码头；而交付条款为CFS/CFS，则负责货交货运站即可。（6）投保（如以CIF价格条件成交时）。（7）支付运费（如付运费），并凭场站收据取得承运人签发的提单。（8）向收货人（买方）发出装船通知（如以CFR价格条件成交时）等
船公司	（1）承揽待运的货源。（2）配备集装箱：船东箱（自有或租赁）、货主箱。（3）受理托运：需要明确装卸港、整箱货与拼箱货，以及集装箱交付条款等。（4）接收货物：视交付条款不同，其接收货物地点可能为码头堆场、货运站或发货人工厂等。（5）办理船舶的联检与靠泊手续：此工作需要委托船务代理办理。（6）装船：装船的一切工作均由码头负责进行。（7）制作、签发并送交相关的装船单证：送交货主、码头、货运站、理货公司及联检机构等，对于发货人而言，船公司或其代理应向其签发正本提单。（8）办理船舶的联检与离港手续，驶往卸货港等
集装箱码头堆场	（1）集装箱的交接：接收重箱、发放空箱。（2）制订堆场作业计划，以指导集装箱的堆存与装卸作业。（3）集装箱的装船并签发相关单证：根据船舶积载图和装船计划安排装船，装船完毕后，由船方在装箱单、码头收据、积载图上签字，作为确认货物装船的凭证。（4）对堆存在场内的冷藏箱、危险品箱等特殊集装箱进行处理等
集装箱货运站	（1）办理拼箱货物交接，并向发货人签发场站收据。（2）配箱、装箱。（3）制作装箱单和出具危险品装箱证明。（4）在海关监督之下加海关封志，并将装载的货箱运至码头堆场等

表3-4　　国际海上集装箱进口运输有关方的业务环节与业务内容

收货人	（1）签订贸易合同。（2）租船订舱（如以FOB价格条件成交时）。（3）申请开信用证。（4）投保（如以离岸价FOB，或到岸价CFR价成交时）。（5）付款从银行处取得正本提单。（6）凭正本提单到承运人或其代理处换取提货单和设备交接单（整箱货）。（7）凭提货单到码头（整箱货）或货运站（拼箱货）提取货物，整箱货需凭设备交接单提取。（8）返还空箱（系指整箱货）。（9）损害索赔等
船公司	（1）做好卸船准备工作，包括制订卸船计划、安排联检与靠泊。（2）制作并寄送有关单据。（3）卸船：由码头安排卸船事宜。（4）凭正本提单和到付运费等向收货人签发提货单和集装箱提、还箱手续（当整箱货交付时）等
集装箱码头堆场	（1）集装箱的卸船准备工作：制订卸船计划、堆场计划、交货计划。（2）卸船与堆放。（3）交货：整箱货交收货人（需要事先收取滞箱费等），拼箱货交货运站，转运内地货交内陆承运人。（4）制作交货报告和未交货报告等
集装箱货运站	（1）做好提箱、拆箱、交货准备。（2）向收货人发出交货通知。（3）从码头堆场领取载货的集装箱。（4）拆箱交货（收货人提货应持提货单、交纳相关费用并签收交货记录）、空箱退还给码头堆场。（5）制作交货报告和未交货报告等

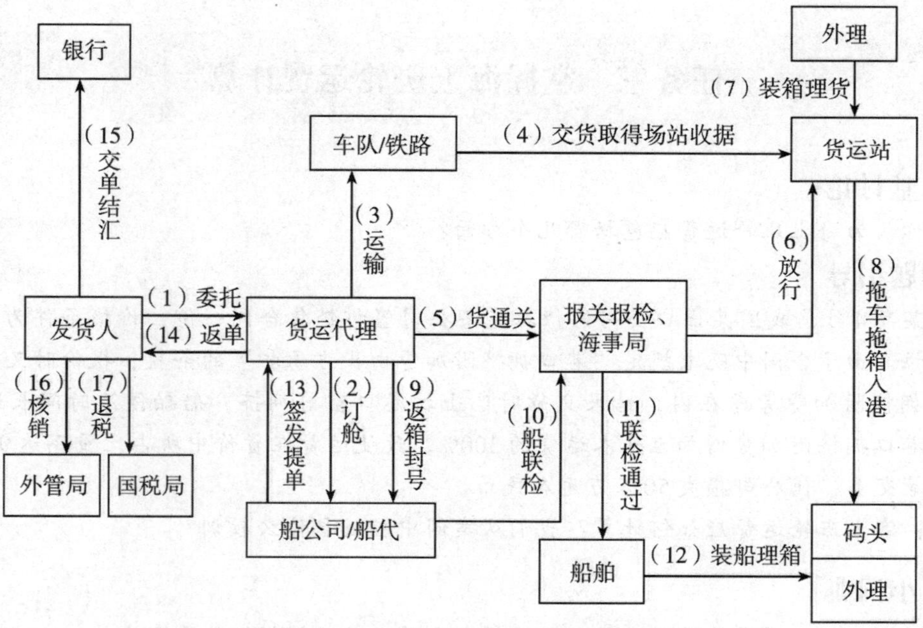

图3-6　国际海上集装箱出口运输操作流程图（拼箱货）

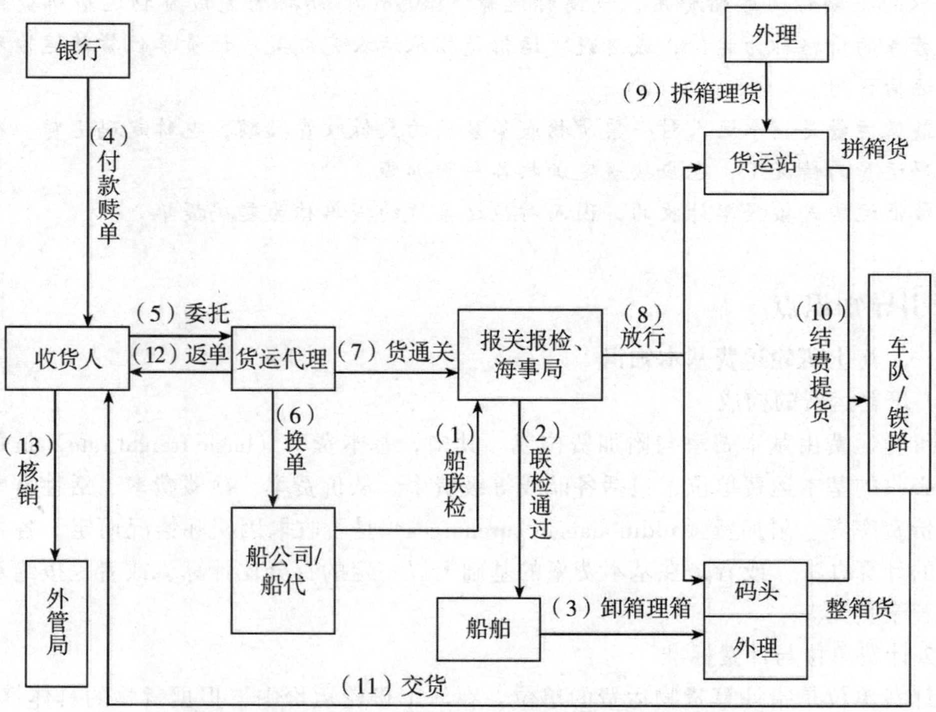

图3-7　国际海上集装箱进口运输操作流程图（拼箱货）

任务三 掌握海上班轮运费计算

★课堂讨论

你认为海上班轮运费应包括哪几个方面？

★问题引导

某年4月，我国某出口公司同伊拉克某公司签订销售合同一份，价格条件为CFR巴士拉。由于合同中既未规定“港口拥挤附加费由买方承担”的条款，报价时又未把港口拥挤附加费考虑在内，结果交货时巴士拉港口空前拥挤，船舶候泊时间长达65天，港口拥挤附加费增加至基本运费的300%，致使运费在货价中所占比重高达95%。这一笔交易，使公司损失50多万元人民币。

思考：海上班轮运费应如何计算？我们从案例中应吸取什么教训？

小词典

通常人们习惯于将承运人履行运输服务之前或之后根据运输合同向托运人或收货人收取的报酬称为运输费用，或简称运费（freight），而将为完成货物运输所提供的运输劳务的价格称为运价，或者说，运价是指承运人完成某一计量单位货物运输所收取的运输费用。

最低运费是指承运人对一票货物或集装箱的最低收费数额，也称起码运费。在收取起码运费的情况下，也应按规定加收各种附加费。

最低运费是按提单计收的，因而对应这票货的提单称为起码提单。

引导知识点

一、海上班轮运费基本知识

1.班轮运费的构成

班轮运费由基本费率与附加费构成。其中，基本费率（basic freight rate）是每票货物必收的基本运费单位，包括各航线等级费率、从价费率、冷藏费率、活牲畜费率及议价费率等。附加费（additionals or surcharges）是否收取因实际情况而定。各种附加费的计算办法，或者是在基本费率的基础上以一定的百分比计算，或者是按绝对数增收若干美元。

课外拓展

海运附加费大百科

2.计费单位与计费标准

计费单位是指计算货物运费的单位。在海上班轮运价中，根据货物的具体情况，可以按货物的重量、体积、价值或者其他方法计算运费。

至于各种货物应按何种计算标准计收运费，在承运人公布的运价表中均有具体的规定。以下为运价表中常用的5种方式：

（1）注明“W”，表示按货物的毛重，以重量吨为计费单位，每1公吨（MT，1 MT=1 000千克）为1重量吨，1重量吨以下取小数点后3位。

（2）注明“M”，表示按货物“满尺丈量”的体积，以立方米为计费单位，每1立方米为1体积吨，1体积吨以下取小数点后3位。

（3）注明“M/W”，表示分别按重量吨和体积吨计算运费，并选择其中运费较高者作为计费单位。

（4）注明“Ad. Val.”，表示按货物FOB价格的一定百分比收取运费，即采取从价计费。

（5）注明“Ad. Val. or W/M”，表示分别按从价和重量吨、体积吨计算运费，并选择其中运费高者作为计费单位。

3.最低运费

在集装箱运输中，拼箱货物的最低运费计收办法与班轮杂货运输中最低运费的计收办法基本相同，但整箱货物的最低运费的计收办法与之不同。对于由货方自行装箱，且非实行包箱运费的整箱货，船公司通常不是规定一个最低运费金额，而是规定一个最低运费吨。

案例3-1

根据远东水脚公会的规定：一个20英尺干货集装箱的最低运费吨为17.5/21.5/21.5（重量吨/体积吨/计费吨），假设一个20英尺干货集装箱内装运电器10立方米/5吨、五金7立方米/8吨，费率分别为USD25W/M、USD30W/M。按箱内加权平均费率和最高费率两种方法计算的实装货物全部运费与亏箱运费见表3-5。

表3-5 最低运费计算

货种	体积吨	重量吨	计费吨	费率（美元）	运费（美元）
电器	10	5	10	25	10×25=250
五金	7	8	8	30	8×30=240
合计	17	13	18		490
最低运费吨	21.5	17.5	21.5		
亏箱吨	4.5	4.5	3.5		
按加权平均费率计算亏箱运费=3.5×（490÷18）=95.278（美元）					
按箱内最高费率计算亏箱运费=3.5×30=105（美元）					

通过上述计算可以看出，第一种计算方法对货方较为有利。至于运价表采取何种计算方式，货方应事先向承运人咨询。

4.运费更正

如果发现运费计算有误，货方应在船舶开航后4个月内向承运人或其代理提出，经查属实，承运人或其代理应编制更正单并予以补退款。超过上述期限，则不予以办理。

5.运费支付方式

运费有预付和到付两种支付方式，至于选择何种支付方式应视承托双方的约定。

有些运价表明确规定某些货物的运费必须预付，比如，“中远集团一号运价表”规定舱面货、散装油、冷藏货、活动物、散装胶浆、鲜货、行李以及易腐货物的运费等必须预付。

6.班轮运价表

运价表一般可以分成说明及有关规定（notes and conditions）、商品列名和附录（commodity enumeration and appendix）、基本费率（basic freight rate）和附加费率（additionals rate）4个部分。

基于不同的角度，班轮运价表可以分成不同的种类。比如，根据制定单位的不同，可分为班轮公会运价表（conference tariff）、非班轮公会运价表（non-conference tariff）、双边运价表（bilateral tariff）和协议运价表（freight agreement tariff）；根据费率形式的不同，可分为商品等级运价表（class rate freight tariff）和商品费率运价表（commodity rate freight tariff）。

（1）商品等级运价表，由货物分级表和等级费率表组成。付费人首先在货物分级表中确定出商品所属的等级，然后根据指定航线的等级费率表查出该商品等级所对应的运价，即为该类商品的运价。

（2）商品费率运价表，也称单项运价表（single rate freight tariff），是对各种不同的商品在不同的航线上分别制定一个基本运价，即将每种商品及其基本费率逐个列出。其优点是使用方便，缺点是难以将所有商品列入运价表。该表通常适用于货种较少的特定航线。

★问题引导

宁波五矿机械进出口公司，出口一批机械设备到汉堡，每个设备的体积为6CBM，设备总重量为7吨，货物采用拼箱方式运输。货物等级为9级。

思考：集装箱运费与普通班轮杂货运费有什么区别呢？拼箱货与整箱货运费计算又有什么区别呢？

引导知识点

二、海上集装箱运费的计费特点

表3-6显示了海上班轮杂货运价与集装箱货物运价的主要差别。

（1）拼箱货，与传统班轮杂货的计费方式相同，按货物的重量或体积计收运费。

（2）整箱货，一是针对货方自行装箱的按体积计算运费的货物，实行最高运费制度。最高运费的含义是当托运人箱中所装货物体积吨超过承运人所规定的最高运费吨时，承运人仅按最高运费吨计收运费，超过最高运费吨部分免收运费。二是通常以箱为单位计收运费，主要包括以下3种费率：①FAK（freight for all kinds）包箱费率，也称均一包箱费率。它是指对每一集装箱不细分箱内货类、不计货量（当然不能超过规定的重量限额），只按箱子类型（普通货、一般化工品、半危险品、全危险品、冷藏货）制定出不同规格（20’、40’）箱子的费率。可见，在FAK下，只需判别箱内货物属于普通货、一般化工品、半危险品、全危险品还是冷藏货，就可查到这个集装箱的运费。②FCS（freight for class）包箱费率，与FAK的差别在于，它是对于普通货物，再按不同货物等级制定的相应的包箱费率，一般为4个级别费率或3个级别费率，比如，1～7级、8～10级、11～15级、16～20级，或者1～8级、9级、10～11级、12～20级等。③FCB（freight for class and basis）包箱费率，与FCS不同的是，它既按不同货物等级或货类，又按计算标准制定出不同的费率。因此，同一级费率因计算标准不同，费率也不同。如8～10级，CY/CY交接方式，20英尺集装箱货物如按重量计费为1 500美元，如按尺码计费则为1 450美元。

表3-6　　海上班轮杂货运价与集装箱货物运价主要项目对比

<table>
<tr><th rowspan="2">对比项目</th><th colspan="2">集装箱货物</th><th rowspan="2">班轮杂货</th></tr>
<tr><th>整箱货</th><th>拼箱货</th></tr>
<tr><td>普通货物费率级别</td><td colspan="2">一般为4个级别费率或3个级别费率，比如，1～7级，8～10级，11～15级，16～20级；或者1～8级，9级，10～11级，12～20级等</td><td>21个级别费率，由商品20级与Ad. Val.构成</td></tr>
<tr><td>货类划分</td><td colspan="2">普通货、一般化工品、半危险品、全危险品、冷藏货5类，有的还单列出挂衣箱费率</td><td>普通货、冷藏货、活牲畜等</td></tr>
<tr><td>计费方式</td><td>除采用与班轮杂货相同的计费方式外，大多采用FCS、FCB、FAK等包箱计费</td><td>与班轮杂货计算方法相同</td><td>按商品等级费率或商品列名费率计收运费</td></tr>
<tr><td>超长、超重附加费</td><td>无（因系货主自行装箱，与船公司无关）</td><td>收取，如CFS/CY减半收取</td><td>收取</td></tr>
<tr><td>变更目的卸货港附加费</td><td>有</td><td>无（不允许变更卸货港）</td><td>有</td></tr>
<tr><td>选择目的卸货港附加费</td><td>有</td><td>无（不允许选择卸货港）</td><td>有</td></tr>
<tr><td>转船附加费</td><td>有</td><td>有</td><td>有</td></tr>
<tr><td>对于家具、行李与服装的计费</td><td colspan="2">对于非成组装箱的载于集装箱内的家具与行李，运费按箱内容积的100%计收；对于挂衣箱，运费按箱内容积的85%计收</td><td>按实际运费吨计收运费</td></tr>
<tr><td>最低运费</td><td>每箱规定最低运费，计算办法与班轮杂货不同</td><td>每份提单规定最低运费</td><td>每份提单规定最低运费</td></tr>
<tr><td>最高运费</td><td>有</td><td>无</td><td>无</td></tr>
<tr><td>堆存费</td><td>有</td><td>有</td><td>有</td></tr>
<tr><td>滞箱费</td><td>有</td><td>无</td><td>无</td></tr>
<tr><td>运价表费率适用范围</td><td colspan="2">港至港（包括港区附近的货运站）间费用</td><td>舷（钩）至舷（钩）间费用</td></tr>
</table>

★问题引导

A公司从上海运往肯尼亚蒙巴萨港口"门锁"（小五金）一批计100箱。每箱体积为20厘米×530厘米×540厘米，每箱重量为25千克。当时燃油附加费率为40%，蒙巴萨港口拥挤费率为10%。

思考：该货物的运费是多少呢？

引导知识点

三、海上班轮运费的计算

（1）选择相关的运价表。

（2）根据货物名称，在货物分级表中查到运费计算标准和等级。

（3）在等级费率表的基本费率部分，找到相应的航线、起运港、目的港，按等级查到基本运价。

（4）再从附加费部分查出所有应收（付）的附加费项目和数额（或百分比）及货币种类。

（5）根据基本运价和附加费算出实际运价。

（6）运费=运价×运费吨。

案例3-2

某班轮从广州港装载杂货，体积为20立方米、毛重为17.8公吨，运往欧洲某港口，托运人要求选择卸货港Rotterdam或Hamburg，Rotterdam和Hamburg都是基本港口，基本运费率为USD80.0/FT，两个以内选卸货港的附加费为每运费吨加收USD3.0，计费标准为"W/M"。请问：（1）该托运人应支付多少运费（以美元计）？（2）如果改用集装箱运输，海运费的基本费率为USD1 100.0/TEU，货币附加费率为10%，燃油附加费率为10%。改用集装箱运输时，该托运人应支付多少运费（以美元计）？（3）若不计杂货运输和集装箱运输两种方式的其他费用，托运人从节省运费角度考虑，是否应选择改用集装箱运输？

解：因为M大于W

（1）Freight Ton为20。

Freight=（80.0+3.0）×20=USD1 660.0

（2）可选用1个TEU。

Freight=（1+10%+10%）×1 100=USD1 320.0

或者Freight=1 × 1 100+1 100×10%+（1 100+1 100×10%）×10%

=1 100+110+121

=USD1 331

（3）因为（1）大于（2），所以应选择改用集装箱运输。

任务四　熟悉集装箱箱管业务操作实务

★课堂讨论

谈谈你了解的集装箱租赁方式。你认为集装箱的发放和交接需要哪些流程？

★问题引导

某年8月，上海品圆公司受上海科宁公司（原告）的委托，为原告运输24个20英尺的集装箱货物，从上海至汕头。因该货物装在原告的集装箱内，为桶装液体助剂，故品圆公司向原告续租这24个集装箱，并约定：每个集装箱用箱费为500元人民币，还箱至上海洋泾码头，使用时间为25天，超期使用费为每个集装箱3.50美元/天。品圆公司将24个集装箱装载在林通公司所有的“苏林立18”轮上。同年8月29日，“苏林立18”轮从上海港出发，开航当时船舶并无不适航的情况。次日19时30分，船舶航行至浙江温州洞头沿海海面，遇到了雷雨大风，19时50分，船舶开始下沉，直至船舶及货物、集装箱一同沉没，其中包括涉案的24个集装箱。事故发生后，品圆公司将集装箱灭失的消息及时通知了原告，并称等海事报告出来之后再商处理意见。

同年12月18日，温州海事局制作《“苏林立18”轮沉船事故调查报告书》，对事故原因做出了分析，认为造成本次事故的主要原因是天气海况恶劣，次要原因是船员应变能力差、操作不当。

由于涉案的24个集装箱是原告向中集公司租赁的，次年10月8日，原告向中集公司赔付了集装箱（按照干货箱的标准）灭失损失71 700.00美元及租金247.80美元。

思考：本案例中涉及集装箱租赁问题，那么集装箱租赁有几种方式呢？相关合同条款中又有哪些具体规定呢？

小词典

集装箱租赁（container leasing）是指集装箱所有人（通常为集装箱租赁公司）作为出租人与承租人（一般为海运班轮公司、道路运输公司或多式联运经营人等）签订协议，采用长期或短期的方式把空的集装箱租赁给承租人。

集装箱租赁合同是规定出租箱人与承租箱人双方权利、义务和费用的协议。

引导知识点

一、集装箱租赁

1.集装箱租赁的方式

（1）期租。集装箱的期租分为长期租赁和短期租赁两种方式。对旧箱而言，租赁一年以上视为长期租赁；就新箱而言，租赁3年到5年视为长期租赁。长期租赁又可分为金融租赁与按实际使用期租赁两种方式。前者指租箱人在使用期届满后买下所租用的箱子；后者指租箱人在使用期届满后将箱子退还给集装箱出租公司。

（2）程租。集装箱的程租分为单程租赁和来回程租赁两种方式。单程租赁多用于同一条航线上来回程货源不平衡的情况。来回程租赁通常用于来回程有较平衡货运量的航线。

（3）灵活租赁。在费用上类似于长期租赁，在期间上类似于短期租赁，可灵活使用。对旧箱而言，以3年或5年为价格基础，可以允许3年、2年、1年提前还箱，租金费率则相应调整。对新箱而言，以5年为价格基础，只允许3年提前还箱，租金费率同样相应调整。在大量租用箱子时，租金有回扣，其租金几乎与长期租赁一样便宜。

2.集装箱租赁合同条款

在协议执行期间，箱体由承租人管理使用，承租人负责对箱体进行维修保养，确保避免灭失。协议期满后，承租人将箱子还至出租人指定堆场。堆场对损坏的箱体按协议中规定的技术标准修复，修理费用由承租人承担。承租人按照协议向出租人支付提还箱费及租金。

租箱人在签署合同之前一般要与租箱公司（或其代理人）商定租箱方式，数量，租金，交、还箱期，地点，租、退箱费用，损害修理责任及保险等事宜。租箱合同的主要条款一般有4个方面内容：交箱条款、还箱条款、损害修理责任条款、租金及费用支付条款。

★问题引导

某进出口贸易公司拟出口一批高档灯具，却不知如何选择合适的集装箱。

思考：假如你作为其货运代理，请对如何选择集装箱提出相关的建议。

引导知识点

二、集装箱选配与装载

1.选择合适的集装箱

在选用集装箱时，主要考虑的是货物的不同种类、性质、形状、包装、体积、重量，以及运输要求等，以及其他附加因素，如运输线路上的外界条件和特殊要求、装卸作业上的要求、装卸机械的要求。此外，在货物不平衡的航线上，应尽可能选用回程时也能装载另一种货物的集装箱，避免空箱回运。表3-7列出了各类集装箱所适于装载的货物的情况，供参考。

2.计算集装箱数量和装载量

（1）初步确定集装箱数量。首先，求出一个集装箱的最大载货重量和有效容积，判定所装货物是重货还是轻货。如果是重货，则用货物总重量除以集装箱的最大载货重量，即得所需集装箱的数量；如果货物是轻货，则用货物总体积除以集装箱的有效容积，即得所需集装箱的数量；如果货物密度与箱的单位容重相同，则无论按重量计还是按体积计，均可得出集装箱的需要量。

（2）在实践中，为了充分利用空间，除了采用上述办法进行测算需要多少集装箱外，有时需要进一步结合货物在箱内积载的情况，进行二次测算，以确定准确的箱数。

表3-7　　各类集装箱所适于装载的货物

集装箱种类	适于装载的货物
干货箱（dry cargo container，DC），也称杂货箱（general cargo container，GC）或通用箱（general propose container，GP）	除冷冻箱或低温箱的货物、需要特别通风的货物、活的动植物、散货或液体货等，其他大多可用杂货箱装载
敞顶箱（open-top container，O/T，OC）	难于从箱门进行装卸而需要由箱顶上进行装卸作业的货物、超高货物；只要利用侧壁就可以进行固定的货物，如玻璃板、胶合板、一般机械和长尺度货物等
台架式集装箱（platform based container）、平台式集装箱（flat rack container，FR，FRC）	会产生集中负荷的重货、需要从箱顶或箱侧装载的货物、在集装箱内需要严格固定的货物、不怕风雨侵袭的货物、超尺度货物等
冷冻集装箱（reefer container，RF，RC）	冷冻货，如冷冻鱼、冷冻肉等；低温货，如低温肉、柑橘、干酪、禽蛋等；需要保持一定低温条件的货物，如胶片、药品等
散货集装箱（bulk container，BK）	麦芽、大豆、大米等谷物类货物；干草块、原麦片等饲料；树脂、硼砂等化工原料
通风集装箱（ventilated container）	兽皮以及其他在运输中会渗出液汁的货物、需要通风的食品类货物、可能会引起潮湿的货物
罐状集装箱（tank container，TK，TC）	普通液体货、酒类、化学液体货及其他危险液体货
动物集装箱（pen container or live stock container，LSC）	装运鸡、鸭、鹅等活家禽和牛、马、羊、猪等活家畜用的集装箱

案例3-3

现有纸板箱包装的电气制品，共750箱，体积为117.3m³，重量为20.33t，试计算需要多少个20ft的杂货集装箱？

解：（1）计算货物密度：货物密度=20 330kg÷117.3m³=173.3kg/m³。

（2）查表确定集装箱的单位容重。集装箱的单位容重是指集装箱的最大载货重量与其容积的比。表3-8列出20ft、40ft杂货集装箱以及20ft开顶集装箱的单位容重。

取箱容积利用率为80%，则根据表3-8可知20ft杂货集装箱的单位容重为820.4 kg/m³。

（3）确定货物是重货还是轻货：由于货物的密度小于箱的单位容重，可知该货为轻货。

（4）计算所需的集装箱数。根据表3-8可知集装箱的有效容积为33.2×80%=26.56m³，由于货物为轻货，故所需的集装箱数应等于货物的体积与集装箱有效容积的比，即117.3÷26.56=4.4个。由此可见该票货物需要5个20ft杂货集装箱。

表3-8 集装箱的单位容重

集装箱种类	最大载货重量		集装箱容积		不同容积利用率下的单位容重			
					容积利用率为100%		容积利用率为80%	
	kg	lb	m^3	ft^3	kg/m^3	lb/ft^3	kg/m^3	lb/ft^3
20ft杂货集装箱	21 790	48 047	33.2	1 172	656.3	41.0	820.4	51.3
40ft杂货集装箱	27 630	60 924	67.8	2 426	407.5	25.1	509.4	31.4
20ft开顶集装箱	21 480	47 363	28.4	1 005	756.3	47.1	945.4	58.9

案例3-4

一批用纸箱包装的货物，单箱尺寸为50×20×20cm，总重量为16 000kg，总体积为195cbm。40GP集装箱内部尺寸为12.032×2.35×2.38m，内容积为67cbm。试问此批货物需要选多个集装箱?

初选：195÷67=2.9箱，初选3个40GP集装箱。

单箱：50×20×20=0.02cbm，合计：195÷0.02=9 750箱。

（1）箱高（层数）：2.38÷0.2=11.9层，可装11层。

（2）箱长度：

按纸箱宽摆放：x箱可放数量=12.032÷0.2=60.16箱。

按纸箱长摆放：y箱可放数量=12.032÷0.5=24.064箱。

（3）箱宽度：

摆放箱宽的方向：先按x（长）——50cm，后按y（宽）——20cm。

目标函数：$\max z=0.5x+0.2y$

约束条件：$0.5x+0.2y<2.35$

解1：$x=3\ \ y=4$

解2：$x=1\ \ y=9$

（4）单层总箱数：3×60=180箱，4×24=96箱，合计276箱。

（5）单箱总箱数：276×11=3 036箱。

（6）3个40GP集装箱能装的总箱数为9 108箱，尚余9 750−9 108=642箱，还需1个20GP集装箱。

可见，本批货物需要选用3个40GP集装箱、1个20GP集装箱。

3.集装箱的检查

集装箱在装载货物之前，都必须经过严格检查。一个有缺陷的集装箱，轻则导致货损，重则在运输、装卸过程中造成箱毁人亡事故，所以对集装箱的检查是货物安全运输的基本条件之一。发货人、承运人、收货人、货运代理人、箱管人以及其他关系人在相互交接时，除对箱子进行检查外，还应以设备交接单等书面形式确认箱子交接时的状态。其相关内容将在下面专门介绍。

4.装箱作业的一般准则

集装箱的装箱作业一般有3种方法，即全部用人力装箱、用叉式装卸车搬进箱内再用人力堆装、全部用机械装箱。集装箱装载时应注意的基本事项有：

（1）在任何情况下所装载的货物重量不能超过集装箱的最大载货重量。集装箱的最大载货重量为集装箱的总重减去自重，总重和自重都标在集装箱的箱门上。

（2）每个集装箱的单位容重是一定的，因此如装载单一货种时，只要知道货物密度，就能断定是重货还是轻货。及时明确区分这两种不同的情况对提高装箱效率是很重要的。

（3）装载时要使箱底的负荷均衡，不要使负荷偏在一端或一侧，特别是严格禁止负荷重心偏在一端的情况。

（4）要避免造成集中负荷，如装载机械设备等重货时，箱底应加木板等衬垫材料，尽量使负荷分散。

（5）装载货板货时要确切掌握集装箱的内部尺寸和货物的外部尺寸，用科学的方法计算出装载件数，尽量减少弃位，多装货物。

（6）用人力装箱时要注意包装上有无“不可倒置”“平放”“竖放”等装卸指示标志。

（7）冷藏货或危险货物等特殊货物的装载，要严格按有关特殊货物的装载要求进行。

5.装箱单证

（1）装箱单。装箱单（container load plan，CLP）是由装箱人根据已装入集装箱内的货物制作的，记载箱内所装货物的名称、数量、重量、交付方式及箱内积载顺序（自里到外）的单证。

课外拓展

装箱单

装箱单一式数份，以一式五联为例，装箱单由码头联、船代联、承运人联各一联，发货人/装箱人联两联构成。

（2）集装箱装运危险货物装箱证明书。具体内容，将在“危险品货运代理操作实务”一章中予以介绍。

★问题引导

在海运实务中，因集装箱交接不当而产生争议屡见不鲜。比较常见的案例就是，货代向货主交付了集装箱以供货主装货，而之后货物抵达目的港后发现集装箱内货物破损，究竟是属于集装箱箱体质量责任造成货物破损还是属于实际运输中承运人保管不善造成货物破损，需要定义集装箱在装货前的交接状态。

思考：集装箱发放与交接时有哪些规定以及流程呢？

引导知识点

三、集装箱发放与交接

1.设备交接单

设备交接单（equipment interchange receipt或equipment receipt，E/R）是集装箱所有人或其代理签发的用以进行集装箱等设备发放、收受等移交手续并证明移交时箱体状况的书面凭据，在我国港台地区俗称“提柜纸”。显然，设备交接单适用于承运人箱（COC），不适用于货主箱（SOC）。设备交接单分为进场设备交接单和出场设备交接单两种。设备交接单一般由船舶代理留底联（白色）、码头堆场联（白色）和用箱

课外拓展

设备交接单

人/运箱人联（黄色）3联构成，其流转过程如图3-8所示。

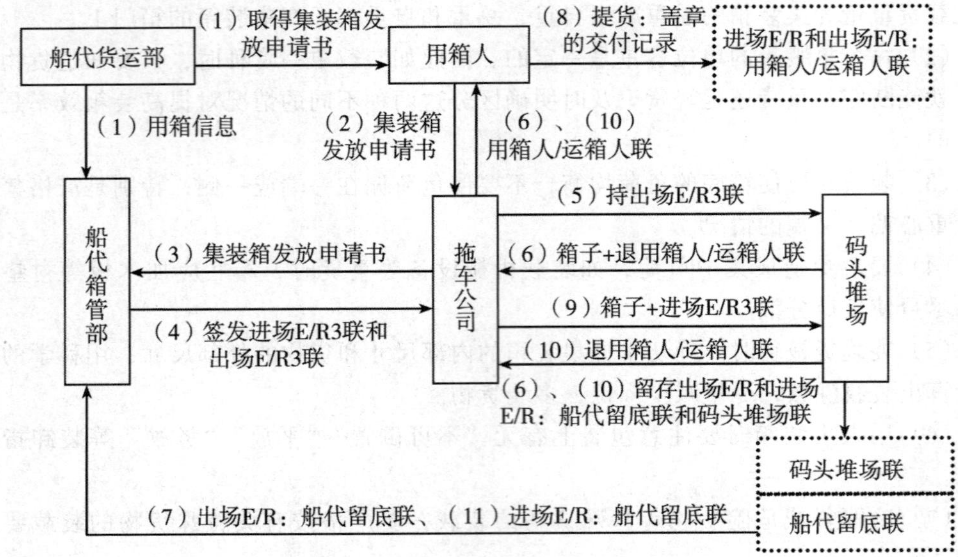

图3-8 进场和出场设备交接单流转示意图

货运代理在代表货主办理集装箱空重箱的交接时，应遵循船代有关集装箱管理的规定（如图3-9、图3-10所示）。

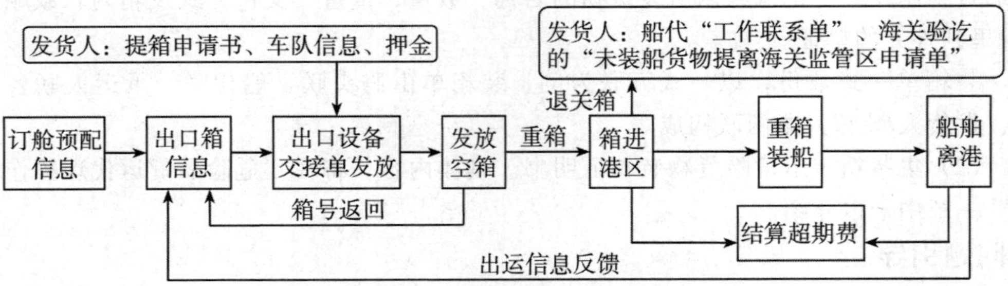

图3-9 船代出口箱管理流程

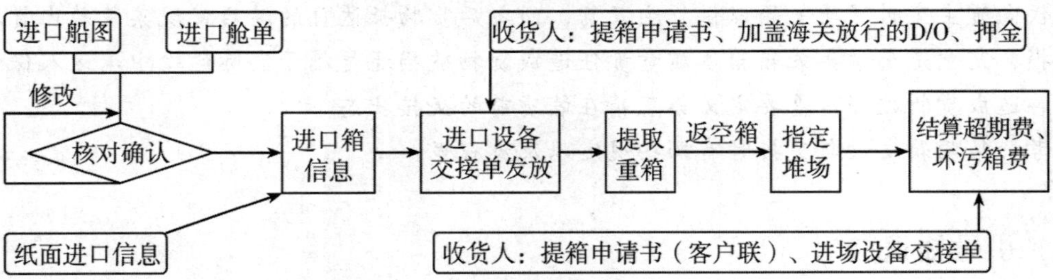

图3-10 船代进口箱管理流程

2.集装箱发放和交接的基本规定

集装箱各方交接责任的划分如下：①船方与港方交接以船边为界；②港方与货方（或其代理人）、道路承运人交接以港方检查桥为界；③堆场、中转站与货方（或其代理人）、道路承运人交接以堆场、中转站道口为界；④港方、堆场中转站与铁路、水路承运人交接以车皮、船边为界。

3.集装箱空箱进出场检查

由于集装箱装上拖车后，箱底部与拖车架接触，无法观察，因此堆场理货员应在吊装集装箱至拖车时观察集装箱底部有无损坏，如有损坏，应通知检查口更换集装箱。

至于箱底面以外的其他部位的检查，主要包括以下几点：①外部检查——对箱体的表面查看，是否有变形、损伤等；②内部检查——检查时应进入箱内，关上箱门，观察有无漏光现象，由此判断集装箱是否破损；③箱门检查——箱门应完好、水密；④清洁检查——检查箱内有无残留物和污染、锈蚀、水湿、异味等；⑤根据货物及有关要求进行其他检查，如防虫、防病疫检查等。

理货员根据验箱结果，在验箱记录上具体说明箱型、材质及箱体是否完好，并签字确认。

4.集装箱重箱进出场检查

①外部检查——对箱体的表面查看，是否有变形、损伤等；②核对箱号是否与单证相符；③记录封条号码，包括海关关封及厂家施加的厂封；④注明集装箱的类型、材质。

5.设备交接单的批注

凡是有下列情况之一的，均应在设备交接单上予以批注：①箱号及装载规范不明、不全，封志破损、脱落、丢失、无法辨认或与进口文件记载不符；②擦伤、破洞、漏光、箱门无法关紧；③焊缝爆裂；④凹损超过内端面3cm，凸损超角件外端面；⑤箱内污染或有虫害；⑥装过有毒、有害货物未经处理；⑦箱体外贴有前次危险品标志未经处理；⑧集装箱附属部件损坏或丢失；⑨特种集装箱机械、电器装置异常；⑩集装箱安全铭牌（CSC plate）丢失。

任务五　熟悉托运业务操作实务

★课堂讨论

你了解的托运业务包括哪些操作？具体内容是什么？

★问题引导

在托运业务中，无论是货物出口报关，还是签发提单，通常会要求出口商提交相关的托运单据，对此常令出口商感到头疼。

思考：你了解海上运输中涉及哪些托运单据吗？

引导知识点

一、托运单据操作实务

课外拓展

场站收据

在集装箱运输中，托运业务单证实际是由场站收据（dock's receipt，D/R）、托运单（booking note，B/N）、装货单（shipping order，S/O）及其副本等若干联构成，因其核心为场站收据，故也常称场站收据。表3-9和图3-11分别显示了10联场站收据的名称、颜色、用途与流转。

表 3-9 场站收据各联的名称、颜色与用途

顺序	名称	颜色	主要用途
1	集装箱货物托运单——货方留底	白色	系托运合同，托运人留存备查，也称订舱单、订舱申请书
2	集装箱货物托运单——船代留底	白色	系托运合同，据此编制装船清单等
3	运费通知（1）	白色	计算运费
4	运费通知（2）	白色	运费收取通知
5	装货单——场站收据副本（1）	白色	报关单证之一并作为海关放行的证明，也称关单、下货纸
	缴纳出口货物港杂费申请书	白色	港方计算港杂费
6	场站收据副本（2）——大副联	粉红色	报关单证之一，并证明货已装船等
7	场站收据	淡黄色	报关单证之一，船代凭此签发提单
8	货代留底	白色	缮制货物流向单
9	配舱回单（1）	白色	货代缮制提单等
10	配舱回单（2）	白色	根据回单批注修改提单

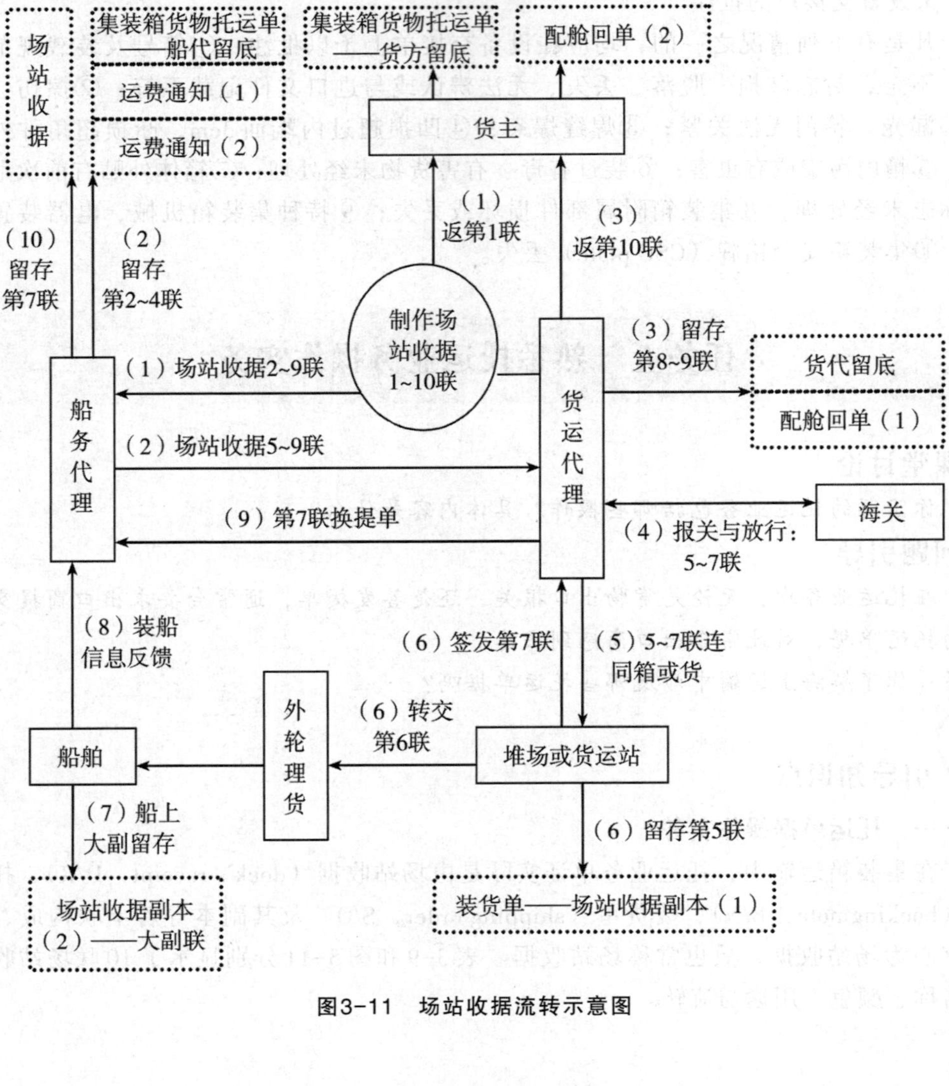

图3-11 场站收据流转示意图

（1）场站收据的最低联数。场站收据至少应包括以下4联：托运单，承运人或代理证明已订舱确认；装货单，托运人证明货物已经海关核准放行；场站收据，货运站（CFS）证明收到货物（拼箱货），或码头堆场（CY）证明收到集装箱重箱（整箱货）；场站收据副本——大副联，船上大副证明集装箱已装船。

（2）场站收据的制作依据。托运单缮制的根本依据是买方开立给卖方或经卖方回函修改的最终信用证条款，若该贸易往来未采用信用证结汇方式，而是托收或在其他方式的条件下完成，则托运单内容缮制的主要依据是贸易合同的条款。在制作过程中，如有项目更改，应由提出更改的责任方编制"更正通知单"，并及时送交有关部门，并由船务代理通知海关。

（3）场站收据各方的责任。对托运人而言，具有如实制作场站收据、取得海关许行许可及货交承运人或代理的责任，同时，对于自行装箱的整箱货，应对箱内货物承担责任，当然，货物一旦交付船公司或其代理，并由船公司或其代理签发场站收据，则在相当程度上表明责任即告终止。对船公司而言，场站收据的签发在一定程度上等于提单签发，也意味着船公司对货物运输开始承担责任，只不过在赔偿货方以后，它可以向船代、货运站、堆场等有关方行使追偿权，追偿其损失。对船代、货运站、堆场等而言，它们实际上是作为船公司的代理分别负责订舱、收货、收箱及签发相关单证。

★问题引导

对于出口商而言，如果货物采用集装箱班轮运输，那么在备货及落实信用证的同时，就应该开始着手订舱，以便及时履行合同及信用证项下的交货和交单的义务。

思考：出口商向班轮公司租订舱位（箱位）时应注意哪些事项？

引导知识点

二、订舱操作要点

1.订舱对象及方式

（1）以价格优先、航线好为宗旨，选择有优势的船东或货代订舱。

（2）托运单格式：订舱代理指定的托运单格式、非指定的订舱格式。

2.托运单审核

应注意审核以下内容：预配船期；箱型、箱量；货名或货类；重量、体积（拼箱必须提供的大约数）；起运港/卸货港/目的港（必须清晰明确）；付费条款（须提供并列明是"FREIGHT PREPAID"或者"FREIGHT COLLECT"）；运输条款以及特别注意事项的要求。

3.订舱确认

经过审核运费无误后，向承运人订舱。通过不同的方式收到承运人的订舱确认单后，将订舱确认单上相关承运人的资料删掉，在订舱确认单上注明客服/单证联系人员的电话、传真，以及E-mail地址，再将订舱确认单传真给客户。若客户要委托拖车装箱和报关的，提前1～2天安排落实好拖车计划与报关事项。

任务六 掌握班轮提单与海运单操作实务

★课堂讨论

谈谈你对班轮提单和海运单的了解。

★问题引导

提单、海运单作为海上运输中最为重要的单证，一直为船货双方所重视，尤其是围绕提单产生的纠纷屡见不鲜。

思考：你了解提单吗？

小词典

提单（bill of lading，B/L），是用以证明海上货物运输合同和货物已经由承运人接收或者装船，承运人保证据此交付货物的单证。

引导知识点

一、班轮提单操作实务

1.提单概述

（1）提单的功能。

根据《中华人民共和国海商法》的定义，提单具有合同证明、货物收据和物权凭证三大功能。

①提单是海上货物运输合同的证明。a.在承托双方之间（如在CIF下，托运人与承运人之间，在FOB下，收货人与承运人之间），在提单签发前，如承托双方无任何约定，所签发提单的条款被推定为海上运输合同的内容，从而对承托双方均有约束力；反之，在提单签发前，承托双方已订有书面的海上货物运输合同（如采用托运单订舱并经承运人确认），提单仅起到对运输合同的补充而已，换言之，如海上货物运输合同与提单条款的规定不同，也只能以海上货物运输合同条款为准。b.在第三方提单持有人与承运人之间，由于双方事先不存在任何运输合同，根据《中华人民共和国海商法》第七十八条的规定，提单则作为持有人与承运人间的合同条款。

②提单是承运人已接管货物和货物已装船的证明。这表明提单是承运人保证按提单上记载的货物品种、数量和状况交货的证明，但这种证明的效果依据提单是否可转让而有所不同：a.在承运人与托运人之间，提单只是证明货物状态和数量的初步证据。承运人有权提出与提单记载状况不同的证据，以证明货物装船或收取货物时的真实状况，法院有权接受承运人提交的与提单不同的证据为最终效力。b.在承运人与善意的受让提单的包括收货人在内的第三人之间，提单作为最终的证据，禁止承运人否认提单上的记载内容。

③提单是承运人保证凭此交付货物的物权凭证。也就是说，在提单交易下，应遵循“认单不认人”原则，承运人或其代理必须凭正本提单交付货物。

（2）提单的分类。

课外拓展

租船提单

基于不同的角度，提单可以分成许多种，常见的有两大类：一类是租船运输下使用的提单，称为租船提单（charter party B/L or B/L under charter party）；另一类是班轮运输下使用的提单，一般称为班轮提单（liner B/L）。不过，在《UCP500》下称为海运提单（ocean B/L），而在《UCP600》下干脆省去“海运”（ocean）字样，直接称为提单。

课外拓展

班轮提单

在班轮运输方式下，承运人通常自行拟定印有公司名称的班轮提单（因而也常称有抬头提单），而且在实务中，为了便于使用，班轮提单大多按“一式两用”的方式印制。比如，用于集装箱运输的集装箱提单大都以“港到港或国际多式联运”（port to port/international multimodal transport）为提单的“标题”，以表明本集装箱提单兼具直达提单和多式联运提单的性质，而且在提单中设置专门条款，按“港到港”运输和国际多式联运分别为承运人规定不同的责任。此外，班轮提单的背面通常列有详细的运输条款，因而也称全式提单（long form B/L）。

（3）提单的内容。

①提单的正面内容。提单正面除了包括当事人（承运人、托运人、收货人、被通知人等）栏、运输项目（收货地、前程运输工具、装货港、船名、卸货港、交货地、目的地等）栏、货物方面记载栏等内容，以及供货方缮制和承运方签署之外，还包括以下标准契约文句：a.收货或装船条款。该条款表明承运人是在货物（集装箱）外表状况良好（除非另有说明）的条件下接收货物和交付货物（或者装上船和卸下船）的。如果是收货待运提单，则以“RECEIVED” 开头；如果是已装船提单，则以“SHIPPED ON BOARD” 开头。b.不知条款。此条款表明承运人只对货物的表面状况进行核实，对其内部状况并不知情，因此承运人只是负责在目的地交付表面状况与提单描述相符的货物。提单上对此的措辞大致为：“重量、体积、标志、号数、品质、内容和价值由托运人提供，承运人在收货（装船）时并未核对，这些也不构成提单合同的一部分。”c.提单效力与交付条款。该条款目的在于说明承运人签发提单的份数，以及凭其中一张提货后其余均失效，以提醒有关各方注意。此外，有些提单上还增加递交正本提单条款，内容大致是：“经承运人要求，本正本提单必须被恰当背书，以便提货或换取提货单。”d.承认/接受条款。该条款声明货方已确认全部接受提单的条款，内容大致为：“托运人、收货人和本提单持有人兹明白表示接受并同意本提单和它背面所载的一切印刷、书写或打印的规定、免责事项条件。”e.签署条款。该条款表明提单系由承运人或其代理签发的。

②提单的背面条款。目前，实际承运人与无船承运人印制的提单内容基本相同，只不过大多数无船承运人提单并无运价本条款，而实际承运人提单除了具备运价本条款外，还常常有约束无船承运人的条款等。下面简要介绍提单背面的主要条款，详细内容可参照有关的提单格式：a.提单应具备的共同条款。除了简式提单和租船提单外，一般的提单均具备如下条款：定义条款、管辖权条款、首要条款、留置权条款、承运人责任期间条款、承运人赔偿责任限制与免责、货方责任条款（如发货人申报货物内容的责任等）、运费及其他费用条款、索赔通知与时效条款、危险品条款、运输方式与运输路线条款、通知与交付条款、共同海损条款、新杰森条款、双方有责碰撞

条款、美国地区条款等。b.集装箱提单所具备的条款。在适用于集装箱货的提单中，提单背面除了具备前述的共同条款外，还增加了舱面货选择条款，铅封完整交货条款，货物检查权条款，海关启封检查条款，货主自行装箱的集装箱、承运人集装箱、特种箱、冷藏箱、保温箱条款，以及分包人的赔偿、抗辩、免责与限制等适用于集装箱运输的条款。c.件杂货提单所具备的条款。在适用件杂货的提单中，提单的背面除了具备前述的共同条款外，还增加了舱面货、活动物和植物、重货和笨件、选港货、散货、多于一个收货人的货物、棉花、木材、铁和钢、冷藏货、集装箱货、驳船费、熏蒸等适用于件杂货运输的条款。

2.提单缮制的依据

提单缮制是指按提单正面所列项目逐一填制。提单缮制的义务人应为托运人，但在实务中，通常委托货运代理或船务代理缮制提单。如前所述，在通常情况下，提单应根据大副收据/场站收据来缮制，而大副收据/场站收据的缮制应符合买卖合同、信用证的规定。考虑前面并没有详细介绍如何根据买卖合同、信用证的规定制作大副收据/场站收据，因此以下说明如何根据买卖合同、信用证的规定缮制提单。

依据中途是否发生转运，班轮提单可分为直达提单（direct B/L）、转运提单/转船提单（transshipment B/L）和联运提单（through B/L）。其中，直达提单是指由承运人签发的，货物从装货港装船后，中途不经过换船而直接驶往目的港卸货的提单；转运提单/转船提单是指在装货港装载的货物不能直接运往目的港，需要在中途港装上其他船舶转运至目的港货物时承运人签发的提单；联运提单是指承运人对经由海/海、海/陆运输的货物所出具的全程提单。

表3-10显示了《UCP600》对班轮提单制作的基本规定，除非信用证另有约定，否则制作提单时应遵循这些规定。

表3-10　《UCP600》对班轮提单（B/L）制作的基本规定

应具备的基本条件	1.注明承运人的名称并由承运人、船长或其具名的代理签署 2.注明确定的船名（即已装船提单 on board B/L） 3.注明确定的装货港和卸货港 4.开立全套（可以是仅有一份或多份）正本提单 5.其他方面符合信用证规定
在符合以上基本条件的前提下，银行不拒受的单据	1.注明将发生转船者，除非信用证规定禁止转运 2.注明不同于装货港的接受监管地及/或不同于卸货港的最终目的地或者注明“预期船”或“预期装货港或卸货港”等。只要提单上加注了确切的船名、装货港、卸货港即可 3.提单抬头为“联合运输提单”“多式联运提单”“联运提单”“转船提单”者 4.使用简式提单或以托盘或集装箱等方式运输所签发的提单 5.加注“重量、数量等不知条款”的提单，除非信用证另有规定 6.货物可能装于舱面，但未特别注明已装或将装舱面的提单，除非信用证另有规定 7.表明以信用证受益人以外的一方为发货人或收货人的提单 8.注明诸如装卸费等运费以外附加费用的提单，除非信用证禁止接受

续表

银行拒受的单据	1.注明“租约并入条款”的，即租船提单 2.以运输代理身份签发的货代提单 3.舱面提单，除非信用证明确规定接受 4.不清洁提单，除非信用证明确规定接受 5.未背书或漏签章的提单 6.迟（过）期提单，除非信用证另有规定 7.在预付运费提单下，注明“运费可预付”或“运费应预付”提单 8.信用证禁止转运时提单注明将发生转运者，但对于提单证实货物已由集装箱、拖车及/或子母船运输，并且同一提单包括海运全程运输，及/或含有承运人声明保留转运权利条款者，银行仍予以接受

3.提单缮制的要点

不同类型的提单缮制过程也有所不同，以下重点介绍直达提单的制作过程：

（1）当事人栏目的缮制。

①托运人（shipper）。《UCP600》并不要求托运人是实际的发货人，也可以是收货人或货运代理或无船承运人等。然而，如贸易合同约定提单托运人为买方或者其他第三方，卖方如接受，须绝对谨慎，尤其在FOB出口合同下更是如此。

案例3-5

某年1月，某北京贸易公司（以下称北京公司）与新加坡一家贸易公司（以下称新加坡公司）订立了黑豆的出口合同，价格条件为FOB天津，目的港为印度尼西亚雅加达港。北京公司交由某船务公司（以下称船务公司）之W船承运，为了满足新加坡公司通过其开证行所开出的信用证的要求，北京公司向船务公司装港代理申请，要求在代表上述货物的提单的托运人栏内填写新加坡公司的名字，为此，该装港代理代表船务公司签发了以新加坡公司为托运人的凭指示提单。在船舶抵达目的港后，不见提单持有人前来提货，港方又不准谷物类货物在港储存，于是船务公司卸港代理依提单上托运人的声明将上述货物交给了收货人。然而，北京公司却因未能在信用证有效期内向银行交单收款而被银行拒绝付款并退回所递交的正本提单。北京公司依据所持有的全套正本提单，以无单放货为由向法院起诉船务公司及其代理。法院审理后认为：北京公司虽持有正本提单，但该提单为指示提单，托运人是新加坡公司，提单未经托运人背书，北京公司未能证明其具有提单合法当事人的地位，因而北京公司没有诉权。

案例分析：此案中卖方存在两个致命错误：一是未如期结汇；二是放弃成为提单上的托运人，使其货、款两空。

②收货人（consignee）。此栏可采取不记名式、记名式、指示式三种，至于采用何种形式取决于信用证的规定。根据此栏记载的不同，相应的提单可分为：a.不记名提单（open B/L or bearer B/L or blank B/L），是指提单收货人栏内没有指明任何收货人，而只注明提单“持有人”（bearer）字样的提单。不记名提单无须背书即可转让，流通性极强。但一旦丢失或被窃，由于谁持有提单，谁就可以提货，故风险极大。

b.记名提单（straight B/L），是指在收货人栏中具体写明收货人名称的提单。《中华人民共和国海商法》规定，记名提单不能通过背书方式转让给第三人，即它不能流通，只能由该特定收货人提货。c.指示提单（order B/L），是收货人栏填写“凭指示”（to order）或“凭某人指示”（to order of…）字样的提单。前者称为不记名指示，也称为“空白抬头”；后者称为记名指示。

③被通知人（notify party）。此栏应按信用证的规定填写，如果信用证上未注明被通知人，则提单正本中此栏可保持空白，但提供给承运人的提单副本中应注明实际被通知人，以便承运人目的港代理向其寄送提货通知。

（2）运输栏目的缮制。

收货地、前程运输工具、交货地栏应保持空白；提单编号栏与船名、航次栏应根据船公司提供的具体编号、船名和航次据实填写。

①收货地（place of receipt）、交货地（place of delivery）以及前程运输工具（pre-carriage by）栏目保持空白，如填写内容的话，则必须有装船批注。船名、装货港、卸货港必须是确定的，否则必须有装船批注。

②船名（name of vessel），应填列货物所装的船名及航次。

③装货港（port of loading），应填列实际装货港口的具体名称。

④卸货港（port of discharge），应填列货物实际卸下的港口名称。

（3）有关货物事项各栏目的缮制。

①标志、集装箱号/铅封号（marks & No.，container/seal No.）。此栏填入的标志需与商业发票及有关单据上的标志一致，且不得与信用证有任何抵触。对于集装箱货物，还应注明集装箱箱号及铅封号，以便于核对与查询。对于无包装标志的散货等，应在提单上注明“无标志”（N/M），不得在提单货物标志栏内保持空白。此外，有时托运人要求将标志图案直接贴在提单标志处，这种提单俗称“贴唛提单”。此时承运人或代理人应在所贴唛头与提单本身之间盖章，以证明所贴唛头是经承运人或代理人批准的，与货物唛头一致，而不是伪造的，也可避免日后将原唛头换掉，贴上其他唛头。

②集装箱数/货物件数及货物描述（number of containers or packages，description of goods）。此栏填入所托运货物的最大包装数量，而非技术测量的数量，比如，出口货物为30万码花布，分别用粗布坯布捆成300扎，则此栏应填入300扎而不是30万码。如果是集装箱装运，既可仅注明集装箱数量，如“6 Containers”等，也可同时注明集装箱内小件数量。然而，根据《中华人民共和国海商法》的规定，如未记载箱内件数，一旦将来发生货损、货差，则箱内货物视为1件。显然，不同的记载会产生不同的赔偿结果。

案例3-6

从广电公司揽到1 000台电视机，SOC（货主箱）为5×20’箱，COC（船公司箱）为5×20’箱。每个箱子里配100台电视机。船公司把这10个箱子全放在甲板上，绑扎上出了问题，结果10个箱子全都掉到海里。假设该公司由3个制单员批注了提单。

第一个：批注了箱号、关单号、内装什么、提单号，提单上未记载箱内件数；

第二个：提单上记载了箱内装载100TV/TEU；

第三个：提单上记载了箱内装载10个托盘，10TV/托盘。

案例分析：以上每种情况下电视机应按几件赔偿？哪种对船公司最为有利？

第一种情况下，货物10台，箱5个；第二种情况下，货物1 000台，箱5个；第三种情况下，货物1 000台，箱5个，托盘100个。显然，按第一种情况下的批注最为有利。

③毛重、体积（gross weight，measurement）。毛重应与发货单、装箱单上的记载一致，且应填货物总毛重。货物的毛重以“千克”为计量单位，并取整数，体积一般以“立方米”为计量单位，且保留小数点后3位，信用证另有规定的除外。

④总箱数/货物总件数（total number of containers/packages）。用英文大写字母而不是阿拉伯数字来填写集装箱的总箱数或货物的总件数。总箱数或总件数是指本提单项下的集装箱总箱数或货物总件数，而且件数以最终多少件、什么样的包装来填写。在件数前，需加上“SAY”，相当于“合计”；在件数后，加上“ONLY”，相当于“整”。比如，25 carton cotton yarn与36 bales cotton piece goods，总数为61 packages，完整的表达式应为：“SAY SIXTY ONE PACKAGES ONLY”。

（4）运费及费用栏目（包括运费及费用、计费吨、费率、支付方式、兑换率、运费支付地点等）的缮制。

在通常情况下，此栏仅需要注明运费支付方式：预付还是到付。通常，在CIF和CFR条款下，提单必须注明“预付”；而在FOB条款下，应为“到付”。但信用证要求在提单上注明运费金额时，则应在提单上注明运费金额，并与发票上的运费金额相同。

4.提单的批注

在实践中，因诸多原因，船货双方可能会在提单上加盖各种批注。

（1）货物不良状况的批注。

比如，“3 PACKAGES STAINED”。如果承运人在提单上加注了有关货物及包装状况不良或存在缺陷等的批注，则该提单构成不清洁提单（unclean B/L or foul B/L）；反之，则称为清洁提单（clean B/L）。

根据《UCP600》第二十七条的规定，银行只接受清洁运输单据。此外，《UCP600》进一步明确：“清洁”一词并不需要在运输单据上出现，即使信用证要求运输单据为“清洁已装船”的。正因为银行拒绝接受不清洁提单，因此在实践中，为了结汇，发货人往往通过出具保函以换取清洁提单。

关于保函的法律效力，《海牙规则》和《维斯比规则》都没有做出规定。考虑保函在海运业务中的实际意义和保护无辜的第三方的需要，《汉堡规则》第一次就保函的效力问题做出了明确的规定。《汉堡规则》第十七条规定，保函是承运人与托运人之间订立的协议，不得对抗第三方；承运人与托运人之间的保函，只有在无欺骗第三方意图时才有效；如发现有意欺骗第三方，则承运人在赔偿第三方时不得享受责任限制，且保函无效。

案例3-7

某远洋运输公司在承运6 000吨白糖时，发现有10%脏色，大副在收货单上做了相关批注。因货物容易变质，信用证（L/C）又即将过期，托运人急于获得清洁提单结汇，遂出具保函，声明“如收货人有异议，其一切后果均由发货人承担，船方概不负责”。但货物抵目的港时，收货人以货物脏色为由扣船，并向远洋运输公司索赔10多万美元。

请问：（1）远洋运输公司可否凭保函作为拒赔的理由？

（2）假如远洋运输公司赔偿了该笔款项，之后可否凭保函要求托运人赔偿其因签发清洁提单而遭受的损失？托运人是否应赔偿远洋运输公司的损失？

案例分析：（1）无权，因对第三人而言，保函一概无效。

（2）无权。对承运人与托运人而言，只有在无欺骗第三方意图时保函才有效，而在此案中，10%脏色的比例较高，表明双方明显具有欺骗第三方的意图，则保函无效，承运人在赔偿第三方后无法追偿。

（2）转运批注。

如信用证没有规定是否可以转船，按《UCP600》的规定，应视为可以转船，因而可以在提单上批注“转运”字样。

信用证允许转船而实际又需转船者，应在卸货港栏内注明转船港口名称，或在货名下面加注转船说明。

如来证规定只准在某港转船或不准在某港转船，制单时应注明实际转船港口，以示符合信用证的要求。

案例3-8

某年8月4日，烟台土产公司从美国杜邦公司购买了68吨氰化钠，价格条件为CIF烟台，总金额为93万美元。9月2日，货物装船后，船公司签发了提单，提单记载的装货港为美国圣保罗，卸货港为中国烟台。9月29日，船公司的青岛代理向烟台土产公司发出了到货通知，通知其货物已于9月25日抵达青岛港，要求其凭正本提单到青岛港办理提货手续。因提单上载明的卸货港为烟台，而氰化钠属于剧毒危险品，青岛海关不允许办理转关手续；如要在青岛提货，只能办理清关手续。烟台土产公司为此发传真给杜邦公司：如果杜邦公司同意支付18 000美元作为清关费用，同意在青岛提货。10月8日，船公司函告烟台土产公司，在烟台土产公司不能提出更好的解决办法的情况下，船公司决定将货物退运至日本，再由日本转船至烟台。11月3日，船公司将上述货物从青岛经由日本运抵烟台。烟台土产公司认为由于船公司的不合理绕航，使货物比预计时间晚一个多月到达烟台，给其造成了严重的经济损失，故向船公司提出索赔。

案例分析：（1）船公司辩称：由于船公司在承运本案项下的货物时，没有直接到达烟台港的航线，货物要运至烟台港只能经由日本转船，因此选择了“美国圣保罗—中国青岛—日本—中国烟台”这一习惯航行路线。根据《中华人民共和国海商法》的规定，承运人按照习惯航线将货物运往卸货港的，不能构成不合理绕航。此辩称正确否？

错误。船公司在承运本案项下的货物时，虽然没有直接到达烟台的航线，但是在双方对航线没有约定的情况下，则应按照习惯的或者地理上的航线将货物送至卸货港。而船公司只顾自己的便利和利益，先将货物运至青岛港，在收货人不同意在青岛提货的情况下，才将货物退运至日本，再转船运到烟台。船公司该种行为显然构成不合理绕航，其应对收货人因此而遭受的经济损失承担赔偿责任。

(2) 本案中船公司的主要失误是什么？

在无直达烟台航线的情况下，没有在提单上批注在中国青岛、日本转船。

(3)"数量、重量、内容不知"批注。

目前，提单上普遍事先印就或事后加批诸如"托运人装载和计数""内容据托运人报称"(said by shipper to contain) 或类似的措辞。这类条款通常被称为"不知条款"(unknown clause)。

针对提单上加批的"不知条款"，《UCP600》第二十六条（b）规定，载有诸如"托运人装载和计数"或"内容据托运人报称"条款的运输单据可以被接受（A transport document bearing a clause such as "shipper's load and count" and "said by shipper to contain" is acceptable)。显然，《UCP600》认为不知条款可以被接受。

案例3-9

某年11月22日，大华公司与万里公司签订了4份进口合同，约定大华公司从万里公司进口氨纶丝16吨，价格条件为CFR中国港口。上述货物由中运公司承运。12月4日，货物在韩国釜山装船，中运公司代理签发了已装船提单。提单上记载：收货人凭指示，通知方为大华公司，交货地为福建泉州，运输方式为CFS/CY，货物为A级氨纶丝（纺织用），装在20ft集装箱内；同时做了"托运人装载和计数""据说装有"的批注，提单记载重量为16吨。该提单经数次背书后，最终转让给福建外贸。货物抵达福建泉州并卸至集装箱堆场后，福建外贸申请进口报关，经海关查验发现集装箱内装的是涤纶丝而非申报的氨纶丝，后申请商检对货物进行检验，认定集装箱箱体无损，铅封完好，装载货物的纸箱上标有涤纶丝字样，箱内货物为涤纶丝。福建外贸因箱内货物与提单记载不符而拒收货物。海关则因福建外贸申报品名与实际不符，将上述货物予以拍卖，并对福建外贸予以处罚。为此，福建外贸对中运公司提起诉讼，要求中运公司按照提单及有关单证上记载的货物名称交付货物或赔偿等价的货物损失。

案例分析：(1) 提单上记载的内容与实际货物有冲突时，承运人的责任如何认定？承运人是否应承担责任？

当提单上记载的内容与实际货物有冲突时，应采取对承运人不利的解释。因此，应认定"托运人装载和计数""据说装有"批注无效，而CFS/CY批注有效，即承运人负责在装货港货运站装箱事宜，同时应保证实际装箱货物的信息，如货名、件数、体积等与提单上的记载完全一致，并有义务按提单表面记载向善意的提单持有人——福建外贸交付货物。据此可知，对提单持有人而言，承运人应承担责任。

（2）本案承运人应吸取的教训是什么？

一是最好从事整箱业务；二是在从事拼箱业务时，应选择资信良好的装折箱代理，以便能做好货物的接收、装载与交付工作，并如实地进行提单批注。

（4）装船批注。

根据《UCP600》第二十条的规定，海运提单必须是已装船提单，即提单应该是船名、装货港和卸货港这3项都已确定，且有已印就的“已装船”（shipped on board）字样的提单，无须加“装船批注”。值得注意的是，“已装运表面状况良好”、“已载于船”、“清洁已装船”或其他包含“已装运”（shipped）或“已装在船上”（on board）之类用语的措辞与“已装船”具有同样效力。

由此可见，当信用证要求提供海运提单（marine/ocean B/L）时，只要船名、装货港、卸货港及已印就的“已装船”四大要素中有任何一项不确定或缺少，就必须进行装船批注（on board notation）。

以下为实践中适用于不同情况的4种装船批注：

①装船批注为shipped on board+装船日期。它适用于提单上缺少已印就的“已装船”字样的情况。比如，多式联运提单事先印有“收妥待运”（received in apparent good order and condition for shipment…）字样。

案例3-10

中国A公司与英国B公司签订了一份国际货物买卖合同，约定由A公司向B公司销售一批电视机，B公司以信用证方式付款。合同订立后，B公司依约开立了信用证，该信用证要求A公司提供全套已装船提单。A公司按照合同规定交付了货物，并按信用证要求制作了所有单据。A公司向银行提交全套单据议付，银行审单后拒绝付款，理由是A公司提交的提单上没有货物的装运日期，该提单是多式联运提单而非信用证要求的已装船提单。A公司去电解释：其提交的提单上盖有“已装船”（shipped on board）字样的印记，证明货物已装船，提单的签发日期就是装运日期。银行回电称，A公司提交的提单所做的“装船批注”不符合《UCP600》的规定，由于存在单证不符的情况，银行拒绝付款。

案例分析：在本案中，银行的拒付是合理的。这是因为：信用证要求提交已装船提单，而A公司提交的提单上并无预先印就的“已装船”字样，仅仅是在提单上盖了“已装船”的印记，该提单应属备运提单而非已装船提单，提单的签发日期不应视为货物装运日期。只有在“已装船”批注的后面再加上装运日期，该提单才能转换为已装船提单。

②装船批注为on board+装船日期。它适用于提单上的船名不确定的情况。比如，提单上包含“预期船”（intended vessel）字样或有类似有关限定船舶的词语的。

案例3-11

在国际贸易中，信用证要求全套清洁海运提单。提交的提单的表面已事先印就以下文字："Shipped on board in apparent good order and condition…"，但在船名一栏显示的是"Ming Moon or Substitute"，且没有装船批注。试问此种提单是否符合信用证的要求？

案例分析：尽管该提单的表面事先已印就"shipped on board"字样，但由于货物是否已装上"Ming Moon"尚未确定，因此该提单仍为待装船提单。为了符合信用证的要求，要么删掉船名栏中的"or Substitute"，要么加注包括船名"Ming Moon"和装船日期在内的装船批注。

③装船批注为on board+装船日期+船名+装货港。它适用于提单上的装货港不确定的情况。比如，提单上的收货地点或接受监管货物的地点与装货港不同，或者提单中装货港栏的记载与信用证中规定的装货港不同，或者包含"预期"或类似有关限定装货港的标注的。值得注意的是，根据《UCP600》的规定，即使提单以事先印就的文字表明了货物已装载或装运于具名船舶，装船批注中仍需加批实际的船名，以证明该船舶从信用证所规定的装货港起运。

案例3-12

在国际贸易中，信用证要求提交海运提单。货物从Dalian运到Hongkong。提交的提单内容为：收货地，Dalian CFS；装货港，Dalian；卸货港，Hongkong；装船批注，on board+装船日期。试问银行是否有权拒受此提单？

案例分析：当收货地与装货港并非同一地点时，"on board"既可以指装上从收货地至装货港这一段航程的船只或其他运输工具，也可以指装上从装货港至卸货港的船只；但如果信用证要求提交港到港提单，则"on board"必须反映的是从指定的装货港出发的船只，而不是从收货地到装货港的船只或其他运输工具。在本例中，由于货运站并非大连港的一部分，它们是两个不同的地点，因此必须在装船批注处另加注装货港和船名，以明确并非在收货地装船。在本例中，如果收货地栏填入Dalian CY，由于集装箱堆场是港口的一部分，可以视为同一地，此时装船批注才无须加注装货港和船名。

④装船批注为：on board+装船日期+船名+装货港+卸货港。它适用于提单中的卸货港不确定的情况。

案例3-13

在国际贸易中，信用证要求全套清洁已装船海运提单。货物从曼谷运至中国南方任何一个港口（One south China port）。所交提单的装货港、船名和卸货港栏前均有"预期"（intended）字样，制单如下：装货港，Bangkok；船名，XYZ；卸货港，One south China port；装船批注显示为"Loaded on board vessel XYZ at Bangkok…"。试问该制单是否正确？

案例分析：海运提单要求装货港和卸货港必须是确定的港口，因此一方面，卸货港不能笼统地注明One south China port，除非信用证订明卸货港必须为One south China port；另一方面，由于卸货港一栏前有"预期"（intended）字样，因此即使卸货港一栏写上确切的港口名称，也需重复在装船批注上加注卸货港名。综上所述，该制单是错误的。

5.提单的签发

(1) 正常签单。

正常签单是指承运人在单单相符、单货相符的情况下签发提单的行为。也就是说，承运人签发提单时，对于散杂货，必须与大副收据核对；对于集装箱货物，必须与场站收据正本和副本（大副联）核对，以确保货物已装上船，而且单单相符、单货相符。

①签发人。根据《UCP600》的规定，班轮提单的签发人可以是承运人、船长、承运人或船长的代理人。同时，不论是承运人、船长还是其代理人，均应做到其身份的可识别性，即承运人或船长签署时必须标明其名称与身份；由代理人签署时，除了必须有代理人的签名外，还必须标明被代理人的名称和身份。

②签发日期（date of issue）。提单的签发日期应为装船日期，而非收货日期，如果为收货日期，则应加批装船日期。

③签发地点（place of issue）。提单的签发地点一般为装货港地点。

④签发正本提单份数（number of original B/L）。提单签发的份数应与信用证中规定的份数一致。若信用证无特别规定，仅要求出具全套正本提单，也可出具一份。填写时，必须用大写数字（ONE、TWO、THREE）填于该栏。

为了防止提单遗失、被窃或在转递过程中发生意外事故造成灭失，各国海商法和航运惯例都允许签发数份正本提单，并且各份正本提单都具有同等效力，但以其中一份提货后，其余各份自动失效。在提单上注明签发的正本提单份数可以使提单的合法受让人了解全套正本提单的份数，防止流失在外而引起的纠纷，保护提单受让人的利益；同时，因信用证通常都规定必须以全套正本提单向银行办理结汇，在变更卸货港提取货物时，也必须提交全套正本提单。在提单上注明正本提单的份数后，就可使接受提单结汇的银行或在变更卸货港时交付货物的船公司的代理人，了解用以办理结汇或提取货物的提单是否齐全。

(2) 非正常签单。

在实务中，还存在许多非正常情况下的签单现象。比如，a.提单所载事项与大副收据/场站收据或理货单据不符（即与货物的实际情况不符）；b.在租船提单下，提单与租船合同的规定不一致；c.属于欺诈性提单，如倒签提单、预借提单等。对此，承运人有权拒绝签发此类提单。不过，考虑双方的合作等诸多因素，承运人有时会同意签发此类提单。因此，一旦收到此类请求，承运人首先必须评估由此可能带来的风险，然后决定是否同意予以签单。即使同意签单，承运人在签单前也必须要求货主出具相应的保函并结清相关费用。

①凭保函签发清洁提单。其具体操作如前所述。

②凭保函倒签提单等。提单的签发日期应与货物实际装上船的日期一致，既不能提前，也不能延后，否则将使提单变成倒签提单、预借提单或顺签提单，承运人将面临巨大的风险。

倒签提单（anti-dated B/L），是指在货物装船后，承运人或其代理应托运人的要求签发的签发日期早于实际装船日期的提单。预借提单（advanced B/L），是指货物尚未装船或未装船完毕时，承运人或其代理应托运人的要求而签发的提单。顺签提单（post-date B/L），是指在货物装船后，承运人或其代理应托运人的要求签发的签发日期晚于实际装船日期的提单。

③异地签单。如果货主要求在装货港以外的地方签发提单，则构成异地签单。一般而言，在发生争议时，提单签发地法院具有管辖权，因而异地签单有可能导致不同的法律适用和管辖权。在异地签单时，签单地代理必须得到装货港代理的确认，并确保提单内容完全符合要求。

④转换提单。转换提单（switch B/L）通常简称换单，是指承运人签发第一套正本提单后，应货主的要求再签发另一套正本提单。在实际运作中，它包括两种情况：一是收回第一套正本提单后换单；二是未收回第一套正本提单换单。对于第一种情况下的换单，由于第二套正本提单的托运人、收货人、通知方、装货港、卸货港、签单地、运费支付方式等均可能与原正本提单不同，承运人将面临较大的风险，因而只有在货主信誉较好并提供担保的情况下，承运人才能同意换单。对于第二种情况下的换单，承运人犹如“一物两卖”，将可能面临被第一套或第二套正本提单持有人以无单放货为由的索赔，因而应拒绝签发。

⑤出口并单与拆单。出口并单是指承运人应货主的要求将两个或两个以上的订舱合并而出具的一份提单，该提单也称合并提单；出口拆单，是指承运人应货主的要求将一个订舱分拆两份或两份以上而出具的提单，但总的数据不变，该提单也称拆分提单（separate B/L，split B/L）。出口并单与拆单的原因是多方面的，以下是几种常见的情况：第一，为了享受退税优惠而拆单。由于货物HS编码不同，则退税不同，因此尽管货物是同一批次走的，但是不同退税率的货物要分开报关，以免影响退税。待货物报关完毕，则要求承运人出具一票提单。显然，为了分为多票货报关，托运人会要求承运人先分单（托运单），然后并单（提单）。第二，为了逃避货物检验而拆单。我国检验部门的查验是按照批次进行的，因此有些货主将未经检验甚至是尚未生产出来的货物并批报检以降低抽检比例，在获取通关单后再找各种原因拆分通关单，然后要求承运人拆分提单，以达到将未经检验甚至不合格产品出口的目的。第三，因贸易原因而拆单。比如，出口汽车时有随车零配件，但是由于信用证要求汽车出一票提单，零配件出一票提单，如果采取一票报关，则在报关后就需要分成两票或者两票以上份数的提单。显然，对承运人而言，并单与拆单是有一定风险的。同时，并单与拆单会影响承运人舱单的更改与申报，故可能产生相应的费用。因此，如果承运人认为可以接受，则应要求发货人在规定的时间内提出请求并应出具保函和支付相关的费用；同时，在合并后的提单样本上注明合并前所有的订舱号，在拆单的提单样本上注明原订舱号及分单的数量。承运人制单与签单时一定要确保托运单与拆并后的提单的数据总和相同。

⑥提单上不显示中转港。有时货物需要在中转港转运，对此，承运人应在提单上如实批注中转港的名称，即应签发转船提单。但如果信用证规定禁止转船，则货主就会要求承运人在提单上不显示中转港，即要求签发直达提单。此种签单要求将会给承运人带来较大的风险，因为承运人可能面临提单持有人以承运人擅自转船而导致航行延误或货损发生为由的索赔，因此承运人应拒绝签发。

6.提单的审核与放单

（1）提单的审核。

首先详细审阅信用证（包括其所有修改书）的规定，列出需要提交的单据种类、份数。审单时应以信用证为准，看所需的全套结汇单据在种类及份数上是否已齐全。然后分别对其内容及格式逐字逐句地进行审核，要求两者严格一致，即必须达到“单证一致”。这叫纵向审单。

完成纵向审单后，再以商业发票为中心，同其他单据对照，要求单据与单据之间所共有的项目或有关内容相互一致，不相互矛盾，即达到“单单一致”。例如，货物的名称、唛头、包装、件数等是商业发票、装箱单和提单的共有内容，必须保持一致；发票的金额和汇票的金额必须一致；保险单的保险金额必须按照发票金额及信用证规定来核定。这叫横向审单。

另外，审单时在确保“单证一致”和“单单一致”的同时，要确保“单货一致”。单与货（特指货物上的标志）不一致时，即使已结汇，货到目的港后买方报关时，若海关发现单据上所缮打的货物标志与实际货物上的标志不同，也会受到海关的处罚或带来意想不到的麻烦。

（2）放单。

托运人核对无误并向船公司或代理确认后，通常可通过以下方式领取提单：①网上领单：船公司将提单发布至网站上，各订舱代理或其他注册客户可直接从网上打印提单。②非网上领单：对于付款买单的客户（订舱方或订舱委托方），需付清运费等；对于信用客户（订舱方或订舱委托方），可在信用期内转账付费。当客户（订舱方或订舱委托方）领取提单时，通常需要提供正本提单领取委托书、领单人的个人身份证等。

7.提单的更正与补发

（1）提单的更正（俗称“改单”）。

①提单签署前的更正。在实际业务中，提单通常是在托运人办妥托运手续后，货物装船前，在缮制有关货运单证的同时缮制的；在货物装船后，这种事先缮制的提单有下列原因需要更正：a.事先缮制的提单，与实际装载情况不符需要更正；b.货物装船后，可能发现托运人申报材料的错误而需要更正；c.信用证要求的条件有所变更；d.由于其他原因，托运人提出更正提单内容的要求。在上述情况下，承运人或其代理人通常都会同意托运人提出的更正要求。

②提单签署后的更正。货物已装船，提单已签署，托运人提出提单更正的要求，这时，承运人或其代理人要考虑各方面的关系，在不损害提单其他利害关系人利益、不影响承运人交货条件的前提下，征得有关方面的同意后，可以更改并收回原签署的提单。因更改提单内容而引起的损失和费用，应由提出更改要求的托运人负担。如果提出提单更改要求时船舶已开航，应立即电告船长做相应的更改。

（2）提单的补发。

提单遗失，无论是在结汇后还是在结汇前，托运人要求补发时，船公司通常要求发货人提供银行保函；如要求电放，船公司通常要求收货人提交银行保函（当然，发货人也应提交保函）；如无法提供银行保函，船公司往往要求以遗失提单货物价值的倍数作为现金担保（担保期限为3～6年），否则不会重出提单或者无单放货。

案例3-14

客户委托货运代理（DL Forwarder Co.，Ltd）以拼箱货形式，从大连海运至孟买（参见信用证L/C），货物装入40英尺集装箱，货运代理向客户提供了场站入库通知（LCL Warehouse Entry Notice），并提供了装船等信息：CONTAINER NO. TEMU5531453，SEAL NO. CC646144，VESSEL NAME：SUNNY IRIS，IMO：9221097，VOYAGE：2013E，BL NO.SIDLMUM202101，INSPECTION NO.156599743364。基于以上签发货运代理向客户签发了提单（参见制作的提单）。

LCL Warehouse Entry Notice

TO：	QINHUANGDAO FEED CO.，LTD
Warehouse Entry：	MUM01
	SUNNY IRIS V. 2013E
Vessel/Voyage：	4 BAGS CORN GLUTEN FEED /4 000KGS/8CBM
BL NO.：	SIDLMUM202101
Vessel Date：	2021-03-28
Discharging port：	MUMBAI
Loading terminal：	Dayaowan No.2 terminal
CFS	DCT CFS
Contact person：	M. Liu XX：158426×××××
Document closing time：	Last Wednesday 16：00
Cargo closing time：	Last Wednesday 16：00

Customs clearance closing time：Last Thursday 15：00

Destination port agent：THE M CORP LAND CO.，LTD

867/18，SV CITY，BUILDING，FLOOR 20 RAMA 3 RD.，MUMBAI，MAHARASHTRA，INDIA，10120

TAX ID：0103333047201

TEL：02-294-3122 FAX：02-2943051

LETTER OF CREDIT

Swift Input：FIN 720 Transfer of a Documentary Credit

Sender：HVBKCHJCBNC

Receiver：CHSNDHDEWBP

SN：0985720008

108：0015241689

Transferring Bank's Reference：TRN6002145638

Sequence of Total *27：1/1

Form of Doc. Credit *40A：IRREVOCABLE WITHOUT OUR CONFIRMATION

Doc. Credit Number *20：L/C No. MO7QU2020NU12413

Date of Issue 31C：2021-03-21

Expiry *31D：Date 2021-05-06

Applicant *50: INDIA AGRICULTURAL PRODUCTS PTE.LTD

15, SIDDHARTH NAGAR, GOREGAON EAST, MUMBAI, MAHARASHTRA, INDIA 400062

Beneficiary *59: QINHUANGDAO FEED CO., LTD

NO.20 LIRONG STREET, FUNING DIST, QINHUANGDAO, CHINA

Amount *32B: CURRENCY USD AMOUNT15000

Pos. / Neg. Tol. (%) 39A: MAX.

Available with/by *41D: ANY BANK

BY NEGOTIATION

Draft at … 42 C: SIGHT

Drawee 42: THE COMMERCIAL BANK OF INDIA

Partial Shipments 43P: PROHIBITED

Transhipment 43T: ALLOWED

Loading in Charge 44A: DALIAN PORT, CHINA

For Transportation to … 44B: MUMBAI, INDIA

Latest Date of Shipment 44C: 2021-03-20

Descript. of Goods 45A:

4 BAGS CORN GLUTEN FEED

TERMS OF PRICE: CFR MUMBAI

COUNTRY OF ORIGIN: CHINA

HS CODE: 2303, 100000

PROTEIN 18. 0 PCT MIN, (WET BASIS)

MOISTURE 12.0 PCT MAX

Documents required 46A:

+SIGNED COMMERCIAL INVOICE IN TRIPLICATE

+TWO SET CLEAN ON BOARD OCEAN BILL OF LADING MADE OUT TO ORDER OF THE COMMERCIAL BANK OF INDIA

MARKED FREIGHT PREPAID

+PACKING LIST IN TRIPLICATE

PLS NOTE THE SHIPPER'S DETAILED ADDRESS ON B/L

COPY OR PHOTOCOPY OF PHYTOSANITARY CERTIFICATE

COPY OR PHOTOCOPY OF CERTIFICATE OF WEIGHT

COPY OR PHOTOCOPY OF CERTIFICATE OF QUALITY

Additional Cond. 47A:

+ALL DOCUMENTS SHOULD BEAR L/C NO.

SHIPPING MARK CGF/DALIAN/MUMBAI

Details of Charges 71B: ALL BANKING CHARGES OUTSIDE US ARE FOR ACCOUNT OF BENEFICIARY

Presentation Period 48: DOCUMENTS MUST BE PRESENTED WITHIN 21 DAYS

AFTER THE DATE OF SHIPMENT

BUT WITHIN THE CREDIT EXPIRY

Confirmation *49：WITHOUT

Reimbursing Bank 53D：DALIAN BANK

Instructions 78：

SPECIAL INSTRUCTIONS TO NEGOTIATING BANK：

REIMBURSEMENT BY TELETRANSMISSION IS UNACCEPTABLE. ALL DOCUMENTS MUST BE SENT TO OUR ADDRESS：HEAD OFFICE，MUMBAI，INDIA，IN ONE LOT BY D. H. L. THE NEGOTIATING BANK IS AUTHORIZED TO CLAIM REIMBURSEMENT FROM THE REIMBURSING BANK. PLEASE CLAIM REIMBURSEMENT DEDUCTING A DISCREPANCY FEE OF USD 33.00 IF DOCUMENTS CONTAINING DISCREPANCIES ARE PRESENTED TO YOU UNDER THIS CREDIT

Send. to Rec. Info. 72：UPC 600 SHALL APPLY TO THE CREDIT CONCERNED

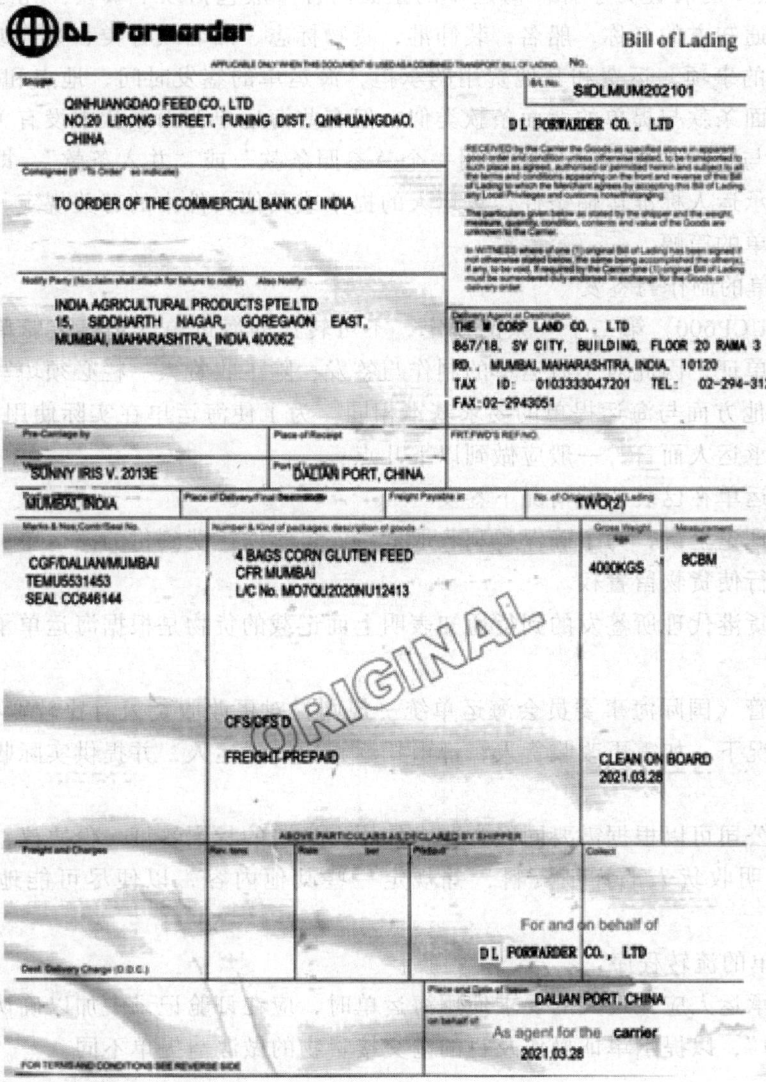
DL Forwarder

Bill of Lading

Shipper
QINHUANGDAO FEED CO., LTD
NO.20 LIRONG STREET, FUNING DIST, QINHUANGDAO, CHINA

B/L No. SIDLMUM202101

D L FORWARDER CO., LTD

Consignee
TO ORDER OF THE COMMERCIAL BANK OF INDIA

Notify Party
INDIA AGRICULTURAL PRODUCTS PTE.LTD
15, SIDDHARTH NAGAR, GOREGAON EAST, MUMBAI, MAHARASHTRA, INDIA 400062

Delivery Agent at Destination
THE M CORP LAND CO., LTD
867/18, SV CITY, BUILDING, FLOOR 20 RAMA 3 RD., MUMBAI, MAHARASHTRA, INDIA, 10120
TAX ID: 0103333047201 TEL: 02-294-3122
FAX: 02-2943051

Vessel: SUNNY IRIS V. 2013E
Port of Loading: DALIAN PORT, CHINA
Port of Discharge: MUMBAI, INDIA
No. of Original Bills of Lading: TWO(2)

Marks & Nos.: CGF/DALIAN/MUMBAI
TEMU5531453
SEAL CC646144

4 BAGS CORN GLUTEN FEED
CFR MUMBAI
L/C No. MO7QU2020NU12413

Gross Weight: 4000KGS
Measurement: 8CBM

ORIGINAL

CFS/CFS D
FREIGHT PREPAID

CLEAN ON BOARD
2021.03.28

ABOVE PARTICULARS AS DECLARED BY SHIPPER

For and on behalf of
D L FORWARDER CO., LTD

Place and Date of Issue: DALIAN PORT, CHINA

As agent for the carrier
2021.03.28

FOR TERMS AND CONDITIONS SEE REVERSE SIDE

★问题引导

“不可转让海运单”（non-negotiable sea waybill）是近年来新兴的一种海运单据，20世纪70年代后期，欧洲、北美等地开始试行以海运单（sea waybill，SWB）替代提单作为结汇的附属票据。

思考：海运单与提单有什么区别？它的使用范围如何？

引导知识点

二、海运单操作实务

1.海运单的形式与内容

在形式上，海运单也是一种书面单证，由承运人签发，分正面内容和背面条款。通常，海运单只签发一份正本，但经托运人请求，也可签发两份或两份以上的正本。在内容上，海运单的所有条款均属承托双方共同的意思表示，其正面通常标明“non-negotiable”（不可转让）字样。海运单的正面内容一般包括以下事项：托运人与收货人的名称，通知方的名称，船名，装卸港，货物标志、品名或种类、数量或重量等由托运人提供的事项；运费和其他费用的承担，海运单的签发时间、地点和签发人等。海运单的背面条款与提单的背面条款类似，但有些海运单背面条款中没有关于承运人责任、义务与免责的规定，只是载明一个“参照条款”或“并入条款”，即规定这些事项适用于承运人标准运输条件、承运人的提单或其他文件中的有关规定，从而大大简化了海运单的篇幅。

课外拓展

海运单

2.海运单的制作与签发

根据《UCP600》第二十一条的规定，不可转让的海运单既是已装船单证，又是不可转让的单证，因此对于海运单的制作与签发，除了收货人一栏必须填写实际收货人之外，其他方面与海运提单的要求基本相同。为了使海运单在实际使用中更安全、更方便，就承运人而言，一般应做到以下几点：

（1）海运单在已装船的情况下签发。

（2）从理论上讲，为了确保顺利收取运费，可签发运费到付的海运单，以便承运人在必要时行使货物留置权。

（3）卸货港代理所签发的到货通知表明上面记载的货物是根据海运单承运的，不存在提单。

（4）尽管《国际海事委员会海运单统一规则》对更改收货人有比较宽松的规定，但在一般情况下，如需更改收货人，都由托运人通知承运人，并提供实际收货人的详细资料。

（5）船公司可以根据需要同经常要求使用海运单的货主签订一份协议，约定使用海运单，列明收货人的详细资料，并规定一些其他内容，以便尽可能地简化业务程序。

3.海运单的流转程序

（1）当承运人应托运人的要求使用海运单时，应在订舱记录中加以确认，并注明“签发海运单”，以提示单证操作及目的港交接货物的做法与提单不同。

（2）承运人或其装货港代理预先将托运人在订舱时所提供的收货人详细资料（包括名称、地址、电话、传真、主管人姓名、职务等）列成清单，传给卸货港代理。

（3）承运人或其装货港代理在接收货物后，凭场站收据签发海运单。正本一份交给托运人，其余的副本交由装货港代理留存及随船交卸货港代理。

（4）签发海运单后，承运人或其装货港代理将该航次使用海运单的情况（包括海运单单号、货名、数量、收货人等）通过E-mail、电传或传真通知卸货港代理。

（5）舱单上注明哪些货物使用海运单。

（6）卸货港代理凭舱单、装货港代理提供的信息，在船舶抵港前，向海运单所记载的收货人发出到货通知。

（7）收货人凭已签收的到货通知及本人有效身份证件要求提货。

（8）卸货港代理验明收货人的身份后在结清运费及其他费用的情况下签发提货单放货。

4.海运单的使用范围

海运单因其非物权凭证的性质而具有自身的优势，因此它特别适用于不涉及货款支付的货物运输、收货人是托运人的国外分支机构或联营公司或代理人，以及各种非信用证贸易的情况。当然，它能在多大程度上发挥作用，主要取决于立法支持和航运界本身的态度。事实上，海运单的使用是很广泛的，至少在以下几种情况下是适用的：

（1）集装箱班轮运输。集装箱运输速度快、挂港少、装卸占用时间短，常常出现货物先于提单抵达的情况。此外，典型的适箱货以消费品为主，频繁改换收货人的情况很少见，而且承运人与货主之间的交接比较简单，因此最适宜于使用海运单。

（2）大宗、稳定货物的租船包运。在大宗货物运输中，有相当一部分货物是大型企业（如钢铁公司、轮胎橡胶集团等）所需的生产原料，货源稳定，极少转手。在这种情况下完全可以使用海运单，以避免在货物先于提单到达时凭保函提货的麻烦。

（3）各种转包运输。在转包运输越来越多见的情况下，一票货签发多套提单已不鲜见。不论是件杂货、集装箱，还是大宗货，如要在运输期间转让，都只需凭第一套提单背书转让，那么其余几套提单完全可以用海运单来替代，这样可以有效防止欺诈，避免一票货有多套提单流转在外所带来的不安全因素。

（4）全程运输中的分段运输。分段运输作为全程运输的组成部分，区段之间应由全程承运人做好衔接工作，货主与区段承运人可以不发生关系，因此海运段与陆运、空运一样，完全可以签发运单而无须签发提单。这种情况即使是全程由海运构成的中转运输也适用。

（5）跨国的总分公司或相互关联的公司之间本来就不使用信用证付款方式的业务。

（6）货运公司拼箱业务中的“主运单”。

（7）买卖双方有长期的业务交往，双方充分信任、关系密切的贸易伙伴间的业务。

任务七　熟悉交付业务操作实务

★课堂讨论

你了解的交付业务单证包括哪些内容？具体的操作程序如何？

★问题引导

某年6月，中国A公司与美国B公司签订了一份货物买卖进口合同，7月1日货物装船后，船公司应B公司的申请，办理了电放提单，所以当时没有签发正本提单，而是制作了副本提单。该提单载明：托运人为B公司，收货人为A公司，运费到付。8月4日，货到目的港烟台后，A公司持副本提单到船公司代理处办理提货手续，在支付了相关海运费用后换取了提货单。8月6日，或由于工作的疏忽，或基于B公司的申请，船公司又向B公司补签了正本提单。随后，船公司通知卸货港代理不要将货物交给A公司。为此，A公司向海事法院申请对船公司及其代理下发海事强制令。庭审中，船公司和B公司依据前者补发的正本提单否认A公司持有提货单，认为B公司持有正本提单，提单具有物权凭证和提货功能，提货单则没有此功能。而A公司则向船公司、B公司提出提单侵权损害赔偿之诉。

思考：A公司持有提货单是否具有法律效力？

引导知识点

一、交付业务单证的构成与流转程序

在实务中，为了规范单证管理和提高效率，船公司通常将到货通知书、提货单、费用账单和交货记录以联单的形式一并印制，构成复合式的交货记录或提货单。表3-11和图3-12分别显示了五联提货单的构成、用途与流转。

课外拓展

提货单

表3-11　**提货单各联的名称与用途**

顺序	名称	颜色	主要用途
1	到货通知联（arrival notice）	白色	通知提货，确认提货日期和日后结算箱子或货物堆存费的依据
2	提货单联（delivery order）	白色	也称小提单，是报关单证之一，便于提取货物和货方进行某些贸易、交易（拆单）
3	费用账单（1）联	红色	用于场站向收货人结算港杂费
4	费用账单（2）联	蓝色	用于场站向收货人结算港杂费
5	交货记录联（delivery record）	白色	证明货物已经交付、承运人对货物运输的责任已告终止的单证

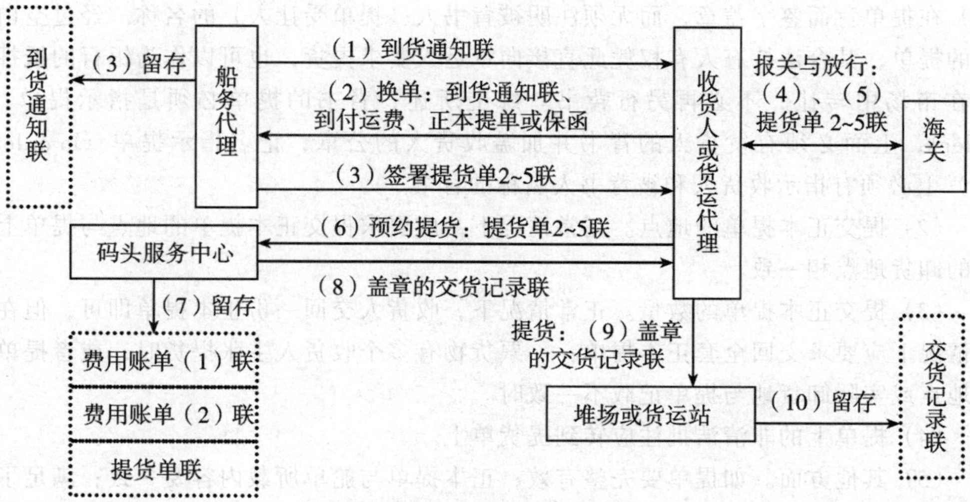

图3-12　提货单流转示意图

★问题引导

河南某代理公司员工操作进口换单业务，提单显示运费到付，运费为40余万元，并收到船公司的收费指示；客户换单时没有交运费而是出具了其公司保函，保证随后几天内将运费交齐；后来催要运费时发现此公司已经注销，保函形同废纸，代理公司只能自己赔付船公司的巨额运费，造成了严重的后果。

思考：进口换单存在哪些风险？其操作流程有哪些？

引导知识点

二、进口换单操作实务

1.正常换单

一旦装货港签发了提单，则收货人提货时必须以正本提单为凭据，而承运人交付货物时必须收回正本提单并在提单上加批“作废”的批注，然后才能签发提货单，供收货人办理报关、提货等手续。因此，所谓正常换单，是指船公司或其代理在收货人提交正本提单并支付到付费用等后向其签发提货单的过程。可见，正常换单必须满足如下条件：

（1）提单的背书：正确、适当、连续背书。背书是实现提单转让的一种手段。记名提单因不能转让而不能背书，不记名提单无须背书即可转让，因此只有指示提单才会出现背书的问题。提单的背书有两种方法：一种是“记名背书”；另一种是“空白背书”。记名背书是指在背书时，背书人在提单的背面签字盖章的同时，需要列明被背书人的名称。记名背书通常有两种做法：受让人指示的背书和无指示的背书。受让人指示的背书，在提单背面批注“Delivery to the order（in the favour）of ××”，即“转让于××的指示（由××受益）”，然后在背面签字盖章。这种经过背书的提单仍可由受让人在市场中继续转让。无指示的背书，在提单背面批注“DELIVER TO××”，即“转让于××”，经过这种背书的提单，只能由受让人持提单在目的港直接向承运人或其代理人提货，而不能再背书转让。空白背书是指在背书时仅由背书人（即提单转让人）在提单背面签字盖章，而无须注明被背书人（提单受让人）的名称。经过空白背书的提单，其合法持有人有权凭此直接向承运人要求提货，也可以作为银行的抵押品或在市场中转让，不必再另行背书。综上所述，背书的提单必须是指示提单（to order），上面必须有发货人的背书并加盖收货人的公章；记名指示提单（to order of ××）上必须有指示收货人和被背书人名称的背书。

（2）提交正本提单的地点。正常情况下，应要求提交正本提单的地点与提单上记载的卸货地点相一致。

（3）提交正本提单的数量。正常情况下，收货人交回一份正本提单即可，但在以下情况下应要求交回全套正本提单：一票货物有多个收货人主张提货时，或者提单交付地点或实际卸货地与提单记载不一致时。

（4）提单上的非清洁批注应转到提货单上。

（5）其他方面。如提单要完整有效；正本提单与舱单所载内容要一致；满足了船公司对放货的特殊要求（如有的话）等。

2.非正常换单

（1）电报放货。电报放货（telex release），简称电放，或提单电放，是指承运人或其装货港代理收到货物后已签发或应签发而尚未签发提单，根据提单上托运人的要求在装货港收回全套正本提单或不签发正本提单，然后以电报、电传的形式通知承运人卸货港的代理将货物交给提单收货人或托运人指定人。电放的操作流程如图3-13所示。

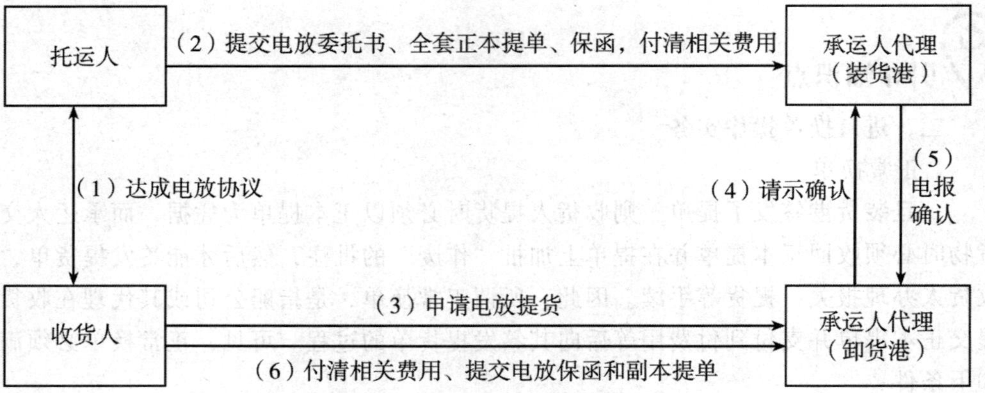

图3-13 电放的操作流程

办理电放时应注意的事项如下：①并非世界上所有的港口或地区都接受电放。比如，非洲和南美洲部分地区，如阿根廷等国，必须凭正本提单放货。②船代办理电放需要得到船公司的书面确认。货主申请电放时，在装货港，托运人必须付清预付运费及相关费用，出具保函并交回全套正本提单（不能仅仅收回一份正本提单）。在卸货港，船代应取得船公司或代理的电报确认，并凭收货人出具的保函、支付到付运费及相关费用的证明和副本提单换单。

（2）异地放货。异地放货是指承运人或其代理在卸货地点以外的地方接受申请人的请求并收回全套正本提单，通知卸货港代理将货物交给申请人指定的收货人。此外，异地放货也包括在船舶更改卸货港时所导致的提单提交地点与提单上记载的卸货地点不一致的情况。显然，异地放货实际属于变相电报放货，其操作流程也与电报放货基本相同。

（3）无单放货。无单放货是指收货人在没有提交正本提单的情况下，凭保函和副本提单要求放货。与电报放货和异地放货不同，无单放货时，承运人因未收回正本提单而面临更大的风险，因此承运人往往要求收货人提交银行保函或收货人保函和保证金而放货。

（4）进口拆单。与出口一样，基于某种原因，收货人可能要求将同一提单项下的货物拆分成若干个提货单。比如，部分设备到港后因相关证件尚未办理，设备无法正常通关，造成货物滞留港口，为此收货人希望采取“拆单申报”的办法，使这批货物顺利通关。

3.交货记录的签收

在集装箱运输中，船公司的责任是从接收货物开始到交付货物为止。换言之，场站收据是证明船公司责任开始的单据，而交货记录是证明其责任终了的单据，因此收货人和堆场、货运站正确地签收交货记录十分重要。

（1）收货人如何签收交货记录。

①接收整箱货时，应检查箱子外表状况，以及箱号、关封号是否与单证记载相符，如有异议，则会同有关方做好记录。②接收拼箱货时，应检查货物外包装、唛头、数量等是否与单证记载相符，如有异议，或已发现有货损，则做好货损报告，并交有关方签认。③未提取货物或未全部提取货物，不能签收交货记录。④提货时发现箱损或货损，而又无法确定责任方或确定损害区段时，则不能将货提走，以避免日后无法提出索赔。

（2）堆场或货运站如何签收交货记录。

①注意货物的提取地点和提取人：对于CFS/CFS、CY/CFS条款，首先应由货运站在堆场整箱提取，然后由收货人在货运站提货；对于DR/DR、CY/DR条款，应由转运承运人在堆场整箱提取并安排转运至目的地；对于CY/CY、DR/CY、CFS/CY条款，以及CFS/CFS条款但注明CFS/CFS（FCL）字样，则由收货人在堆场整箱提取；对于CY/CY条款但注明CY/CY（LCL）字样，则由堆场拆箱并由收货人在堆场提货。②交货前应查核费用账单，确认收货人是否已支付货物在堆场或货运站发生的所有费用。③核对提货单上是否加盖了海关放行章，否则不能交付货物。④应核对和查验提货凭证、交货记录等，如符合要求，则办理货物/箱子的发放，并要求提货人对所提货物进行查验，在交货记录上签收确认，然后交由堆场或货运站业务人员留存，作为提货人已收货的确认。⑤对于整箱提货，双方还应办理箱子交接检查，共同签发设备交接单。⑥同一张交货记录上的货物分批提取时，只有等最后一批货物提取完毕后才能签收。⑦在交接过程中，如货物或箱子与单证不符或已发现有货损，则应做好货损报告，并交有关方签认，同时在有关的设备交接单上批注。⑧堆场、货运站发货/箱后，应在自己的作业申请单上销账，并将交货记录等单据交有关部门存档备查。

课堂实训

提单上显示以下内容：

Shipper：ABC Co.，Ltd. Consignee：TO ORDER

Notify Party：XYZ Co.，Ltd. Ocean Vessel：MV Xin Tong

Port of Loading：Shanghai Port of Discharging：Yokohama

Marks：1234CN/5678JP

Description of Goods：Vehicles 2×20’ STC 4Units

COSU 8001215 SOC 802376

Freight Prepaid

No.of Original B/L：Two

Signed for or on behalf of：DEF Co.，Ltd. AS AGENT FOR CHI Co.，Ltd. AS CARRIER

注：COSU系中远箱代号，SOC系指货主箱。

试回答：(1) 该提单应由谁首先背书？(2) 作为船务代理，你如何知道向谁发出到货通知？(3) 收货人提货时应提交几份提单？(4) 收货人提货时是否应支付海运费？(5) 若货物灭失且承运人应承担赔偿责任，应按几件赔偿？(6) 谁是承运人？(7) 该提单下有几个集装箱？(8) XYZ Co.，Ltd.是否一定是收货人？(9) 提单是否一定要经过XYZ Co.，Ltd.背书？(10) 该提单由谁签署？

案例分组讨论

某货主委托某货运代理承运一个20’集装箱，从中国大连港至新加坡，运输条款为CY/CY，信用证规定必须使用海运提单。该货运代理接受委托后，向某船公司办理了订舱手续。该箱于2023年3月1日抵达大连港堆场（CY），并于次日装上船。装船后，货运代理向货主签发了自己拥有的集装箱提单。请回答以下几个问题：(1) 货主是否应接受货运代理所签发的提单用于结汇？如果可以接受的话，货运代理在提单制作和签发时需要满足哪些条件？(2) 为了保护自己的利益，货运代理签发提单时应做哪些批注？(3) 提单上的签发日期为2023年3月1日，是否构成“倒签提单”？(4) 货主是否应要求提单上加批“装船批注”？

项目考核

1.单项选择题

(1)（　　）属于集装箱出口货运特有的单证。

A.交货记录　　B.场站收据　　C.设备交接单　　D.装箱单

(2) 托运人托运5个箱子的货物，船舶代理人签发了“装货单号S/O No.SY-001”，货物装船后，托运人要求承运人的代理人分别为5个箱子的货物签发提单，结果承运人的代理人签发了5套提单。这样的提单称为（　　）。

A.house B/L　　B.omnibus B/L　　C.separate B/L　　D.switch B/L

(3) 货主办理出口报关的货运单据是（　　）。

A.装货清单　　B.提单　　C.装货单　　D.提货单

2.多项选择题

(1) 在出口地需要安排货物进货运站进行拆装箱作业的条款包括（　　）。

A.CFS/CY　　B.CY/CFS　　C.DOOR/CFS　　D.CFS/DOOR

(2) 提单具有（　　）的功能。

A.物权凭证　　B.货物收据　　C.运输合同证明　　D.运输合同

(3) 提单背书一般分为（　　）。

A.记名背书　　B.指示背书　　C.空白背书　　D.任意背书

3.判断题

(1) 海上班轮运输与海上集装箱运输是同一概念。　　（　　）

(2) 在集装箱班轮运输中，进口货物的收货人没有在规定的时间内及时将空箱交还班轮公司，则收货人要向船公司支付滞箱费。　　（　　）

(3) 提单的空白背书是指在提单背面不做任何背书。　　（　　）

4.简答题

(1) 简述海运单的适用范围。

(2) 简述拼箱货的组织方式。

(3) 简述集装箱货物组织方式。

项目实训

通过互联网搜集一份提单样本，对照本项目知识构成，熟悉提单的正面内容和背面条款。

项目四
陆路货运代理业务操作

学习目标

知识目标：

1. 认识陆路货运代理与陆路运输。
2. 了解国际铁路联运、中欧班列与跨境道路运输发展过程与特点。
3. 熟悉陆路货运代理进出口业务流程。
4. 掌握陆路运费计算与陆路运单制作。

能力目标：

1. 能进行陆路货运代理进出口业务流程操作。
2. 具备选择合适的陆路运输单证、计算陆路运费的能力。

素养目标：

1. 认识陆路货运代理对于加快推进共建“一带一路”的支撑作用。
2. 明确货运代理人的责任和担当，增强提升中欧班列与跨境道路运输能力的使命感。

任务一　熟悉外贸货国内段陆路运输业务操作

★课堂讨论

学习本课程之前，你对陆路货运代理有哪些了解？陆路货运代理如何安排外贸货国内段铁路运输与道路运输？

小词典

陆路货运代理，是指接受发货人、收货人的委托，为其办理铁路、道路货物运输及其相关服务的企业。

★问题引导

随着物流体系的不断发展进步，具有快速、安全、运能大、成本低等突出优势的海铁联运，已成为当今国际上多式联运的重要模式。发展集装箱海铁联运，既符合国家的产业政策和运输市场的布局，又是转变经济发展方式的重要举措。海铁联运是进出口货物由铁路运到沿海海港直接由船舶运出，或者由船舶运输到达沿海海港之后，由铁路运出的只需“一次申报、一次查验、一次放行”就可完成整个运输过程的一种运输方式。

思考：在海铁联运中，国内段铁路运输与普通的国内铁路运输相比，有何特殊性？

引导知识点

一、外贸货国内段铁路运输业务操作

1.铁路货运代理的服务内容与特点

（1）铁路货运代理的服务内容。

①按服务性质划分，可分为外贸货国内段铁路货运代理服务和国际铁路货运代理服务。前者主要是指铁路货运代理为外贸货主安排国内港口与内陆铁路车站之间的铁路运输服务，此时，铁路运输充当国内港口集疏运的角色；后者是指铁路货运代理为外贸货主安排国际铁路联运或中欧班列服务。显然，前者属于国内段铁路运输服务，后者则属于全程铁路运输或国外段铁路运输服务。

②按代理内容划分，可分为发送作业服务和到达交付服务。

发送作业服务内容包括：a.电话受理，上门服务。b.为货主提供最佳运输方案咨询服务。c.按货主要求组织进货，安排货位。d.检查货物包装，清点货物数量，提供改善货物包装的技术咨询服务，指导装车。e.整车货物代填运单，零担和集装箱货物代填与拴挂货签。f.代预算、预收和结算运杂费用。g.安排短途运输（运费、装卸费另计）。到达交付服务内容包括：a.特约到货通知方式。b.为货主办理货物领取手续，检查货物、清点数量、复核运杂费、指导卸车。c.为货主提供货损、货差索赔咨询服务。d.安排短途运输（运费、装卸费另计）。

（2）铁路货运代理的特点。

①一些大型铁路货运代理以当事人的身份开展门到门全程代理服务。一些大型铁路货运代理突破了铁路货物运输的站到站的承运模式，改变了铁路货运传统单一式的发送代理和到达代理的角色，对代理货物运输实行一次托运、一次收费、一票到底、全程负责，并可以提供门到站、站到门、站到站、门到门等多样式的服务。

②依附性和相对垄断。追溯我国铁路货运代理业的历史，我国铁路货运代理企业大多是从铁路运输企业分离出来设立的法人实体，行政隶属和资本纽带关系使其与母体铁路运输企业有着割不断的“血缘”联系，尽管这些年一直在逐步规范、不断发展，但始终没有摆脱依附铁路主业的影响，导致其缺乏长远规划，界限不清晰，行为不规范。

③网络优势。铁路货运代理可以充分利用铁路运输的货运网络与信息网络优势。铁路高度集中的运输调度指挥系统为铁路货运代理企业了解各类货物及品类的到、发站流向和数量，掌握市场供求信息提供了一个难得的信息平台，独到的物理性铁路网络优势和信息渠道优势是其他货运代理无法比拟的。

④功能单一。目前，部分铁路货运代理企业在人员、资产、业务联系等方面仍然过多地依附于铁路，所开展的货运代理业务还是围着铁路运输转，管理者和工作人员创新能力不足，因而全方位的铁路、道路、水路、航空等多种形式的联运代理很有限。

⑤规模较小。目前铁路货运代理业虽然呈不断发展态势，但是相对于水运代理业、航空代理业以及道路代理业而言，起步较晚，规模较小。现有的铁路货运代理企

业大多只是在局部的、地区性的有限市场上开展经营活动，缺乏与国内外企业的交流合作，难以形成规模优势。

2.铁路货物运输系统的组成

(1）铁路车站。

铁路车站可分为中间站、区段站和编组站，其中，区段站和编组站统称技术站。

①中间站。一般设在技术站之间，主要办理列车到发、会让和越行，以及客货运业务。

按运输对象划分，中间站可分为客运站、货运站、客货站。其中，铁路集装箱场站作为特殊的货运站，可分为以下3类。

集装箱中心站，也称基地站，通常是指有集装箱定期直达列车或集装箱专运列车始发或终到的办理站。

集装箱专门办理站，也称集装箱作业站，是专门办理集装箱运输业务且运量较少的车站。

集装箱代办站，是指兼营办理集装箱运输业务的车站。

②区段站。区段站多设在中等城市和铁路网上牵引区段（机车交路）的起点或终点，主要任务是为了更换机车、为无改编中转列车办理规定的技术作业或更换乘务员，同时办理一定数量的客货运业务。

③编组站。编组站通常设在有3条及以上的铁路交会点，或有大量车流集散的工矿企业、港口、大城市所在地区。它是从事铁路货物列车编组和解体作业的车站，主要任务是为解体、编组货物列车，汇集各方向货车，集结车流，将到达的零散车流集结成列车等。

(2）铁路列车。

在铁路运输中，按照规定而编挂在一起的若干车辆，称为车组（车流)，若干个车组（车流）挂上机车，并配备列车乘务人员和列车标志，则为列车。

(3）铁路班列。

铁路班列是指采用定期直达列车的一种特殊组织形式，通常具有定点、定线、定期、定车、定价等特点，故称为“铁路五定班列”（以下简称五定班列)。

五定班列弥补了传统货物运输时间不固定、适运货物范围窄的不足，在运输组织上实行“五优先、五不准”，即优先配车、优先装车、优先挂运、优先放行、优先卸车，确保班列开行；除特殊情况报批外，不准停限装、不准分界口拒接、不准保留、不准途中解体、不准变更到站。

五定班列可分为不同的种类。例如，按是否跨局，分为跨局五定班列和局管内五定班列；按经过区域不同，分为过境（国际联运）五定班列、港站五定班列、城际五定班列等。

3.国内段铁路运输业务

(1）铁路整车运输业务。

①铁路整车运输的概念与办理限制。铁路整车运输是指需用一辆铁路货车装载的一批托运货物的运输。由于货车标记载重量大小不一，因此我国铁路规定以标记载重量30吨的货车为基准货车。

我国铁路规定：凡一批货物的重量、体积、形状或性质需要一辆或一辆以上的30吨货车运输的，均应按整车办理托运。以下7类货物必须按整车托运：a.需要冷藏、保温或加温运输的货物；b.某些危险货物；c.容易污染其他货物的污秽品；d.蜜蜂；e.不易计件的货物；f.某些未装容器的活动物；g.单件货物重量超过2吨、体积超过3立方米或长度超过9米的货物。

②铁路整车货物运输服务订单。铁路整车货物运输服务订单是托运人和承运人双方关于铁路货运的要约与承诺。它主要包括铁路货运的时限、发站、到站、托运人、收货人、品名、车种、车数、吨数等以及相关的铁路货运服务内容。

托运人可随时向装车站提报订单。铁路部门随时受理，随时审定。对于大宗稳定、能够提前确定运输的物资，托运人可以在每月的19日前将订单提报给装车站，铁路部门将其纳入次月计划，进行集中审定，以便统一安排，重点保证。

对抢险救灾和紧急运输物资的订单，则随时受理，立即审定，在运输上优先保证。对运力宽松方向的订单敞开受理，由计算机系统自动审定。托运人根据自己的实际情况可任意选择订单的提报时间和方式，铁路部门尽力满足托运人的不同需要。审定后的订单当月有效，不办理运输变更。

(2) 铁路零散快运业务。

①零散快运。铁路零散快运流程如图4-1所示。

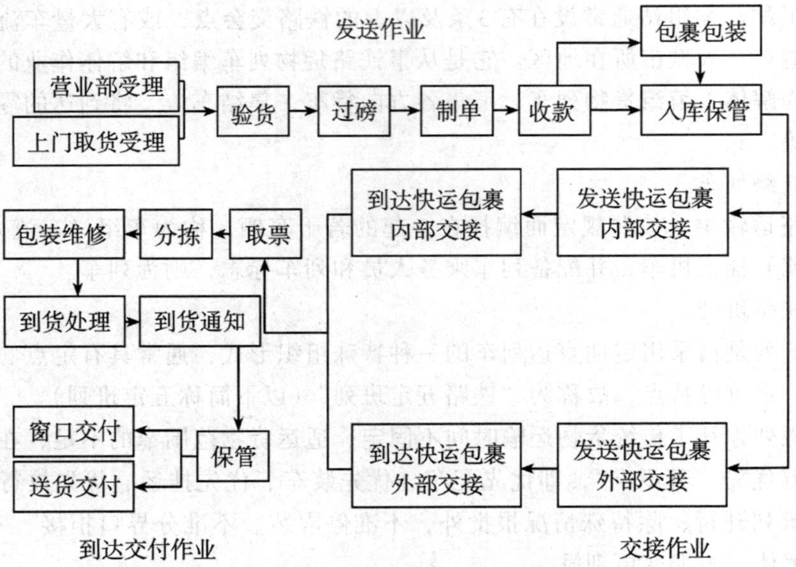

图4-1 铁路零散快运流程

零散货物是指一批重量不足30吨且体积不足60立方米的所有品类的货物。铁路按实重或体积折算重量收费。

零散快运发运时不受品类、品名限制，适用于所有品类。

轻泡货物铁路局管内运输时按实重计费，跨局运输时根据要求折合重量。

零散快运不办理的货物如下：散堆装货物；危险货物、超限超重和超长货物；活动物及需冷藏、保温运输的易腐货物；易于污染其他货物的污秽货物；军运、国际联运、需在米轨与准轨换装运输的货物；在专用线（专用铁路）装卸车的货物；国家法律法规明令禁止运输的货物；其他不宜作为零散货物运输的货物。

零散快运可提供门到门、门到站、站到门、站到站4种物流服务方式。同时，托运方根据需要，可选择“一站直达”或“中转运输”。如选择“一站直达”（是指装运一车直接发运到对方站）方式，原则上要求单批货物在10吨以上，可以按列车运行图规定的时间直接到达；反之，如单批货物不足10吨，需要在中途重新换装运输，则应选择“中转运输”方式。

零散货物快运装车前，遇托运人提出取消托运时，应免费办理。零散货物快运装车后不办理变更手续。

②批量零散快运。批量零散快运是在零散快运的基础上开办的，是一种国内铁路运输的新方式，按实际装运重量或体积折算重量计费。对于未装满60吨的货物，批量零散快运相对于按整车办理在费用上有一定的优势，但其对于货物尺寸、体积、重量、车种、品名等也有一定限制。

a.铁路零散快运和批量零散快运的相同点。

定价计费方式：均为快运价格体系，实行完全的一口价，按客户选择分为站到站、门到站、站到门、门到门4种服务方式，除铁路总公司规定允许的收费项目外，发、到站不允许加收装卸费、货车篷布使用费、装载加固材料使用费、仓储费（客户自行选择仓储服务除外）等费用。

运价率：快运价格根据市场行情确定，按略低于道路价格，同时覆盖铁路货运单位变动成本确定运价率。

体积折算规则：铁路运输费用，跨局运输的货物每立方米不足167千克的，按每立方米体积折合重量167千克作为计费重量；每立方米167千克以上的，按实重计费。局管内运输的轻泡货物，暂按货物实重计费。接取送达费用，每立方米不足333千克的，按每立方米体积折合重量333千克作为计费重量。

计费要求：可以实重或体积折算重量计费，不按货车标重收费。

b.铁路零散快运和批量零散快运的不同点。

品类：零散快运适用于所有品类，批量零散快运仅限于铁路总公司公布的152个品类。

重量：零散快运货物小于30吨且体积小于60立方米，批量零散快运货物大于等于30吨或大于等于60立方米。零散快运货物以50千克为起码计费重量，超过50千克以10千克为单位；批量快运货物实重以100千克为单位，不足100千克时四舍五入。

变动成本：零散快运货物变动成本比批量零散快运货物变动成本每吨千米高0.01元，这是因为零散快运货物增加了中转作业成本。

办理地点：零散快运根据重量大小不同可以在车站或货场装卸；批量零散快运只可以在货场办理。

组织方式：批量零散快运都是一站直达；零散快运除10吨以上可以一站直达，其他一般要中转运输。

使用车型：零散快运一般使用棚车运输，特殊情况下，不怕湿货物可以用敞车运输；批量零散快运可以用棚车、敞车、平板车（批量入箱）运输。

办理站：整车办理站理论上都能办理批量零散快运业务，有换线扫货的车通过的地方，都能办理零散快运和批量零散快运业务，但限于装卸能力、人力配备，有的车站只办理零散快运业务。

保价运输：零散快运可以自愿参加保价运输，同一铁路局管内有统一的保价率；批量零散快运按规定必须参加保价或保险运输，保价率和保额根据品名情况而定。

（3）铁路集装箱业务。

①铁路集装箱货物托运。

符合集装箱运输条件的，可以使用集装箱运输。以下货物不能使用集装箱装运：易于污染和腐蚀箱体的货物，如水泥、炭黑、化肥、盐、油脂、生毛皮、牲骨、没有衬垫的油漆等；易于损坏箱体的货物，如生铁块、废钢铁、无包装的铸件和金属块；鲜活货物（经铁路局确定，在一定季节和区域内不易腐烂的货物除外）；危险货物(另有规定的除外)。

②零散快运和批量零散快运集装箱货物运输。

目前，中国国家铁路集团有限公司（以下简称国铁集团）已在全路范围内开办零散快运和批量零散快运集装箱货物运输业务。

a.零散快运。铁路部门规定，小型铁路集装箱在零散快运列车上使用时，不按集装箱办理和计费，所有费用与零散货物快运运价率和计费条件保持一致。发、到站不允许加收集装箱使用费、装卸箱费、站内装掏箱费、仓储费等任何费用。因此，零散货物跨局运输，可以选择用1.5吨箱运输，局管内运输时使用集装笼、折叠箱、1.5吨集装箱等运输工具，不收使用费，且所装货物以实重或体积折算重量计费。

b.批量零散快运集装箱运输业务。办理集装箱批量零散快运，必须注意以下事项：一是选择国家铁路（国铁集团）及其控股的标准箱办理站办理批量零散快运；二是办理门到门、门到站、站到站或站到门运输；三是使用20英尺或40英尺铁路通用集装箱装载；四是集装箱视同集装化用具，发、到站不允许加收集装箱使用费、装卸箱费、站内装掏箱费、仓储费（客户自行选择仓储服务除外）等任何费用。

③铁路集装箱办理站作业流程。

在铁路集装箱运输营业所或集装箱办理站之间，可办理集装箱运输。图4-2显示了铁路集装箱办理站作业流程。铁路集装箱办理站基本作业流程包括出发作业流程、中转作业流程和到达作业流程。

a.对于集装箱的取送与货物装箱作业，依据装箱人与装箱地点的不同，可以采取货主取送箱、站外装箱，办理站取送箱、站外装箱，货主送货、站内装箱，办理站取货、站内装箱4种形式。

b.对于集装箱拆箱与货物交付作业，依据拆箱人和拆箱地点的不同，可以采取办理站取送重箱、站外拆箱，货主取送重箱、站外拆箱，站内拆箱、办理站送货，站内拆箱、货主取货4种形式。

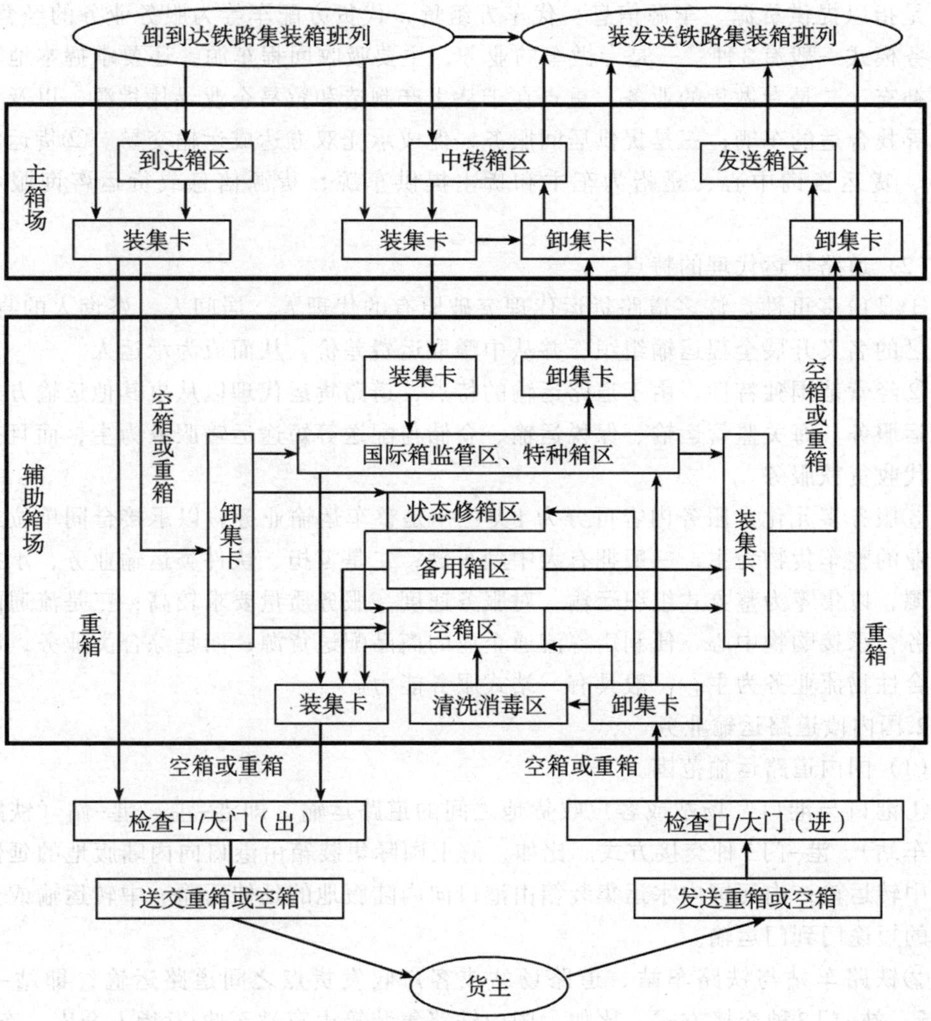

图4-2　铁路集装箱办理站作业流程

★问题引导

目前，道路承担着全国70%以上的货运任务，已成为支撑国民经济和社会发展的重要力量。道路货运代理已渗透到道路运输领域内的各个角落，成为我国道路运输的重要组成部分，其作用已得到各方面的认同。然而，在道路货运代理制的推行过程中，因缺乏货运代理方面的法律知识，出现了非法货运代理、不正当竞争、非法操作盛行等诸多问题，分析并解决这些问题，已成为目前道路货运代理业健康发展的迫切需要。

思考：道路货运代理有哪些特点？

引导知识点

二、外贸货国内段道路运输业务操作

1.道路货运代理服务内容与特点

（1）道路货运代理的服务内容。

以道路货运服务行业主体视角，分析道路货代服务内容。①货运配载服务经营

者，是指以提供货源、车源信息，代车方组货，代货方配车等为服务业务的经营者。其服务模式一般有3种：一是专做车的业务，主要吸收回程车源，还要掌握本地车源以备补充；二是专做货的业务，重点在于从生产制造和贸易企业寻找货源，以及为各货主寻找合适的车辆；三是提供居间服务，促成承托双方达成运输交易。②货运信息中心、货运咨询中心，是指为车主和货主提供车源、货源信息或货运咨询服务的机构。

（2）道路货运代理的特点。

①身份多重性。许多道路货运代理突破原有的代理人、居间人、咨询人的身份，以自己的名义开展全程运输组织，并从中赚取运费差价，从而成为承运人。

②经营范围独特性。由于道路运输的特点，道路货运代理以从事其他运输方式的集疏运服务、海关监管运输、保税运输、仓储与配送等短途运输服务为主，而且往往兼营代收货款服务。

③服务多元化。服务内容可分为4类：一是整车运输业务，以承接合同单位或大型企业的整车货物为主，一般拥有大中型车辆；二是零担、快件类运输业务，承接零散货源，以集零为整方式组织运输，对服务速度、服务质量要求较高；三是流通配送类业务，承接购物中心、便利店等流通企业的商品配送货源；四是综合类业务，以提供综合性物流业务为主，一般具有一站式服务能力。

2.国内段道路运输业务

（1）国内道路运输范围。

①港口与港口、场站或客户收货地之间的道路运输，即港-港、港-站（铁路或道路车站）、港-门3种交接方式。比如，海上国际集装箱由港口向内陆腹地的延伸运输、中转运输；内河国内水运集装箱由港口向内陆腹地的延伸运输、中转运输或至货主间的短途门到门运输。

②铁路车站与铁路车站、道路场站或客户收发货点之间道路运输，即站-站、站-场、站-门3种交接方式。比如，国内铁路集装箱由车站至收/发货人仓库、车间、堆场间的门到门运输及代理货物的拆装箱作业。

（2）国内道路运输运作流程。

图4-3显示了道路运输的基本运作流程，其业务运作过程包括发送业务、途中业务和到达业务3部分。

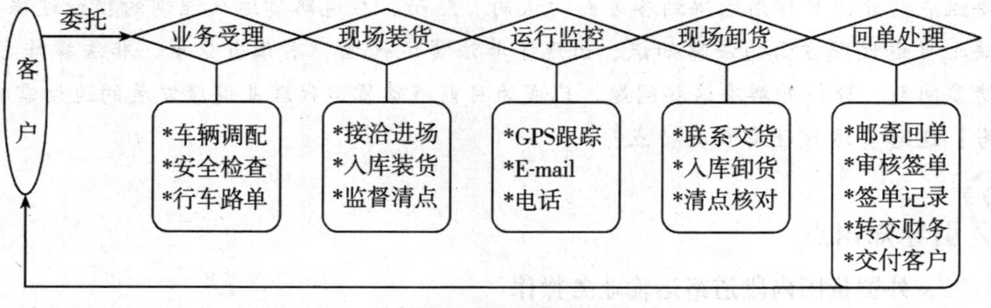

图4-3　道路运输的基本运作流程

①道路零担运输。在道路运输中，零担货物是指一次托运、计费重量不足3吨的货物。表4-1显示了道路零担运输业务流程与操作要求。

表4-1 道路零担运输业务流程与操作要求

程序	操作人员	业务流程	操作要求
业务联络	业务员	1.预约 2.订立合同 3.接单（派车联系单、发货单） 4.电话客户可直接传递派单 5.将运输单分配给各调度员	1.多种接单方式方便客户及时下达指令 2.确保客户满意 3.派单及时、准确
配载派车	调度 司机	1.接单 2.按货物数量、品种及去向、时间要求进行配载 3.明确货物运输清单，落实车辆安全防护工作 4.发车至仓库或客户处提货	1.及时、优质、高效配载 2.确保车辆安全性 3.各项运输注意事项交代完整、清楚 4.确保车辆准时到位
装货发运	调度 司机 仓管员 现场员 装载工	1.凭单提货 2.仓库核对发货并登记 3.装车前后做好各项核对工作 4.规范文明、准确装载 5.现场监督，记录作业情况	1.单、货车相符 2.做好运输安全措施 3.文明装载、按时发运 4.出库手续齐备、统计准确
在途跟踪	客服专员	1.主动向客户汇报货物在途状态 2.主动向客户提供查询服务	及时妥善处理货运途中问题
单货验收	调度 司机	1.在指定仓位按时卸货 2.单据签章及时、完整、有效 3.签收后通知调度，回单返回及时	1.签收单据如有破损，司机负责 2.回单于卸货后5~7天返回
单证处理	调度 回单管理员 结算员	1.调度将回单核对后交回单管理员 2.回单管理员将回单交结算员 3.结算员审核结算收支费用	1.回单返回及时、准确 2.统计、计价准确 3.结算费用及时

零担运输通常采取定点、定线、定班的零担班车的运输形式，其零担货运班车主要有直达式零担班车、中转式零担班车、沿途式零担班车3种形式。近年来，许多地区在零担运输的基础上推行城际快速货运模式。所谓城际快速货运，是指以高等级道路为载体，以高附加值、高时效性货物为主要对象，以先进运输工具和信息通信方式为手段，以集约化、规模化、网络化经营为主体而完成区域间运输的一种现代化货运方式。在实践中，城际快速货运是通过运输企业上门取货、集零为整、送货到门、化整为零的业务方式，实现了门到门运输，即整个业务活动包括了始发与终到货运站之间的干线直达运输，发货人/收货人与始发/终到货运站之间的货物集散、分拨以及始发与终到货运站内的货物仓储、配送、流通加工等环节。

②道路整车运输。如果托运人一次托运货物在3吨以上（含3吨），或虽不足3吨，但其性质、体积、形状需要一辆3吨及以上的汽车运输均为整车运输。

表4-2显示了道路整车运输与零担运输业务运作方面的差异。

表4-2 道路整车运输与零担运输业务运作对比表

对比项目	整车运输	零担运输
承运人责任期间	装车/卸车	货运站/货运站
是否进站存储	否	是
货源与组织	货物品种单一、数量大、货价低，装卸地点一般比较固定，运输组织相对简单	货源不确定，货物批量小、品种繁多、质高价贵，站点分散，运输组织相对复杂
营运方式	直达的不定期运输形式	一般定线、定班期发运
运输时间	相对较短	相对较长
运输合同形式	通常预先签订书面运输合同	通常托运单或运单作为合同的证明
运输费用的构成与高低	单位运费率一般较低，仓储、装卸等费用分担，需在合同中约定	单位运费率一般较高，运费中往往包括仓储、装卸等费用

③道路集装箱运输。道路集装箱拖车由牵引车（拖头）和半挂车（拖架）两部分组成，称为集装箱牵引列车。采用这种形式组织的运输称为拖挂运输。根据集装箱牵引列车的运行特点和对装卸组织工作的不同要求，拖挂运输一般可分为定挂运输与甩挂运输两种。定挂运输是指集装箱牵引列车在完成运行和装卸作业时，牵引车与半挂车一般不予分离；甩挂运输是指集装箱牵引列车按照预订的计划，在各装卸作业点甩下并挂上指定的半挂车后，继续运行的一种组织方式。

任务二 掌握中欧班列货运代理业务操作

★课堂讨论

学习本课程之前，你对国际铁路联运、中欧班列有哪些了解？你是否清楚其操作流程呢？

小词典

国际铁路联运是指使用一份统一的国际铁路联运票据，在跨及两个及两个以上国家铁路的货物运送中，由参加国铁路负责办理两个或两个以上国家铁路全程运送货物过程，由托运人支付全程运输费用，而无须收、发货人参加的铁路运输组织形式。

大陆桥运输（land bridge transport），也称陆桥运输，是指使用横贯大陆的铁路、道路运输系统作为中间桥梁，把大陆两端的海洋连接起来，形成跨越大陆、联结海洋的运输组织形式。

中欧班列（China Railway Express，CR Express）是指按照固定车次、线路、班期开行的，往来于中国与欧洲以及“一带一路”合作伙伴的集装箱国际铁路联运班列。

★问题引导

19世纪中期，有关国家签订协约开展国际铁路客货联运。1890年欧洲国家在瑞士首都伯尔尼签订了《国际铁路货物运送规则》并于1893年开始生效。1934年该公约被修改后称为《国际铁路货物运送公约》，并于1938年10月开始实行，国际铁路联运的方式也随之产生了。

思考：国际铁路联运是如何发展起来的？它有哪些特点？中欧班列与国际铁路联运是何关系？

引导知识点

一、中欧班列概述

1.中欧班列的特点

中欧班列涉及“中欧”“集装箱”“班列”“国际铁路联运”四个关键词。

（1）中欧班列具有特定的服务区域：欧洲以及“一带一路”合作伙伴。

中欧班列以服务于欧洲为主，但并非仅限于此，也包括服务于“一带一路”合作伙伴。也就是说，中欧班列服务区域主要包括欧盟、俄罗斯、中亚、中东、东南亚等地区和国家。

（2）中欧班列是特殊的货运班列——中欧集装箱国际班列。

狭义上的班列，是指在固定发站和到站间，有固定的车次和运行线、明确的开行周期和运行时刻，按客车化模式组织开行的列车。班列的核心要素是纳入国铁集团的“列车运行图”，只有纳入“列车运行图”，在铁路部门才能称作班列，也叫“图定班列”。

课外拓展

中欧中亚图定班列

广义上的班列，是将虽然没有纳入“列车运行图”，但是以“点对点”模式开行的货运列车也统称班列，为与“图定班列”相区别，也称不定期班列。由国内铁路站点发出，经铁路口岸出境，到达国外的跨国班列就是国际班列，如各个城市的中欧班列、“蓉欧+”班列、南向班列等都可以统称国际班列。

有别于一般的货运班列，中欧班列是以集装箱为载体，横跨中欧之间的集装箱国际班列，而且以开设定点（装车地点）、定线（固定运行线）、定车次、定时（固定到发时间）、定价（运输价格）的“五定”班列，即“图定班列”为主。

（3）中欧班列是特殊的国际铁路联运——中欧集装箱国际铁路联运。

一般而言，国际铁路联运具有以下六大特征：①“两个国家”。每运送一批货物都要涉及两个或两个以上国家、两个或两个以上国境站。这是有别于国内铁路运输的重要标志。②“两个公约”。国际铁路联运存在两套规则体系：一个是由奥地利、法国、德国等欧洲国家签订的《国际铁路货物运送公约》（Convention Concerning International Carriage of Goods by Rail），英文简称CIM，中文简称《国际货约》；另一个是由苏联、中国等国家签订的《国际铁路货物联运协定》（Agreement Concerning International Carriage of Goods by Rail），英文简称SMGS，中文简称《国际货协》。因此，国际铁路联运的运输条件高，每批货物的运输条件（如包装、转载、票据的编制、添附文件及车辆使用等）和运作过程必须符合有关国际联运的规章、规定。

③“一种方式”。国际铁路联运仅使用铁路一种运输方式。这是有别于多式联运的重要标志。④“一人负责”。国际铁路联运在运输责任方面采用统一责任制，运输全程由铁路承运人负责。⑤“一张单据”。这是指在《国际货协》或《国际公约》范围内，全程使用一份铁路货物联运票据完成货物的跨国运输。详细内容将在后面予以具体说明。⑥有时需要换装作业或更换轮对。各国铁路的轨距并不完全相同（见表4-3），因而国际铁路联运往往需要换装作业或更换轮对作业（只有油品等少数货类采取更换轮对作业），这也成为国际铁路联运方式的最大缺陷。

表4-3　　我国与邻国的边境铁路车站站名及其他信息

通道名称	我国国境站的站名	邻国国境站的站名	邻接轨距（mm）	距国境线的距离（km）	
				我国国境站	邻国国境站
中俄	满洲里	后贝加尔斯克	1 520	9.8	1.3
	绥芬河	格罗迭科夫	1 520	5.9	20.6
	珲春	马哈林诺	1 520	—	—
中蒙	二连浩特	扎门乌德	1 524	4.8	4.5
中哈	阿拉山口	多斯特克	1 520	4.02	8.13
	霍尔果斯	阿腾科里	1 520	0.21	14.79
中朝	丹东	新义州	1 435	1.4	1.7
	集安	满浦	1 435	7.3	3.8
	图们	南阳	1 435	2.1	1.3
中越	凭祥	同登	1 000	13.2	4.6
	山腰	新铺	1 000	6.5	4.2

显然，中欧班列作为特殊的国际铁路联运，既要具备国际铁路联运以上六大特征，又要在载体（以集装箱为载体）、组织形式（以班列为组织形式）、运行区间（中欧之间）三个方面有别于一般的国际铁路联运，具有更加高效的特点。

2.中欧班列基本格局

目前，中欧班列已经形成以“一大品牌、二大陆桥、三大通道、四大口岸、五个方向、六大线路”为特点的基本格局。

（1）一大品牌。中欧班列运距短、速度快、安全性高，具有安全快捷、绿色环保、受自然环境影响小等综合优势，已成为国际物流领域最著名的品牌。

（2）二大陆桥。大陆桥运输本质上是海-陆-海多式联运，其中“陆运”部分以大陆桥为载体，采用的组织方式为国际铁路联运。换言之，作为特殊的国际铁路联运，中欧班列主要依托于西伯利亚大陆桥和新亚欧大陆桥两大陆桥。

①西伯利亚大陆桥。西伯利亚大陆桥也称亚欧大陆桥，全长约13 000km，东起俄罗斯东方港，西至俄芬（芬兰）、俄白（白俄罗斯）、俄乌（乌克兰）和俄哈（哈萨克斯坦）边界，过境欧洲和中亚一些国家。与全海运相比，这条大陆桥运输线具有3

个明显的优点：第一，运输距离缩短。从远东到西欧，经西伯利亚大陆桥的路程约是13 000km，比绕道非洲好望角的航程缩短约1/2，比经苏伊士运河的航程亦可缩短1/3。第二，途中运行时间减少。西伯利亚大陆桥在过境时间上有优势，而且与多个港口和多条铁路干线相连，运输潜力巨大。途经西伯利亚大陆桥的集装箱运输，一般比全程海运要提前10~15天。第三，运输成本降低。在一般情况下，其运输成本比全程海运要便宜20%~30%。当然，这条大陆桥运输线亦有局限性。例如，冬季严寒，使运输能力受到影响；来回运量不平衡，西向大于东向的2倍；前苏联地区使用宽轨铁路，必须换轨才能进入欧洲其他各国。

②新亚欧大陆桥。新亚欧大陆桥全长约10 900km，在中国境内长4 131km，占1/3多，东端直接与东亚及东南亚诸国相连。与西伯利亚大陆桥相比，新亚欧大陆桥具有地理位置和气候条件优越、运输距离短、腹地广大、对亚太地区吸引力更大等优势，但面临沿线过境国较多、相关国家铁路场站能力不足和效率低等挑战。

（3）三大通道，包括西通道、中通道和东通道。

①西通道，主要吸引西南、西北、华中、华北、华东等地区进出口货物；经陇海、兰新线在新疆阿拉山口（霍尔果斯）铁路口岸与哈萨克斯坦、俄罗斯铁路相连，途经白俄罗斯、波兰等国铁路，通达欧洲其他各国。依托新亚欧大陆桥，可进一步形成北、中、南三线接上欧洲铁路网通往欧洲。北线：由哈萨克斯坦阿克套北上与西伯利亚大铁路接轨，经俄罗斯、白俄罗斯、波兰通往西欧及北欧诸国。中线：由哈萨克斯坦经俄罗斯、乌克兰、斯洛伐克、匈牙利、奥地利、瑞士、德国、法国至英吉利海峡港口转海运，或由哈萨克斯坦阿克套南下，沿吉尔吉斯斯坦边境经乌兹别克斯坦塔什干及土库曼斯坦阿什哈巴德西行至克拉斯诺沃茨克，过里海到达阿塞拜疆的巴库，再经格鲁吉亚第比利斯及波季港，越黑海至保加利亚的瓦尔纳，并经鲁塞进入罗马尼亚、匈牙利，通往中欧诸国。南线：由土库曼斯坦阿什哈巴德向南入伊朗，至马什哈德折向西，经德黑兰、大不里士入土耳其，过博斯普鲁斯海峡，经保加利亚通往中欧、西欧及南欧诸国。

②中通道，主要吸引华北、华中、华南等地区，经京广、集二等铁路干线运输的进出口货物；由内蒙古二连浩特口岸出境，途经蒙古国与俄罗斯西伯利亚大铁路相连，通达欧洲其他各国。

③东通道，主要吸引东北、华东、华中等地区，经京沪、哈大等铁路干线运输的进出口货物；由内蒙古满洲里（黑龙江绥芬河）口岸出境，接入俄罗斯西伯利亚大铁路，通达欧洲各国。

经由西伯利亚大陆桥的运输中通道、东通道，可进一步采用三种方式通往欧洲：第一，铁-铁（transrail）方式。该联运线路的边境站有鲁瑞卡（去芬兰）、布列斯特（去波兰、德国）、乔普（去匈牙利、捷克、斯洛伐克、南斯拉夫、意大利、奥地利、瑞士）、温格内（去罗马尼亚、保加利亚）、朱尔法（去伊朗）。第二，铁-海（transea）方式。该联运线路的欧洲主要港口有圣彼得堡（去荷兰、比利时、德国和美国）、塔林（去芬兰、瑞典、丹麦和挪威）、里加（去法国、英国）、日丹诺夫（去意大利、希腊、土耳其、西班牙和法国地中海沿岸各港）。第三，铁-卡（tracons）方式。该联运线路可运至布列斯特，再用卡车将货运至德国、瑞士、奥地利等国。

此外，目前开通中国至东南亚、南亚、印度洋方向的新通道。比如，从浙江义乌出发经由广西凭祥铁路口岸出境，驶往越南首都河内，联通了中欧班列的南向对接东盟的通道。

（4）四大口岸，包括阿拉山口、满洲里、二连浩特、霍尔果斯。其中，阿拉山口是班列出入量最大的口岸，其次是满洲里，二连浩特居第三位，霍尔果斯承接的班列数也在逐步增长。

（5）五个方向，是指发往欧盟、俄罗斯、中亚、中东、东南亚等五大方向。其中，欧盟、俄罗斯、中亚是中欧班列最为集中的地区和国家，中东、东南亚仅有少量班列线路。

（6）六大线路，是指重庆、郑州、成都、西安、武汉、苏州等地开行的六大线路，它们在规模、货源组织以及运营稳定性等方面的表现较为突出。

★问题引导

中欧班列速度等级高，全程运输保障水平要求严格，强调精准运输，以保证口岸站及出境联运的时限需求。为保障中欧班列时效性、安全性，提升中欧班列核心竞争力，满足中欧班列运输组织要求，国铁集团从境内、境外两个方面对中欧班列运输组织进行了不断的探索实践，采取“图定临时结合”“图定干支结合”的独特运输组织模式，对各地培育中欧班列市场发挥了重要作用。

思考：你了解中欧班列运输组织模式吗？它涉及哪些运营主体？

引导知识点

二、中欧班列运营组织

中欧班列运营组织的关键要素包含运营主体、运营线路、运输价格、货源组织、箱源组织、货运组织六大类。

1.运营主体

中欧班列涉及三大运营主体：一是铁路承运人，即各国铁路局，负责铁路运输实际运营；二是铁路场站经营人，即各国铁路货运场站企业，负责铁路场站具体业务作业；三是铁路班列经营人，也称班列平台公司，主要负责中欧班列运营，包括国际线路制定开发、境外货运代理洽谈、班列价格制定、与铁路局的计划对接等。

在实践中，铁路场站经营人与铁路班列运营人可以是同一家企业，也可以是独立的两家企业。

（1）铁路班列经营人的法律地位。旧版《国际货协》并未提及“承运人”“缔约承运人”“接续承运人”的概念，其对应术语是“各参加路和适用路”。现因有些国家已实行“网运分离”，即铁路基础设施网络与运输设备和工具已并非归属于一家企业，为此，2015年7月1日生效的《国际铁路货物联运协定》（以下简称新版《国际货协》）明确了“承运人”概念，并将其分为“缔约承运人”和“接续承运人”。

①承运人。新版《国际货协》规定：承运人是指参加货物运送（包括在国际铁路-轮渡联运水运区段）的缔约承运人和所有接续承运人。其中，缔约承运人是指与发货人缔结运输合同的承运人；接续承运人是指从缔约承运人或其他接续承运人处接

运货物，以继续运送并加入运输合同（由缔约承运人缔结）的承运人。

值得注意的是，《国际货约》界定了实际承运人的概念。实际承运人是指未与发货人签订运输合同，但承担部分和全部铁路运送的承运人。显然，对比《国际货约》中的实际承运人与新版《国际货协》中的接续承运人，发现它们是同一概念，即接受缔约承运人或其他接续承运人的委托，从事实际铁路运输的人。

②班列平台公司。目前中欧班列均由各地组建的班列平台公司负责货源的组织与管理，而国铁集团仅负责中欧班列的实际运输工作。可见，班列平台公司（铁路班列经营人）是缔约承运人，而国铁集团及其他国家铁路部门则是实际承运人或接续承运人。

在实践中，铁路货运班列既可以由铁路运输企业自己经营，也可以由班列经营人包租经营。

课外拓展

中欧班列运营平台企业特点

（2）中欧班列平台公司的分类。表 4–4 显示了中欧班列平台公司的分类。

表 4–4　中欧班列运平台公司的分类

分类视角	主体类别简称	主要涵义	示例
平台公司属性及背景	地方国企主导	地方政府支持下的地方运营平台	郑欧、蓉欧
	铁路与地方联合主导	铁路系统内部构建的运营平台	中铁多联
	民营主导	民营企业自负盈亏	义新欧
平台公司资产规模	轻资产运营	资产及业务规模较小	安徽新亚欧
	重资产运营	资产及业务规模较大	郑州国际陆港
铁路代理及组织方式	全程自主	境内外均分段合作	渝新欧早期实践
	境内委托+境外自主	境内委托中铁多联、境外分段合作	郑欧部分线路
	境内自主+境外委托	境内与地方路局、境外委托德/俄铁	蓉欧部分线路、长安号
	全程委托	均委托中铁多联	义新欧部分线路

①按运营主体的性质分类。

一是国有或国有控股企业参与成立班列平台公司，如汉欧公司是武汉市属国资企业武汉新港建设投资开发集团有限公司的全资子公司。郑欧班列运营方郑州国际陆港开发建设有限公司，是郑州经济技术开发区管委会和河南物资集团公司共同投资组建的合资公司。

二是由国铁集团和地方政府联合沿线主要国家铁路公司组建合资平台公司，如渝新欧公司是由中国国铁集团、俄铁、哈铁、德铁及中国重庆交运集团合资组建。这一组织形式有利于带动沿线各国的积极性。

三是民营企业自主开发和主导的平台公司，如义新欧班列由义乌天盟实业投资有限公司负责运营。

此外，国铁集团下属的中铁集装箱运输有限责任公司（以下简称中铁集运），代表国铁集团作为中欧班列全程经营和服务平台。

②按是否独立组织运输分类。

一是班列平台公司全程负责运输组织工作；

二是班列平台公司全程委托中铁集运负责运输组织工作；

三是班列平台公司负责国内段运输组织工作，由国际物流商负责国外段运输组织工作；

四是班列平台公司委托中铁集运负责国内段运输组织工作，由国际物流商负责国外段运输组织工作。

五是中铁集运代表国铁集团，直接接受货主委托，全程负责运输组织工作。

目前，采用第4种方式的较为常见，其原因在于：首先，中铁集运担负着国铁集团中欧班列全程经营和服务平台的角色，各地平台公司委托中铁集运负责国内段运输组织工作，可以更有效地与国内铁路部门沟通和对接；其次，因国外并非中铁集运所控制的范围，或许是相比国外代理公司，中铁集运缺乏竞争力，所以对国外段中欧班列业务，各平台公司大多委托国外代理公司全权处理。

2. 运营线路

科学设计始发站至到达站及沿途经过的主要城市构成的铁路运行线路，将直接影响班列的开行价格和辐射市场。因此，对于班列平台公司而言，优化运营线路至关重要。

3. 运输价格

运输价格包括实际成本价格和对外销售价格。实践中，各地平台公司开行的班列实际成本价格通常高于对外销售价格。一方面是因为需要平衡与海运的价格差距，从而吸引原本的海运货源转向铁路运输；另一方面是因为各地政府为了吸引货源到自己的城市发运而逐步产生的价格战。也就是说，目前中欧班列的有效运营仍需要依托政府的大量财政补贴政策。

4. 货源组织

货源组织是班列开行的核心。能否组织足够的货源支持班列的常态化开行，对于班列开行将起到一票否决的效果。目前，中欧班列运送货物已由开行初期的手机、电脑等IT产品，逐步扩大到服装鞋帽、汽车及配件、粮食、葡萄酒、咖啡豆、木材、家具、化工品、机械设备等品类。此外，还包括跨境电商、快件、邮件等。

5. 箱源组织

一是铁路箱（COC）。由各国铁路公司管理，比如，我国国铁集团委托中铁集运负责铁路系统集装箱的堆存、调用等管理。

二是非铁路箱（SOC）。一般由拥有集装箱堆场设立或委托的箱源管理中心进行管理。它们管理的集装箱基本都是社会集装箱，包含国际货代的自备集装箱、社会租箱公司的集装箱以及企业的自备箱等。此外，箱源管理中心可作为国际班列开行的集装箱提还箱点为中欧班列开行提供服务。

6. 货运组织

货运组织既包括中欧班列的组织工作，也包括班列平台公司开展门到站、站到门时的道路短驳配送组织工作。

（1）开行列数。目前大体分为3个阵营。

第一阵营：常态化开行且密度合理，基本可保证每天到发一列，年运行300列以上。

第二阵营：具备了常态化的要素，每周能够开行至少一列。

第三阵营：开行密度不高，稳定性不高，走走停停，时好时坏。

目前，属于第一阵营的中欧班列主要为渝新欧（重庆—杜伊斯堡）、蓉欧快线（成都—罗兹）、郑欧（郑州—汉堡）、苏满欧（苏州—华沙）、汉新欧（武汉—捷克、波兰）、湘欧快线（长沙—杜伊斯堡）、义新欧（义乌—马德里）、哈欧（哈尔滨—俄罗斯、汉堡）和沈满欧（沈阳—汉堡）等班列。

（2）编组数量。集装箱班列的编组数量，是由班列运行区段的牵引定数和班列挂靠车站到发线有效长度决定的。日本等国家，因国土面积比较小，集装箱直达列车开行特点是牵引重量不大、编组不长、以提高速度为主，如日本铁路，集装箱直达列车的编组数量为24辆或26辆，牵引重量为1 200t或1 300t，运行速度达110km/h；美国、加拿大等北美国家，国土面积比较大，主要开行以重载为特征的双层集装箱直达列车，由20辆5节式双层集装箱车编成的列车总长度可达1 609m，牵引重量达6 000t，能装200个40英尺集装箱。美国集装箱办理站装卸线有效长度通常为1 610m。双层集装箱列车通常有2种编组方式：一种是每列车为20个单元，每一单元由5辆关节式凹底双层平车构成；另一种是由载重113t的凹底平车来装运双层集装箱。一般由4台机车牵引，列车总重近万吨，使双层集装箱运输进入了重载运输的领域。

为使运行较为灵活，美国、英国铁路通常采取固定编排的定期直达列车，通常以5个专用车厢为一组，形成5联车（5-well double stack car），如图4-4所示，“甩”和“挂”均以一组为单位，既可灵活运用运力，又不影响直达的速度和准时性。

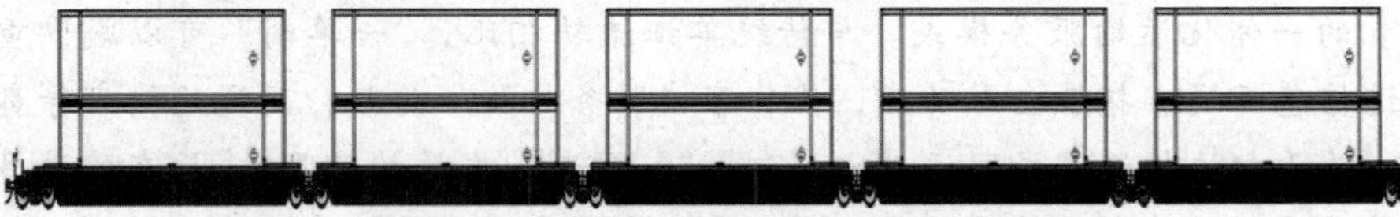

图4-4　5联双层集装箱专用车示意图

目前，根据欧盟的标准，中欧班列编组列车车辆数不能超过41辆，换长不能超过52.0m，总重不能超过2 500T。因此，中国与欧盟之间的班列编组数量不得超过41辆（载41个40英尺集装箱或82个20英尺集装箱）；中俄、中亚班列编组数量则有所不同。中国境内的班列编组数量约为50辆（载50个40英尺集装箱），俄罗斯境内的班列编组数量约为65辆（载65个40英尺集装箱），因此往往需要在边境口岸进行拼箱，以达到俄方规定数量，这已经成为制约各中欧班列运输时间提升的瓶颈问题。

（3）组织模式。

①按公共与定制化分类。

a.公共班列：定时定点开行的班列，特点是价格优惠，集拼集运。

b.精品班列：根据客户对时效、质量的个性需求开行班列，特点是快速直达，时效精准。

c.定制班列：根据特定的货物品类（如平行进口车、肉类进口、木材进口等）专属定制的班列，特点是个性服务，量大优惠。

②按直发与非直发分类。

a.直发班列。由在始发城市进行集装箱业务办理的中欧班列，开行过程中不经补轴直接到达欧洲到站。

b.集结班列。中欧班列各箱在国内不同始发城市进行办理，随后集结至规模较大的集结中心，汇集成列开往欧洲到站。比如，通过2～3节挂车运输，到达乌鲁木齐集结编组。

课外拓展

中欧班列枢纽节点

c.阶梯式班列。始发城市开行中欧班列行至中途其他一个或若干个城市补轴后，继续开往欧洲到站。比如，如果一列货车开行时达不到41节，可以先开出，从南疆或东疆到乌鲁木齐，再到口岸沿途，在不同的车站进行阶梯式编组，数量逐渐增加，最终到达口岸时形成完整的班列。

d.内外贸集并班列：加挂46个集装箱，其中5个集装箱为内地至新疆的内贸箱，其余41个是外贸箱。

课外拓展

中欧班列开展跨境电商与邮件服务

e.“三并二”集并班列。中欧班列在宽轨段起始口岸换装时，将国内站始发的3列中欧班列合并为2列，集并运输到宽轨段终点口岸，再换装还原为原来的3列中欧班列（如俄铁、哈铁等）。

③按发送通关的快慢分类。中欧班列按发送通关的快慢分为慢运与快运。目前，中欧班列以承运普通进出口货物为主，但已有不少中欧班列开展跨境电商、快件、邮件的运输业务。

★问题引导

多式联运“一单制”是指在集装箱多式联运全过程中，凭一份多式联运（电子）运单或提单，实现托运人一次委托、费用一次结算、货物一次保险、多式联运经营人全程负责的一体化运输服务模式。与传统单证流转相比，“一单制”可以减少重复填单、促进信息互通、拓展金融功能，优化客户服务体验。为此，交通运输部等部门联合发布《关于加快推进多式联运“一单制”“一箱制”发展的意见》，旨在推进多式联运高质量发展，提升交通物流效率，以服务为支撑实现“物畅其流”。

思考：你认为中欧班列也可以推广“一单制”吗？操作过程中将面临哪些挑战？

引导知识点

三、中欧班列运输单证

1.中欧班列使用的运输单证

在中欧班列实践中，依据运输单证使用多少，可分为单轨制和双轨制两种形式。

（1）单轨制。全程采用铁路部门签发的国际铁路联运运单。

（2）双轨制。全程采用平台公司签发的运输单证+铁路部门签发的国际铁路联运运单。

2017年4月，成都国际铁路港开始探索用班列运单解决中小外贸企业的融资难问题，首次尝试把海运提单的“物权属性”嫁接到班列运单上，拓展班列运单的基本功能。通过物权属性契约化、承运人全程控货、一单到底等制度设计，成功实现铁路运单的“物权化”改革，并被纳入2018年国务院深化自贸试验区改革创新的53条措施中。2019年在商务部协助下，成都国际铁路港全面总结、梳理改革经验，形成了一套统一、成熟的制度规范，实现了从运单到提单的重大升维。该创新模式的主要特点有3个：通过当事人之间的契约设计，成功嫁接、移植了海运提单的物权属性；通过承运人全程控货及目的站正本提单放货的约定，实现了提单的流转功能；通过正本提单质押给第三方开证机构或担保机构，破解了买方的融资难题，保障了开证机构的权益。然而，班列提单面临的最大难题，也就是说，中欧班列提单改革最大的困境是尚未获得法律支持。缘于《民法典》第116条物权法定原则的限制，班列提单当事人通过多方契约固定物权属性的变通做法，对提单善意购买方可能无效。换言之，第三方开证机构通过质押合同所持有的提单，在买方未能付款赎单时，转让给其他购买人的行为，很可能无效。

课外拓展

铁路提单

2.国际铁路联运运单的概念与分类

国际铁路联运运单（international through rail waybill）是参加国际铁路联运的发送铁路与发货人之间订立的运输契约，规定了参加国际铁路联运的各国铁路和收、发货人的权利及义务，对收、发货人和铁路都具有法律约束力。

国际铁路联运运单属于《UCP 600》规定的道路、铁路或内河运单（road，rail or inland waterway transport documents）的范畴，具有运输合同证明和货物收据的功能，但与海运提单不同，它并不具有物权凭证的功能，不具有流通性。因此，《国际货协》和《国际货约》均明确规定国际铁路联运运单中的收货人一栏必须是记名的。

目前，国际铁路联运运单包括国际货协运单、国际货约运单和国际货约/国际货协统一运单3种。

（1）国际货协运单（SMGS运单），是指参加《国际货协》各国（以下简称货协国）之间办理国际铁路联运时所使用的货运单据。

此外，新版国际货协运单取消了旧版国际货协运单的慢运与快运之分，增加了电子运单。电子运单履行纸质运单的功能，是与整套纸质运单数据相同的电子数据。

（2）国际货约运单（CIM运单），是指参加《国际货约》各国（以下简称货约国）之间办理国际铁路联运时所使用的货运单据。

（3）国际货约/国际货协运单（CIM/SMGS运单），是适用《国际货约》和《国际货协》的国家间在国际铁路联运中证明《国际货约》和《国际货协》运输合同缔结的单据。

3.国际铁路联运运单的应用

（1）货协国铁路或适用《国际货协》规定的铁路间的货物运送。

例如，中俄、中亚班列全程采用国际货协运单，并按《国际货协》的规定办理发运与交付手续。

（2）通过货协国的港口向其他国家运送货物。

①铁-铁-海。比如中亚货物，由铁路经中国连云港下海转运至日本。发货人在铁路始发站用国际货协运单办理至过境铁路港口站，然后由发货人或收货人委托在港口站的代理人办理海运至最终目的地。

②海-铁-铁。比如日本货物，经海运至中国大连港，再由铁路转运至中亚。发货人或收货人委托在过境铁路港口站的代理人，以发货人的全权代理人的身份，负责填制国际货协运单，将货物发送至最终到达站。

(3)货协国与货约国之间的铁路货物运送。例如，中欧班列通常属于货协国与货约国之间的铁路货物运送，可以采用以下两种方式签发运输单据：

①“两单制”——国际货协运单+国际货约运单。旧版《国际货协》规定，通过参加本协定国家的铁路，向未参加本协定国家的铁路及相反方向的货物运送，若不采用其他国际铁路联运协定，则按各有关路采用的用于这种国际联运的过境运价规程所规定的办法和条件办理。也就是说，发货人在发送路用国际货协运单办理至参加《国际货协》的最后一个过境铁路的出口国境站或进口国境站，由国境站站长或发、收货人委托的代理人办理转发运手续，然后将货物送至最终到站。新版《国际货协》中，对这种国际铁路联运，除规定可使用国际货约/国际货协运单外，并无其他更加明确的规定。

目前，随着国际货运代理业的快速发展，在实际工作中，国境站站长不再负责办理转发运手续，而是由国际货运代理公司完成，并负责其他作业，如接货、报关报检手续、接运车辆的提供、转运票据的填制和运费支付等。

②“一单制”——国际货约/国际货协运单。在货协国与货约国之间进行国际铁路联运时，若发送路和到达路均为《国际货约/国际货协运单指导手册》的参加路，则该货物运送可采用国际货约/国际货协运单办理，这样可避免在两种不同运输方法间办理转运手续，从而节省时间和费用。自2017年5月1日起，经阿拉山口、满洲里、二连浩特、绥芬河、霍尔果斯铁路口岸开行的中国至欧洲国家及返程方向的集装箱列车，可采用国际货约/国际货协运单办理货物运送，由发货人自愿选择。值得注意的是，使用统一运单时，需要提前提交包含运行经路和货物名称等内容的商定运送申请：对《国际货约》规定的普通货物和非常规货物（同时包括在某些线路区段），分别为不迟于运送开始前的7天和1个月。在参加运送的国际货约承运人审查申请后，转发地点的国际货约承运人将商定号码，以及从发站快开始应遵守的特殊条件（如有必要）通知国际货协缔约承运人后，应将商定号码记入运单第64栏“承运人的声明”。显然，因需要不少于7天的提前申请，故统一运单使用较少。

(4)货协国（或货约国）与未参加《国际货协》（或《国际货约》）国之间的铁路货物运送。由于未加入《国际货协》或《国际货约》（包括虽未加入，但适用该公约规定）的国家极少，因而此类情况并不常见。

①向未参加《国际货协》（或《国际货约》）的国家运送货物。发货人采用国际货协运单（或国际货约运单）办理至货协国（或货约国）的最后一个过境铁路的出口国境站，由国境站站长或者由发货人或收货人在这些站委托的代理人以发货人的全权代理人身份负责办理转发至最终到站。

②从非货协国（或非货约国）向货协国（或货约国）运送货物。发货人采用适当的运单办理至参加《国际货协》（或《国际货约》）的第一个过境国的进口国境站的手续，再由该国境站站长或者由发货人或收货人在这些站委托的代理人以发货人的全权代理人身份负责填制国际货协运单（或国际货约运单）并附原运单，将货物发送至最终到站。

4.国际铁路联运运单的构成、流转与栏目设置

旧版国际货协运单由运单正本、运行报单、运单副本、货物交付单、货物到达

通知单以及必要份数的补充运行报单组成，新版国际货协运单增加了一张货物接收单。根据新版《国际货协》附件第1号《货物运送规则》第2章“运单”中的规定，国际货协运单是一整套票据，由带编号的6张运单和必要份数的补充运行报单组成，见表4-5。

课外拓展

国际货协运单

表4-5　　国际货协运单构成、用途及流转程序

第__张	名称	领受人	用途
1	运单正本	收货人	随同货物至到站
2	运行报单	将货物交付收货人的承运人	随同货物至到站
3	货物交付单	将货物交付收货人的承运人	随同货物至到站
4	运单副本	发货人	运输合同缔结后，交给发货人
5	货物接收单	缔约承运人	缔约承运人留存
6	货物到达通知单	收货人	随同货物至到站
无编号	补充运行报单	承运人	给货物运送途中的承运人（将货物交付收货人的承运人除外）

补充运行报单的份数应同参加运送的承运人数量一致（但将货物交给收货人的承运人除外），是否需要为缔约承运人编制补充运行报单，应由缔约承运人确定。

在运单栏目的设置上，新版国际货协运单基本保留了原运单的内容，只是将个别栏目合并，或调整了它们在运单中的位置。2015年版国际货协运单共有65个栏目，其中，第1~29个栏目为所有单证正面共同设置的栏目，第30~34个栏目是第3张（货物交付单）和第6张（货物到达通知单）背面共同设置的栏目，第35个栏目和第36个栏目是第3张（货物交付单）增设的栏目，第37~65个栏目是第1、2、4、5张及补充运行报单的背面栏目，用于计算运送费用。对于这些栏目来说，有的由发货人填写，有的由承运人填写，有的则视由何人办理货物装车或车辆施封，而由发货人或承运人填写。另外，有一个栏目是由海关或行政机关填写的。

5.国际铁路联运运单的制作

（1）运单记载的语文。旧版《国际货协》规定，运单应用发送国文字以及铁组工作语文（中文、俄文）中的一种或两种文字印制，可用发送国文字填写，并附铁组工作语文（中文、俄文）中的一种译文即可。

根据新版《国际货协》第2章运输合同第15条运单第3项的规定，运单的印制及运单的填写，应采用铁组工作语文（中文、俄文）中的一种。

①至/自阿塞拜疆、白俄罗斯、保加利亚、匈牙利、格鲁吉亚、伊朗、格鲁吉亚、哈萨克斯坦、吉尔吉斯斯坦、拉脱维亚、立陶宛、摩尔多瓦、蒙古国、波兰、俄罗斯、斯洛伐克、塔吉克斯坦、土库曼斯坦、乌兹别克斯坦、乌克兰、爱沙尼亚运送或经由这些国家过境运送时，采用俄文。

②自越南、中国和朝鲜运送时，采用中文。

③自俄罗斯、哈萨克斯坦或过境俄罗斯和哈萨克斯坦运往越南、中国和朝鲜时，采用俄文。

运单用纸及运单各栏目或某些栏目的填写内容，可附其他语文的译文。

经运送参加方商定，运单的填写可采用任何一种语文。

（2）运单用纸及其印制要求。运单以及补充清单、车辆清单和集装箱清单的用纸为A4格式，并在白纸上用黑色铅字印制。

印制运单时，作为防伪措施，准许采用带水印的纸张、加印微字码、全息图。这些防伪措施不得影响运单的填写和辨认。

记入运单、补充清单、车辆清单和集装箱清单的事项，使用黑色字体记载或打印，或采用戳印。加盖的戳记应有清晰的印文。

发货人在运单上所附的添附文件应贴附在运单上，以免在运送途中脱落。

（3）对运单中记载事项的责任。在新版《国际货协》中，保留了关于发货人应对运单中记载和所声明事项的正确性负责、运单填写不正确必须重新填制以及运单的填写违反相关规定应向承运人支付违约金的相关规定，并将旧版《国际货协》中对运单和货物仅需检查的相关规定纳入了新版《国际货协》附件1《货物运送规则》。根据新版《国际货协》第2章运输合同第16条的规定：

①发货人应对其在运单中记载和所声明事项的正确性负责。由于记载和声明的事项不正确、不确切或不完备，以及将上述事项记入运单中无关的栏目所发生的一切后果均由发货人负责。比如根据新版《国际货协》的条款，承运人在运单中记载了发货人的指示，则认为承运人是以发货人的名义行事，除非提出相反证据。

②在缔结运输合同前，若承运人发现运单中的事项不正确、不确切或不完备，且根据《货物运送规则》，不允许修改运单中记载的事项和声明，则发货人必须填制新运单。

③在缔结运输合同以后，若承运人发现发货人在运单中记载的事项和声明不正确、不确切或不完备，且存在下列情况，则发货人应向承运人支付违约金：

第一，承运的货物中有禁止通过应经由国家中任何一国的国境运送的物品。

第二，承运了危险货物而未遵守其运送条件。

第三，发货人装车的货物超过车辆最大载重。

第四，运送费用额度过低。

第五，出现了危及行车安全的情况。

对于上述第一、二、四、五款的违约金，根据新版《国际货协》第31条运送费用和违约金的支付的规定，按违反上述规定的承运人运费的5倍核收。

对于第三款的违约金，根据新版《国际货协》第31条运送费用和违约金的支付的规定，按超载部分的承运人运费的5倍核收。

承运人有权核收本项规定的违约金，而不管赔偿可能损失和发货人或收货人根据新版《国际货协》条件支付的其他违约金如何。

（4）运单修改。新版《国际货协》附件1《货物运送规则》中的第2章运单对运单的修改做了如下规定：

①发货人和承运人在发站修改运单上记载的事项时，应将原有事项划消并列入新事项，此时发货人和承运人仅可对各自在运单中记载的事项做修改。发货人所做的修改不得超过一栏或相互关联的两栏，而且应在“发货人的声明”栏内做“已修改第…栏”的记载。承运人应加盖戳记证明其所做的修改。

②承运人根据《货物运送规则》的规定修改和补充运单中记载的事项时，应加盖戳记证明。

★问题引导

一票从我国郑州通过国际普通列车经满洲里/后贝加尔斯克运往俄罗斯莫斯科的货物，郑州的托运人承担全程运输费用。该托运人与北京的一个国际货运代理企业订立了国际铁路货物运输委托代理协议，约定由国际货运代理企业代表托运人支付从满洲里至莫斯科区段的运费。同时，托运人与铁路承运人订立了国际联运合同。货物从郑州某车站发出，并顺利通过满洲里，不久后货物抵达莫斯科某车站。到达站通知收货人货物已到，要求收货人支付俄罗斯区段运费，否则留置该货物。经调查得知，运单第20栏关于俄罗斯区段运费支付人的记载因被涂抹而模糊不清。委托人（运输托运人）因此与国际货运代理企业发生纠纷，欲通过诉讼解决。

思考：国际货运代理企业有无义务支付运费？如何操作？

引导知识点

四、中欧班列运输费用

1.中欧班列定价机制

（1）中欧班列实行“量价捆绑”的协议运价机制。

一是境内段。参与协议运价合同谈判的主体是中铁多联和地方班列运营平台，境内段的运价优惠幅度按不同运量规模等级来划定。

二是境外段。由国内平台企业分别与境外相应的“铁路运输线路代理商”谈判确定运价。其中，途经阿拉山口的班列公司，多与德铁（DB）旗下的跨欧亚物流公司（TEL）合作，途经满洲里的班列公司多与东方路桥公司合作。

（2）定价机制受各国铁路管理体制的影响。

在国内，我国铁路实行“网运合一”独家经营，因而实行国家统一定价。

在国外，国外铁路大多实行“网运分离”，铁路运输服务向市场开放，由不同经营主体负责提供相关货运服务，因此其价格需要谈判确定，相互差别较大。比如，中国段的40英尺集装箱的每箱千米的运价为0.7~0.8美元，哈萨克斯坦段为0.5美元，俄罗斯段为1.2~1.3美元。波兰到德国段的运费执行欧盟运费标准，40英尺集装箱的每箱千米的运价为1.40美元。此外，欧盟地区的人工和管理费用均比中国要高很多。

目前，各中欧班列线路的运价未能统一，各班列各自为政，致使国铁集团提出的建立统一的“量价捆绑”优惠打折机制尚未得到充分实施。由于各中欧班列分别与境外铁路运营方谈判，洽谈通行费，从而很难获得国际段运费和通关的优惠及便利。例如，俄铁为了充分利用西伯利亚大陆桥，对从不同口岸入境的中欧班列实行不同价格，从阿拉山口与满洲里口岸的中欧班列入境的40英尺集装箱的每箱千米的运价分别为0.7美元和0.4美元。

（3）中铁集运的“量价捆绑价格方案”。

中铁集运作为中铁多联的母公司，根据委托代理方式类别，对各地班列运营平台采取两种运价方案：

一是国内段与宽轨段联动操作。

二是不联动操作，国内段运价相对高于前者。

2. 中欧班列运费构成

中欧班列运费由发送路运费、到达路运费和过境路运费三部分构成。

（1）发送路运费。

运费：发送站服务费和运输费用。

杂费：根据实际操作情况，收取相关作业服务的杂费、附加费等（比如，换装费、集装箱使用费、堆存费、两端配送费等）。

（2）到达路运费。

运费：基础设施服务费和车辆使用费。基础设施服务费是铁路货运公司租用国铁集团基础设施及设备的费用，比如购买线路运行时刻资源，使用国铁集团的机车牵引服务等；车辆使用费则一般分为铁路货运公司车辆使用费和国铁集团车辆使用费两大类，涉及车辆“回空”的，包含回空运输费用。

杂费：根据实际操作情况，收取相关作业服务的杂费、附加费等。

（3）过境路运费。

同样包括运费及杂费，目前在《国际铁路货物联运统一过境运价规程》（简称《统一货价》）确定的运价基础上给予一定优惠。

根据各班列运行线路公布的运价水平，宽轨段的40英尺集装箱的每箱千米去程平均运价水平大多为0.69美元，经二连浩特和满洲里出境利用西伯利亚大陆桥的运价较低，约为0.4美元；欧盟段的40英尺集装箱的每箱千米去程平均运价水平差异较大，根据不同线路走向，从0.7~3.42美元不等，高运价率的区段一般是由于运输里程较短，固定费用分摊较多所致。国内段的40英尺集装箱的每箱千米去程平均运价水平约在0.6美元，回程平均运价水平约在0.55美元。

同时可能会产生空箱成本。由于没有返程运输货物（或者说没有人补贴返程运费），所以集装箱只能在当地低价销售，造成运输成本增加。目前，各地发运所使用集装箱基本是海运二手箱。在重庆，一个二手箱的价格为1 500美元，到了德国后只能按废箱价格（约200美元）卖出，从而产生1 000多美元的箱成本。如果可以使用空箱进行往返，从理论上说可以节约一些集装箱成本。不过，由于欧洲各国对集装箱箱况的要求比较高，而国内去程基本使用二手箱，这些二手箱的箱况无法满足欧洲的要求，所以一般还是在欧洲采购集装箱用作回程，因而其运输成本更高。

此外，依赖地方政府补贴，各中欧班列线路的总运价不尽相同。目前，政府补贴是绝大部分中欧班列开行的必要条件。为了保证运行和吸引货物，各地方政府都出台了补贴方案，规定超出海运价格的成本由政府补贴，补贴至少在2 000~3 000美元/箱。由于各地对中欧班列的财政补贴力度不同，其货运运费也不尽相同。例如，某段一个40英尺集装箱的运行成本大概为1万美元，郑欧班列的价格仅为3 000~6 800美元，而成都和重庆的站到站价格为7 000~9 000美元。郑州除参照海运价格对中欧班列进行财政补贴外，还对1 500千米以内货源地的货物实行免费集结；武汉补贴了铁路运价的60%~70%。

案例4-1

渝新欧班列的名称源于沿线中国、俄罗斯、哈萨克斯坦、白俄罗斯、波兰和德国铁道部的共同商定。"渝"是指重庆，"新"是指新疆阿拉山口，"欧"是指欧洲，合称渝新欧。渝新欧班列是指利用南线欧亚大陆桥这条国际铁路通道，从重庆出发，经西安、兰州、乌鲁木齐，向西过北疆铁路，到达边境口岸阿拉山口，进入哈萨克斯坦，再经俄罗斯、白俄罗斯、波兰，至德国的杜伊斯堡，全长11 179 km，见表4-6。

表4-6　渝新欧班列

途经主要站点	过境	运输时间（小时）	距离（km）
重庆—阿拉山口	中国	100	3 777
阿拉山口—多斯特克	转关/换轨	64	12
多斯特克—伊列茨克	哈萨克斯坦	74	3 412
伊列茨克—克拉斯诺耶	俄罗斯	54	1 497
克拉斯诺耶—布列斯特	白俄罗斯	20	587
布列斯特—马拉舍维奇	转关/换轨	44	20
马拉舍维奇—杜伊斯堡	欧盟	36	1 906
总计		392	11 211

资料来源　根据渝新欧（重庆）物流有限公司官网（http：//www.yuxinoulogistics.com/detailed.asp？sid=213）整理。

在渝新欧班列没有正式开通前，重庆及周边产品主要是依靠铁-海联运、江-海联运以及航空运往欧洲。从时间上看，渝新欧班列为16天左右，比铁-海联运要节约最多近20天，运价仅为航空运价的1/4，但与海运相比，渝新欧班列在时间上有优势，但在价格上并无优势。

重庆地处内陆，为了打破地理的界限，重庆政府提出了"一江两翼三洋"的国际物流通道战略。一江是指长江，也就是从重庆走水运到上海，再从上海跨太平洋经海运到西欧，全程是22 000km，耗时40天。两翼中的西南翼就是指渝新欧班列，从重庆到乌鲁木齐，经大陆桥直通大西洋至西欧，全程是11 197km，耗时16天；而西北翼是指从重庆到云南瑞丽再到东盟，走印度洋出海，全程20 000km，耗时30天。

当前重庆到欧洲已开通了5条运输线路：重庆—深圳—欧洲的铁-海联运；重庆—比利时的航空运输；渝新欧班列；上海—重庆—莫斯科—卢森堡的航空运输；重庆—上海—欧洲的铁-海联运。表4-7显示了不同运输方案的运行时间与运价情况。

表4-7　　不同运输方式的运行时间与运价情况

运输方式	线路	时间（天）			运价（元/FEU）		
航空运输	重庆→欧洲	1			35元/kg		
铁-海联运	重庆→深圳→欧洲	重庆→深圳	货物停留	深圳→欧洲	重庆→深圳	深圳→欧洲	合计
		2.2	2	25.8	1 700	21 384	23 084
	重庆→上海→欧洲	重庆→上海	货物停留	上海→欧洲	重庆→上海	上海→欧洲	合计
		8	2	25	1 688	22 701	24 389
渝新欧班列	重庆→欧洲	16			55 975		

以宏碁笔记本电脑为例，资料显示，2011年“重庆制造”的宏碁笔记本电脑大概有250万台出口欧洲。价格平均为3 600元/台，包含国际运输成本在内的每台毛利润为200元。下面以一台宏碁笔记本电脑为基础对相对成本进行计算：

一个容积约为50立方米的40英尺集装箱；每台笔记本电脑包装的体积为0.033立方米，且每台宏碁笔记本电脑的重量约为4.5kg。因此，每个集装箱的运输量为：

50÷0.033=1 515（台）

空运每箱费用为：

35×4.5×1 515=238 612.5（元）

目前，渝新欧班列的40英尺集装箱每箱千米运价为0.86美元，因此渝新欧班列的运价约为9 000美元，最低时约为7 000美元。而从上海、广州通过海运到达欧洲，一个40英尺集装箱的每箱千米运价大概为5 000美元，时间为35天左右。显然，由于现在渝新欧班列运送的大多为电子产品，每箱货的价值为80万~100万美元，渝新欧班列的运行时间比海运节省近20天，而80万美元20天的利息也达2 000~3 000美元，因此与海运比，虽然渝新欧班列的运价相对贵一些，但它可节省时间、加快资金周转、减少利息成本，这一点在信息技术（IT）等高附加值产品上体现得更明显。

综上所述，若一个40英尺集装箱的货值超过200万元人民币，可以选择渝新欧班列；若货值为200万元人民币以下，应该选择海上运输；当然，如果货值更高或者急于交付，则应选择航空运输方式。

3.中欧班列运费核收

（1）核收原则（见表4-8）。国内段发生的发送路运送费用、到达路运送费用按我国《铁路货物运价规则》及相关规定计算；国外段发生的发送路运送费用、到达路运送费用分别按发送国和到达国铁路收费标准计算；过境路运送费用则按《统一运价》）计算核收，其中，过境我国的运送费用主要依据《统一运价》和《关于过境中国铁路国际联运货物运送费用核收暂行规定》等相关规定计算。

（2）铁路运送费用的支付人与支付方式。根据2015年版《国际货协》的规定，发送费用与过境费用由发货人支付，到达费用由收货人支付，发货人或收货人也可委托承运人认可的代理人支付。显然，上述支付方式将对贸易术语的选择产生重大影响，比如在贸易双方约定EXW（工厂交货）条款成交的情况下，所有运费均由买方

表4-8　　国际铁路联运费用的核收原则

	发送路（货协国）	过境路（统一货价）	到达路（货协国）
适用规章	承运当日发送路国内规章	承运当日的统一货价	加盖日期戳当日到达路国内规章
支付货币	发送国货币	过境多个国家，分别折成这些国家的货币，并予以支付，如瑞士法郎折成核收国货币	到达国货币
支付地	发站	国境站或港口站（由港口接入时）	到站（我国为国境站）
支付人	发货人	发货人或收货人，视合同约定	收货人

（收货人）支付，但按《国际货协》的上述规定，发货人（卖方）仍有义务向发送站支付发送路的运费，甚至过境路的运费，因此买卖双方在签订贸易合同时应正确处理贸易术语与铁路运输费用支付的关系，以避免一方承担额外的运费。

(3)《国际货协》与《国际货约》铁路间运送费用的核收。对于《国际货协》与《国际货约》铁路间运送费用的核收，除发货人与承运人之间签有特殊协议外，《国际货约/国际货协运单指导手册》规定按以下方式核收：

①从适用《国际货约》的国家发送时，与《国际货约》运输合同有关的运送费用，由发货人支付；如果发货人通过支付人支付运送费用，则发货人应在运单上注明这些支付人。与《国际货协》运输合同有关的运送费用，由收货人支付。

②从适用《国际货协》的国家发送时，与《国际货协》运输合同有关的运送费用，由发货人支付；如果发货人通过支付人支付运送费用，则发货人应在运单上注明这些支付人。与《国际货约》运输合同有关的运送费用，由收货人支付。

(4) 相关运费结算规则或惯例

①货主（托运人）与班列运营平台公司结算惯例。全程运费由班列运营平台垫付，然后按一定结算周期向货主（托运人）收取。国内货主一般是在班列开出后，一至两周内，支付全程费用。国外货主则是在班列开出时，就支付全程费用。

②班列运营平台公司与铁路运输公司结算惯例。国内段要求托运起票时，支付铁路运费；国外段要求在提报运输计划时，即支付相应运费。需指出的是，签订协议运价合同的，在提报运输计划及起票时，按协议运价费率执行，在全年货运量完成后，再依合同规定，对运费进行“减成”或“追加”。

此外，不同区段运费结算的货币不同，国内段是人民币支付，宽轨段是美元支付，欧洲段是欧元或美元支付。

五、中欧班列操作流程

中欧班列基本业务流程包括发送站的发送作业、发送路国境站作业、过境路作业（如有的话）、到达路国境站作业、到达站的到发作业等环节。图4-5显示了中欧班列出口业务流程，至于进口业务流程则是在流转方向上正好相反。

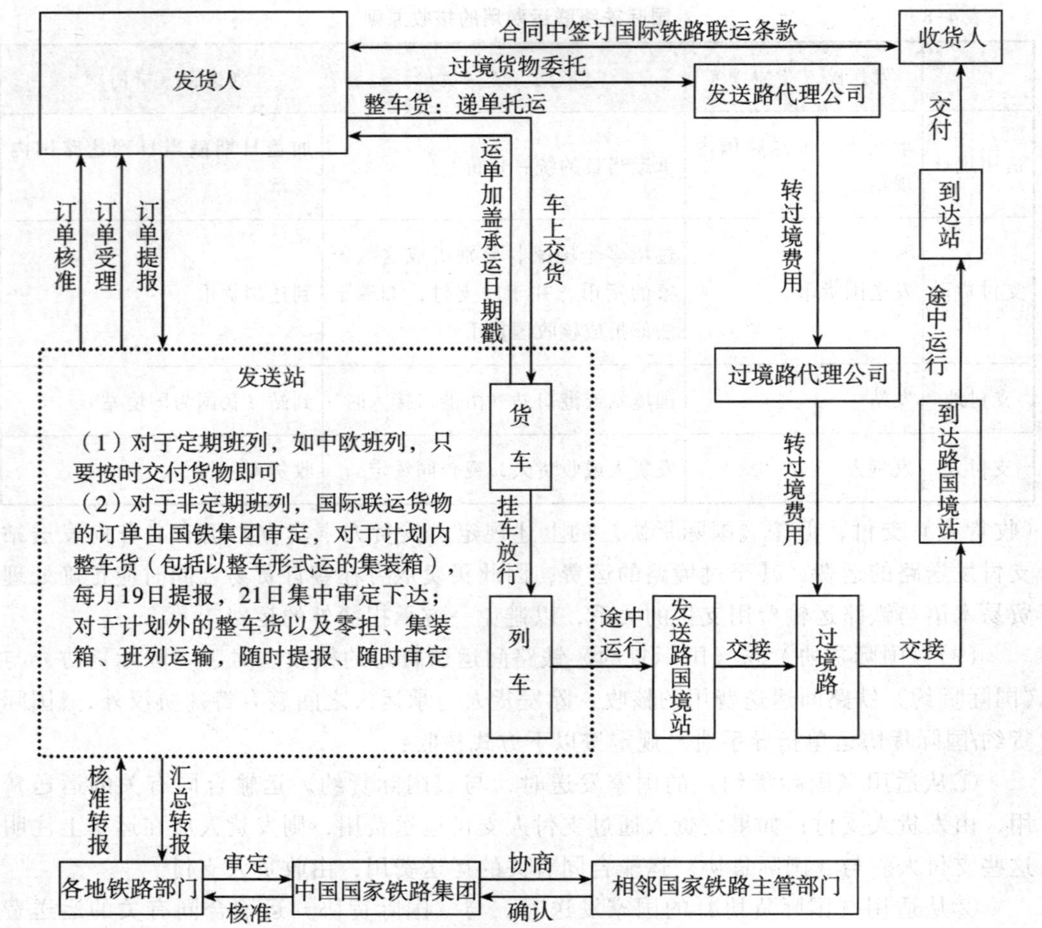

图4-5 中欧班列出口业务流程图

如前所述，实践中，中欧班列是由多式经营人或货运代理负责全程运输组织。货主只需要签订一份合同，支付一次运费。其中，中欧班列的国际铁联运部分主要由班列平台公司、国内外铁路部门与其代理（如中铁多联）负责；至于货物揽收发货及车站前后端的道路运输则由多式联运经营人或货运代理承担。以出口为例，国际货运代理或中欧班列经营人需要经过接受委托—提报计划—制单（铁路联运运单）—配车—报检、报关—口岸交接（审核、换装、签署交接证件）—国外交货等业务环节。

任务三 掌握国际道路运输业务操作

★课堂讨论

学习本课程之前，你对国际道路运输有哪些了解？熟悉国际道路运输基本运作流程吗？

小词典

国际道路运输也称出入境汽车运输、口岸道路运输，是指根据相关国家政府间有关协定，经过批准，通过国家开放的边境口岸和道路进行出入国境的汽车运输。

★问题引导

跨境道路班车是西部陆海新通道3种物流组织形式之一，近年来，西部陆海新通道跨境道路班车已构建起以跨境道路运输为主、公铁与公海为辅的国际物流体系，形成了“3向11线19口岸”的通道格局。其中，“3向”，即面向东盟，面向中亚，面向南亚；“11线”，即重庆—广西/云南—东南亚方向6条线路，重庆—西藏—南亚方向2条线路，重庆—新疆—中亚方向3条线路；19个口岸，即出入境口岸包括广西友谊关、东兴，云南磨憨、畹町，新疆阿拉山口、霍尔果斯，西藏樟木、吉隆等19个口岸。同时，在重庆—广西/云南—东南亚主线上，已建成“1+20+30”的辐射分拨系。“1”即主线，班车与境外20余家物流企业建立合作，在东南亚地区供客户选择使用的海外分拨仓已达30余个，分布在越南、老挝、泰国、马来西亚、新加坡等国家，进出境口岸也由广西凭祥扩展到瑞丽、磨憨、东兴等。

西部陆海新通道跨境道路班车由重庆公运东盟国际物流有限公司营运，目前已获得了GMS（大湄公河次区域）行车许可证和TIR（国际运输公约）运输车辆批准证明书，推动重庆成为全国唯一的同时拥有两大国际道路运输体系牌照的城市。西部陆海新通道跨境道路班车积极完善推广“一站式、一票制、一箱到底”的物流体系，创新拓展服务，提高综合能力。班车发车量从100车次/年的规模，提升至超过3 000车次/年的规模。货源也实现从单一的通用机械品类拓展到机械设备、摩托车及其配件、化工、日用品、五金等多品类。

思考：你了解国际道路运输吗？它与其他国际运输方式相比，有哪些优势与不足？

引导知识点

一、国际道路运输概述

1.国际道路运输的发展历程

国际道路运输是国际物流的第四种运力，是海运、铁运、空运以外的全道路卡车运输方式。据统计，全球国际道路运输市场规模已经达到了数万亿美元。其中，欧洲、北美等发达的国际道路运输市场规模较大，而亚洲、非洲等发展中的国际道路运输市场规模相对较小。随着中国共建“一带一路”的推进，亚洲地区的国际道路运输市场步入快速发展期。

我国国际道路运输的发展起源于20世纪90年代。随着对外开放力度的不断加大，我国积极与周边国家加强沟通协调，用了约10年时间，同周边10多个国家签署了双边或者多边汽车运输协定，重点解决了国际道路运输“通”的问题。进入21世纪以后，又用了约10年时间，围绕贯彻执行中遇到的问题，与有关国家的交通运输、商务、海关、口岸等部门进行协商，重点解决了国际道路运输“畅”的问题。2013年“一带一路”倡议提出以来，越来越多的合作伙伴与我国加强国际道路运输合作，国际道路运输进入了新的历史发展阶段，重点解决了国际道路运输“便”的问题。国际道路运输已经由初期的以口岸接驳运输、双边跨境运输为主，加快向区域间过境运输以及更大范围的国际运输转变，国际道路运输便利化发展水平逐步提升，为中外经贸和人员往来发挥了越来越重要的作用。

截至2022年12月底，我国已与全球19个国家签订了22个双边国际道路运输协定。我国现有国际道路客货运输企业450余户，从业人员1.4万余人，国际道路客货运输线路近300条；已开通国际道路运输的公路口岸有65个，可辐射11个相邻国家以及其他共建“一带一路”国家和地区。2022年，我国国际道路货运量超过5 000万吨（新冠肺炎疫情发生之前的2019年，国际道路货运量为6145万吨）。受新冠肺炎疫情影响，为全面落实“外防输入、内防反弹”总策略，我国国际道路运输自2020年3月以来实行“客停货通”政策，公路口岸全部暂停了国际道路客运服务，国际道路货物运输实行“人货分离、分段运输、封闭管理”，大力推广甩挂、接驳、吊装等非接触式作业方式，为保障产业链供应链安全稳定畅通发挥了重要作用。自2023年1月8日起，在公路口岸恢复客运出入境服务后，逐步有序恢复国际道路客运服务，国际道路运输逐步恢复直达运输等常态化运行方式。

2.国际道路运输的优势

（1）道路运输价格与铁路运输接近，且相对稳定。道路运输与铁路运输价格相近且远低于空运价格，铁路运输有国家补贴（中欧班列的政策扶持）价格较低，除去铁路的国家补贴，价格几乎等同，而且道路运输价格相对更稳定。

（2）时效短。短途道路运输与空运趋近，长途道路运输远超铁运和海运，比如同等距离道路运输在12～18天，铁路在25天左右。

（3）货型装载灵活。空运有包板，海运是标准集装箱，卡车可根据不同体积货物选择不同车型，在货型装载方面可以更加灵活地去选择。

（4）道路运输限制较少。首先，电池、储能设备、太阳能面板、新能源汽车、显示器、汽配以及拖拉机、叉车、机器等超限类的货物均可采用道路运输，可涉及不同的行业和领域。比如，部分危险品、超限等货物铁路无法运输；空运限制则较多，如部分带电类的不可以运输等。其次，短途货物、小批量货物等相比铁路运输方式，道路运输综合便利性、成本等性价比优势明显。

3.保障国际道路运输安全、稳定的措施

总体而言，从现阶段行业发展看，国际道路运输具有较强的比较优势，但因跨国家长途运输，也会有客户质疑货物运输安全和稳定性，为此，通常需要采取以下措施：

（1）建立标准化和安全的海关过境审查程序。

（2）检查车辆和驾驶员的资质与合规性。

（3）在货物装车后，对卡车进行施封，确保货物在运输过程中不被偷换或擅自开启。

（4）货物运输保险覆盖，GPS在线即时追踪。

（5）制定路线限制措施，确保货物运输在经过安全和合法的道路上运输。

（6）合理指导货物包装和装载，有效防止货物受潮、挤压或碰撞等，减少货损。

★问题引导

目前，以乌鲁木齐为中心，以沿边地区为节点，以边境口岸为前沿，向周边国家辐射的多层次、全方位的国际道路运输网络初步建立，新疆国际道路运输已成为我国与周边国家发展双边多边关系和增进友好往来的重要桥梁纽带。据悉，中国新疆已与周边5个国家开通118条双边国际道路运输线路。开通中巴哈吉、中哈俄、中吉乌、中蒙俄等多边国际道路货运线路10条，线路条数和运营里程均居全国首位。

思考：双边运输作为国际道路运输的主要形式，你了解其要求与操作吗？

引导知识点

二、双边国际道路运输业务操作

1.国际道路运输管理经营许可和备案

《国际道路运输管理规定》（交通运输部令2023年第15号）第二章对经营许可和备案做如下规定：

（1）基本条件。

①已经取得国内道路运输经营许可证的企业法人；

②从事国内道路运输经营满3年，且近3年内未发生重大以上道路交通责任事故；

③驾驶人员和从事危险货物运输的装卸管理人员、押运员应当符合《道路运输从业人员管理规定》有关规定；

④拟投入国际道路运输经营的运输车辆技术要求应当符合《道路运输车辆技术管理规定》有关规定；

⑤有健全的安全生产管理制度。

（2）国际道路旅客运输实行许可制。

申请从事国际道路旅客运输经营的，或已取得国际道路旅客运输经营许可，申请新增定期国际旅客运输班线的，均应当向所在地省级人民政府交通运输主管部门提出申请，并提交符合前述基本条件的材料；省级人民政府交通运输主管部门对符合法定条件的国际道路旅客运输经营申请做出准予行政许可决定的，应当出具《国际道路旅客运输经营行政许可决定书》或《国际道路旅客运输班线经营行政许可决定书》，并向被许可人发放“道路运输经营许可证”。“道路运输经营许可证”应当注明经营范围；《国际道路旅客运输班线经营行政许可决定书》应当注明班线起讫地、线路、停靠站点、经营期限以及班次。省级人民政府交通运输主管部门予以许可的，应当向交通运输部备案；从事国际道路旅客运输的经营者应当按照承诺书的要求购置运输车辆，省级人民政府交通运输主管部门向拟投入运输的车辆配发“道路运输证”。

（3）国际道路货物运输实行备案制。

从事国际道路货物运输经营的，最迟不晚于开始国际道路货物运输经营活动的15日内向所在地省级人民政府交通运输主管部门备案，提交“国际道路货物运输经营备案表”，并附送符合前述基本条件的材料；省级人民政府交通运输主管部门收到国际道路货物运输经营备案材料后，对材料齐全且符合要求的，应当予以备案并编号归档，并向社会公布，同时及时更新已备案的国际道路货物运输经营者名单，便于社会查询和监督。

（4）从事国际道路运输的经营者凭“道路运输经营许可证”等许可文件或者备案

文件到外事、海关、边防检查等部门办理有关运输车辆、人员的出入境手续。

2.国际道路运输单证

从事国际道路运输，除了必须取得“国际道路运输经营许可证”外，在运营过程中还必须向口岸管理部门提供所要求的单证，见表4-9。其中，“国际道路运输经营许可证”规定的经营许可事项包括国际道路货物运输（普通货物运输、货物专用运输、大型物件运输）和国际道路危险货物运输；“道路运输证”又称“道路营运证”，实行“一车一证”制度。

表4-9　国际道路运输单证的种类与功能

序号	名称	功能
1	行车许可证	从事国际道路运输经营时车辆行驶的通行凭证
2	国籍识别标志	识别从事国际道路运输车辆国籍的标志，固定于车辆前后保险杠的右侧。中国车辆的国籍识别标志为“CHN”
3	人员资格证	从事国际道路运输驾驶员、道路危险货物运输从业人员的上岗证
4	行车路单	国际道路客运车辆的行车命令，是记录车辆运行情况的原始凭证
5	货物运单	具有道路运输合同证明和货物收据的功能
6	车辆审批表	用于国际道路运输车辆在各级国际道路运输管理机构备案
7	线路标志牌	从事国际道路旅客运输线路的经营许可标志
8	道路运输证	从事国际道路运输经营活动的车辆的合法凭证

（1）行车许可证。

行车许可证是国际道路运输经营者在相关国家境内从事国际道路运输经营时车辆行驶的通行凭证。

我国与有关国家签署的双边和多边汽车运输协定都确定了国际道路运输实行许可证制度，出入邻国的运输车辆和公务车辆必须持有行车许可证，一车一证，运输车辆为半挂汽车列车、全挂汽车列车时，仅向牵引车发放国际汽车运输行车许可证。

我国从事国际道路运输的车辆进出相关国家，应当持有相关国家的国际汽车运输行车许可证。外国从事国际道路运输的车辆进出我国，应当持有我国国际汽车运输行车许可证。

根据《国际道路运输管理规定》的规定，国际道路运输行车许可证分为A、B、C及特别行车许可证四种。

A种行车许可证，用于定期旅客运输，一车一证，一年多次往返有效。

B种行车许可证，用于不定期旅客运输，一车一证，在规定期限内往返一次有效。

C种行车许可证，用于货物（含行包）运输，一车一证，在规定期限内往返一次有效。

特别行车许可证，用于大型物件运输或危险货物运输，一车一证，在规定期限内往返一次有效。

需要注意的是，长期以来，双边运输通常限制经营区域与线路，比如，中越两国所签发行车许可证只能在边境省的城镇转运旅客，或在边境地区换装货物，无法超越毗邻第三省的范围运营，也就是货车无法实现国家之间的“门到门”的直达运输。2012年中越两国签订了《关于建立国际汽车运输行车许可证制度的协议》，并规定了7种行车许可证，见表4-10。可见，A、B、C、D行车许可证仍限定两国边境地区，而E、F、G行车许可证将运输合作范围扩大到了两国非边境地区，并将运输方式由转运、换装改为“点到点”的直达运输。此外，2018年，中俄重新修订了双边汽车运输协定，首次提出了“全域开放”，不再限制运输车辆的行驶线路。

表4-10　**中越两国国际道路运输行车许可证**

种类	适用范围	有效期
A	两国边境地区的定期旅客运输车辆	当年多次往返有效
B	两国边境地区的不定期旅客运输和公务车辆	当年1次往返有效
C	两国边境地区的货物运输车辆	当年1次往返有效
D	两国间危险货物运输和超限货物运输车辆	当年1次往返有效
E	两国超出边境地区的定期旅客（含游客）运输车辆	当年多次往返有效
F	两国超出边境地区的不定期旅客（含游客）运输和公务车辆	当年1次往返有效
G	两国超出边境地区的货物运输车辆	当年1次往返有效

根据双边汽车运输协定，缔约双方主管机关每年应交换一次双方共同制定的统一格式的行车许可证，这些行车许可证应有缔约双方主管机关指定的道路运输主管部门的印章和负责人的签字。行车许可证的交换程序，由缔约双方主管机关商定。此外，根据双边协定，一般下列运输项目无须办理行车许可证：

①死者的骨灰或尸体。

②搬家时的动产。

③为举办展览和交易会而使用的展品设备及材料。

④为举办体育活动而使用的交通工具、动物以及各种器材和财产。

⑤为演出而使用的舞台布景和道具、乐器、设备以及拍摄电影、制作广播和电视节目所需的用品。

⑥邮件。

⑦损坏的汽车运输工具。

⑧从事技术急救的工程车辆进入缔约另一方国境，无须办理许可证。

（2）国际道路运单。

国际道路运单是用以证明国际道路货运合同和货物已由国际道路承运人接管或装上国际道路运输工具的一种货运单证。与海运提单相比，尽管国际道路运单也具有合同证明和货物收据的功能，但它不具有物权凭证的性质。因此，国际道路运单不能转让，只能做成记名抬头，在货物到达目的地后，承运人通知运单抬头人提货。

课外拓展

国际道路货物运单

根据我国《国际道路运输管理规定》，从事国际道路运输的车辆应当使用“国际道路货物运单"，一车一单，并在规定期限内往返一次有效。

此外，为了统一道路运输所使用的单证和承运人的责任，联合国所属欧洲经济委员会负责草拟了《国际道路货物运输合同公约》(Convention on the Contract for the International Carriage of Goods by Road，CMR)，以下简称《CMR公约》，于1956年5月19日在日内瓦由欧洲17个国家参加的会议上通过，并于1961年7月2日起生效。《CMR公约》第6条规定，CMR运单（CMR international consignment note，CMR road waybill）包括19项内容，由3份正本组成；其中，第1份交发货人，第2份随货同行，第3份由承运人留存。当待装货物装在不同车内或者车内装有不同种类货物或数票货物，发货人或承运人有权要求对使用的每辆车、每种货或每票货分别签发运单。

3.跨境道路运输操作实务

图4-6显示了过境道路出口货运操作流程。其操作内容主要为：

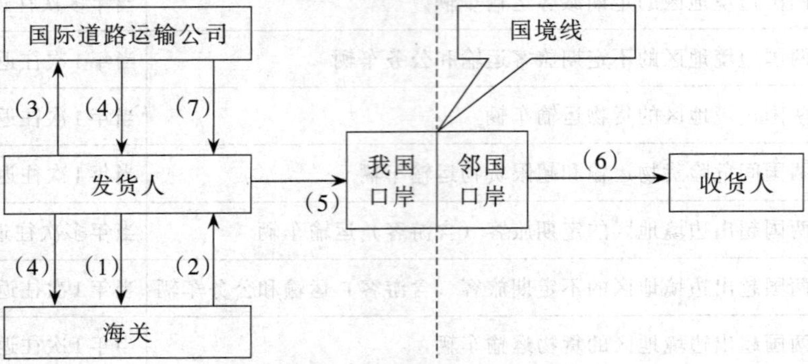

图4-6 过境道路出口货运操作流程

(1) 发货人备齐出口报关资料，填制报送单向海关报检（或由国际道路运输公司代理报关）。

(2) 海关审核后放行。

(3) 通知货运公司（行内又称外运车队）发货。

(4) 国际道路运输公司接受委托并安排车辆前往发货人仓库装车，然后在海关监管下封志，并填写国际道路货物运单，由发货人确认。

(5) 当车辆抵达边境口岸时，接受口岸国际道路运输管理机构的查验，查验车辆驾驶员的国际驾照、国际汽车运输行车许可证、国际道路运输国籍识别标志、国际道路运输有关牌证及货物出口相关单证等。过境到对方口岸也要接受对等的查验。

(6) 在通过口岸查验后，按规定线路将货物运达外国海关指定停车地点（其他要由收货人办理本国进口报关），然后将货物运到收货人处，并与收货人进行货物与相关单证的交接及确认。

(7) 国际道路运输公司凭相关承运单证与发货人进行运输费用的结算。

图4-7显示了过境道路进口货运操作流程。有关各环节的具体操作内容，可参照过境道路出口货运操作流程中的相关说明。

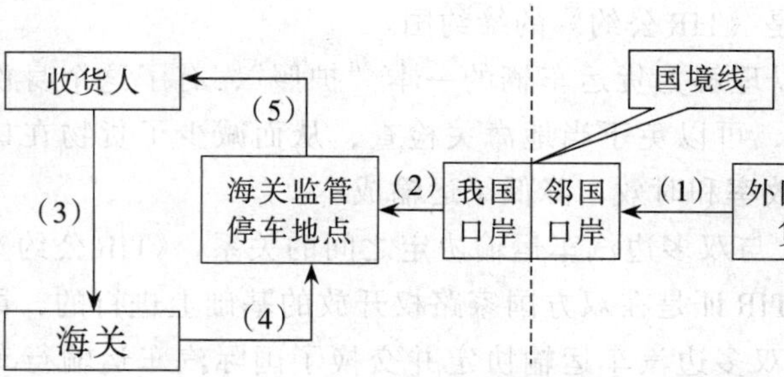

图4-7　过境道路进口货运操作流程

★问题引导

日前，一批价值约680万元的日用百货、电子产品等货物，采用TIR跨境道路运输——中欧卡车航班方式，搭乘9辆集卡车从义乌出发，将通过新疆巴克图口岸、阿拉山口口岸出境，途经哈萨克斯坦、俄罗斯、白俄罗斯，终抵达荷兰、法国、德国、英国等欧洲国家，全程约13 000多千米，用时约18天。TIR跨境道路运输已从中国直通亚欧30余个国家，中欧间“门到门”运输10天可达。与铁路相比，道路运输的速度是铁路运输的两倍。鉴于时间和成本上的优势，道路运输已成为中欧之间除航空、海洋、铁路之外的“第四物流通道”。

思考：你了解TIR跨境道路运输吗？它有何特殊性？

引导知识点

三、多边国际道路运输

1.TIR跨境道路运输

（1）《TIR公约》概述。《TIR公约》的正式名称是《根据TIR手册进行国际货物运输的海关公约》（Customs Convention on the International Transport of Goods under Cover of TIR Carnets），又称《国际运输公约》（Transport International Router）。该公约制定于1959年并于1975年进行修订，同年3月20日生效。

《TIR公约》作为一种国际制度，目前的缔约方有77个。在与我国接壤或相邻的周边国家中，俄罗斯、哈萨克斯坦、塔吉克斯坦、乌兹别克斯坦、吉尔吉斯斯坦、土库曼斯坦、蒙古国、阿富汗、韩国、日本、印度都已加入了《TIR公约》，并相应开展了运输。2016年7月，我国政府向联合国递交公约加入文书并获得批准，《TIR公约》于2017年1月5日在我国正式生效。作为一项海关公约，我国海关总署于2017年7月授权中国道路运输协会作为“中国TIR证的发证担保机构，履行《TIR公约》的相应职责”，并指定十大口岸，即霍尔果斯口岸、伊尔克什坦口岸、二连浩特道路口岸、满洲里道路口岸、绥芬河口岸、大连港口岸、吉木乃口岸、巴克图口岸、阿拉山口口岸、都拉塔口岸作为TIR运输试点口岸。

①《TIR公约》的宗旨和目的。《TIR公约》的宗旨和目的是为国际道路货物运输提供海关便利和保障。因此，《TIR公约》建立了TIR海关过境制度。TIR海关过境制度，简单来说，即一辆运输车辆在起运地装车以后，经海关检查并施加海关封志进行密封，在持有有效海关文件的情况下，在抵达目的地国之前货物可以不受海关的检

查，只要途经国家全部是《TIR公约》的缔约国。

换言之，TIR证可以理解为货运车辆的一本“护照”，有了这个身份证明，这台车辆在通行沿途各国时，可以免于当地海关检查，从而减少了货物在口岸的通关时间，提高了货物的通关效率和时效，降低了运输成本。

②加入《TIR公约》与双多边汽车运输协定之间的关系。《TIR公约》是一种海关便利化公约，因此使用TIR证是在双方国家路权开放的基础上进行的，即运输所涉及国家已经与我国签署了双多边汽车运输协定并交换了国际汽车运输行车许可证。因此，TIR证解决便利化问题，国际汽车运输行车许可证解决运输权利问题。在TIR运输中，TIR证和国际汽车运输行车许可证是缺一不可的关系。

（2）TIR制度的管理框架与运行机制。《TIR公约》作为联合国的一种国际便利运输公约，由联合国进行管理，具体由设在瑞士日内瓦的联合国欧洲经济委员会负责。TIR制度的管理框架共分为四个层次：

①决策层。TIR行政委员会是TIR公约的最高权力机关，由所有《TIR公约》的缔约方组成。

②监督层。执行理事会是行政委员会的执行机构，负责TIR证的集中印发、国际担保链的运作以及各国政府之间的交流和协商。

③管理层。国际道路运输联盟（International Road Transport Union，简称IRU）成立于1948年，会员主要包括各国国家级道路运输协会（TIR证发证担保机构）、主要跨国运输集团、重要运输咨询机构等。目前，IRU拥有专门TIR团队分别管理TIR系统运作的各个方面，主要包括：TIR证印发与回收；国际担保链运作；SafeTIR系统的管理。

④操作层。各国政府批准授权TIR证发证担保机构和批准可以使用TIR制度的承运人（运输企业），并由三者构成TIR制度的操作层。中国道路运输协会是TIR证中国发证担保协会。

（3）TIR制度的六大支柱（基本原则）。

①严格TIR证运输车辆或集装箱的结构标准与审批程序。《TIR公约》要求使用符合海关监管要求、具有海关监管设置、能够确保安全的车辆或集装箱装载货物。按照我国《国际道路运输管理规定》的相关规定，厢式载货汽车和汽车列车、罐式载货汽车和汽车列车、集装箱运输汽车列车等车型均可申报TIR运输。同时，车辆的轴荷、尺寸应符合《汽车、挂车及汽车列车外廓尺寸、轴荷及质量限值》（GB 1589-2016）和《国际道路货物运输车辆选型技术要求》（JT/T 1208-2018）的规定。拟从事TIR运输的车辆必须取得“海关加封货物运输车辆批准证明书”。我国TIR运输车辆批准证明书发证机构为交通运输部公路科学研究院汽车运输研究中心。“海关加封货物运输车辆批准证明书”是车辆审核机构核发的文件，用以证明运输车辆已符合TIR运输标准，必须随车携带，海关会检查该证明书是否仍在有效期内（有效期为两年）。

②国际担保系统。为承担整个运输过程中的海关关税和税收的风险，《TIR公约》建立了国际担保制度，由IRU管理。所有《TIR公约》缔约国的国家担保协会（我国是中国道路运输协会）和IRU共同构成了联保系统，在《TIR公约》缔约国中形成一个支持TIR证运输的国际担保链。该联保系统又由几家大保险公司担保，并由TIR执

行理事会监督。在担保总额方面，各缔约国可以确定担保金的限额。目前，中国签发的TIR证有十万欧元的海关关税担保，可以覆盖绝大多数的海关关税担保需求，但如遇到关税担保金额超出十万欧元这种极端情况，TIR证持证人可以向国家发证担保协会（中国道路运输协会）申请使用TIR+，从而增加关税担保金额，满足运输需求。

③统一的TIR通关证。TIR证是一种国际海关文件，由IRU集中刊印并分发至各国的担保协会。TIR证是具备担保和担保有效的证明，需要在发证协会规定的时限内得到起运地国的海关接受，一直保持有效，直至TIR运输在最后目的地海关结束作业。

TIR证由IRU向各缔约国的担保协会发放，各国担保协会再根据自己与承运人的相关协议发放给承运人。

④各国海关监管的相互承认。由起运国海关查验并施加封志后的道路车辆或集装箱，在通过过境国及目的地国家边境海关时无须开封检查。只有在有充分证据怀疑TIR证运输存在违法可能或存在欺诈行为的情况下方可开封检查。

⑤在管控范围内使用。各国政府主管部门（通常是海关）授权国家担保协会向符合条件的企业发放TIR证，并对承运人使用TIR证实行行政许可管理。

⑥TIR证电子化，其主要目标是尽可能便利国际贸易中海关加封货物的流动和提供必要的海关控管与保障。

《TIR公约》还规定不排除各缔约方出于公共道德、公共治安、卫生或公共健康等理由，依照本国法规对国际货物过境运输施加符合WTO基本原则的限制。

（4）TIR跨境道路运输的概念与特点。

TIR跨境道路运输是指持有由《TIR公约》缔约国担保、发证机构发放的TIR证的道路运输工具负责人（以下称TIR证持证人），根据《TIR公约》规定的TIR运输程序，将TIR证列明的货物从起运地海关运至目的地海关的行为。

在TIR制度下，中国和欧洲之间的卡车之旅变得有可能，也有迹可循，故这种模式也通常称中欧卡车航班（简称中欧卡航）。它是由大型卡车作为运输整体，从中国装车递送货物到欧洲的一种运输方式，是继空运、海运、铁运之后的又一运输方式，也被称为第四物流通道。

相较于传统道路运输，TIR运输方式“一车到底”，全程不倒装不卸货，降低了运输成本。同时，TIR运输方式下的道路运输能够实现“门到门”“点对点”，具有机动灵活、装卸方便等优势。TIR运输方式将与传统运输方式互为补充，有利于促进我国国际物流运输方式多样化发展，使我国与“一带一路”合作伙伴外贸交流更加便捷。

①相比空运，TIR运输速度可以与空运媲美，价格却只有空运的三分之一左右。受新冠肺炎疫情影响，大量航班停飞限航，而卡航仓位不受限，且无需排仓。

②相比海运，TIR运输不受船期延误、港口拥堵等无法掌控因素的影响，稳定性更强。

③相比铁路，TIR运输整体发车计划稳定，全程自主把控，沿途绝大多数问题都可直接介入推进处理进度，灵活性强，时效更快。

当然，TIR对运输车辆提出了更高要求：车辆需要保证质量，且全程GPS定位，实时跟踪关键节点。符合其标准的卡车，性能稳定可靠，能够胜任数万千米长途高速行驶，保证货物安全。此外，运输过程中全程双驾，两位司机轮流驾驶，确保时效。

（5）TIR跨境道路运输的发展趋势。

①TIR+数字化。2003年，eTIR项目在《TIR公约》缔约国成员中展开，旨在以电子TIR证担保取代纸质TIR证担保，实现系统内各利益相关方的数字化信息互换。2015年，伊朗和土耳其两国间成功实现了首票eTIR运输试点。全面数字化的TIR系统将与包括海关、物流公司等多部门数字化流程相结合，通过协同的电子系统助推多式联运等创新运输模式的发展。

②TIR+多式联运。1975年联合国对《TIR公约》进行修订时，已覆盖了多式联运的运输方式。TIR多式联运仅要求在整个运输作业中至少有一段采用公路运输，运用多式联运可以将货物运输从公路延伸到铁路、河流乃至海洋等。2017年，TIR多式联运试点——连接欧洲和中东的运输通道成功完成运作，首次试点涉及公路、海运和铁路。据IRU测算，采用多式联运的方式比单独使用铁路运输节省了5天的时间。在未来，"TIR+多式联运"的实现，将有效形成公路、水运、铁路和航空多种运输方式之间的优势互补。

③TIR+危险品运输。由于中欧班列和航空运输对危险品货物的运输限制，海运成为危险品运输的主要力量。然而海运方式存在运输周期长、货物安全难以监控的固有弊端。相比之下，道路运输"短、频、快"的特点使得驾驶员可以24小时密切关注货物状态，及时防范事故的发生。因此，道路运输将是危险品运输最为高效且最安全的选择。目前中欧道路运输已经常态化运输9类危险品货物，危险品运输作为一个重要的市场业务板块，将为中欧TIR跨境道路运输提供持续稳定的货源，未来可期。

④TIR+大件运输。现代科学技术的迅猛发展使得工业设备逐步大型化、重型化、超重型化，因此对超限货物的运输是不可回避的。目前，超限货物主要选择海运，但是海运周期长的缺点无法满足用户的时效要求。火车的货厢无法承运超出机车车辆限界的货物，飞机更是有机舱空间的限制问题并且运费高昂。因此，TIR跨境道路运输对于有时效要求的超限货物是非常可行的选择。

⑤TIR+冷链运输。以医药品运输为例，医药运输的核心在于温度的稳定性控制。目前，空运无法做到全闭环的温控运输，在始发地和目的地机场各需要两次倒装。铁路使用温控自备柜，但无法保证沿途发电机燃料的及时补给，如遇沿途设备温度失控，则可能因货仓失温导致货损。道路运输完美规避了以上问题，门到门从药厂到客户医药仓库，可以实现全闭环、24小时运输，两名驾驶员随时监控温度，一旦设备发生故障，随时维修恢复正常，保证药品全程温度可控。

（6）从事TIR跨境道路运输的准入条件。目前国内运输企业拟采用TIR，有两种方式可以选择：

①申请成为TIR证持证人，独立开展业务。根据《TIR公约》、《中华人民共和国道路运输条例》和我国《国际道路运输管理规定》等的相关规定，国内运输企业申请使用TIR证需具备以下条件：

a.注册地在中华人民共和国境内的法人；

b.有可资证明的相关经验，或者至少有经常从事国际运输的能力，如持有国际汽车运输行车许可证或其他相关授权证明；

c.良好的财务状况；

d.可资证明的《TIR公约》应用知识，参加过中国道路运输协会组织的相关培训；

e.未曾严重或屡次违反海关法或税法；

f.签署《承诺声明》。

根据《TIR证签发流程与管理办法（试行）》的规定，中国道路运输协会是经中国海关总署授权的、唯一合法的TIR证签发机构，符合条件的国内运输企业需向其提出申请，审核通过后，即可成为TIR证持证人。

②与国外TIR证持证人合作，接受其委托，开展国内段的TIR运输业务。

国内具备资质的道路运输企业与国外TIR证持证人合作，签署合作协议，获得授权，即可使用国外持证人的TIR证，向中国海关进行申报，办理TIR运输的相关手续；但只能负责国内段的运输工作，货物在出境口岸需要将货物换装至国外持证人的运输车辆。

（7）TIR跨境道路运输操作流程。

如图4-8所示，TIR运输包括起运、出境、过境、抵达四大环节。运输作业开始之前，运输经营人需要提前向国家担保协会申领TIR证。待运输时，TIR证持证人须向起运国海关出示TIR证，海关将根据TIR证填报的情况检查所载货物。检查完毕后，海关对装载室或集装箱加封，并在TIR证上做相应签注，完成单证操作，TIR证将交还给持证人，运输作业正式开始。离开起运国后，TIR运输车辆途经的每一个过境国的入境海关将对封志进行检查并完成TIR证签注操作后即可放行。直至目的国，海关将开封并检查货物装载室或集装箱，TIR运输结束。

①起运。TIR证持证人开始TIR运输前，应当通过TIR证电子预申报系统，向海关申报TIR证电子数据，并在收到海关接受的反馈信息后，按照有关要求填制TIR证。起运地海关根据承运人在TIR证上填报的内容检查所载货物；在检验合格后由海关对装载室或集装箱施加封，同时在TIR证上做相应记录，然后保留第一联凭单并填写相应的存根；此后，将TIR证交还运输经营人，由其开始TIR运输作业。

②出境。在装载货物和TIR证的运输车辆离开起运国国境时，由起运国出境海关检查封志，而后从TIR证上撕下第二联，填写相应的存根，并将撕下的凭单寄给起运地海关（通常为内陆海关），或使用电子邮件等其他方式发给起运地海关，以加快审核速度；起运地海关核对收到的凭单与自己原来保存的凭单，如果出境海关没有任何反对意见或保留意见，则放行，出境海关填写的存根则作为TIR运输业务在该国已经完成的凭据。如果出境海关撕下的一联凭单含有保留意见，或没有送达起运地海关，或出境海关因其他原因怀疑TIR运输业务，则出境海关有权利进行调查，即“TIR运输业务例外性调查”。

③过境。装载货物和TIR证的运输车辆在途经每一个过境国时都适用与起运国相似的海关过境制度。沿途过境国的入境海关对封志进行检查，并从TIR证中撕下一联凭单，各过境国的出境海关也像起运国的出境海关一样处理TIR证。通过核对该国入境海关与出境海关所取下的两联凭单，在填写无误和一致后即放行。若出现异常情况，则依出境环节所述程序进行处理。

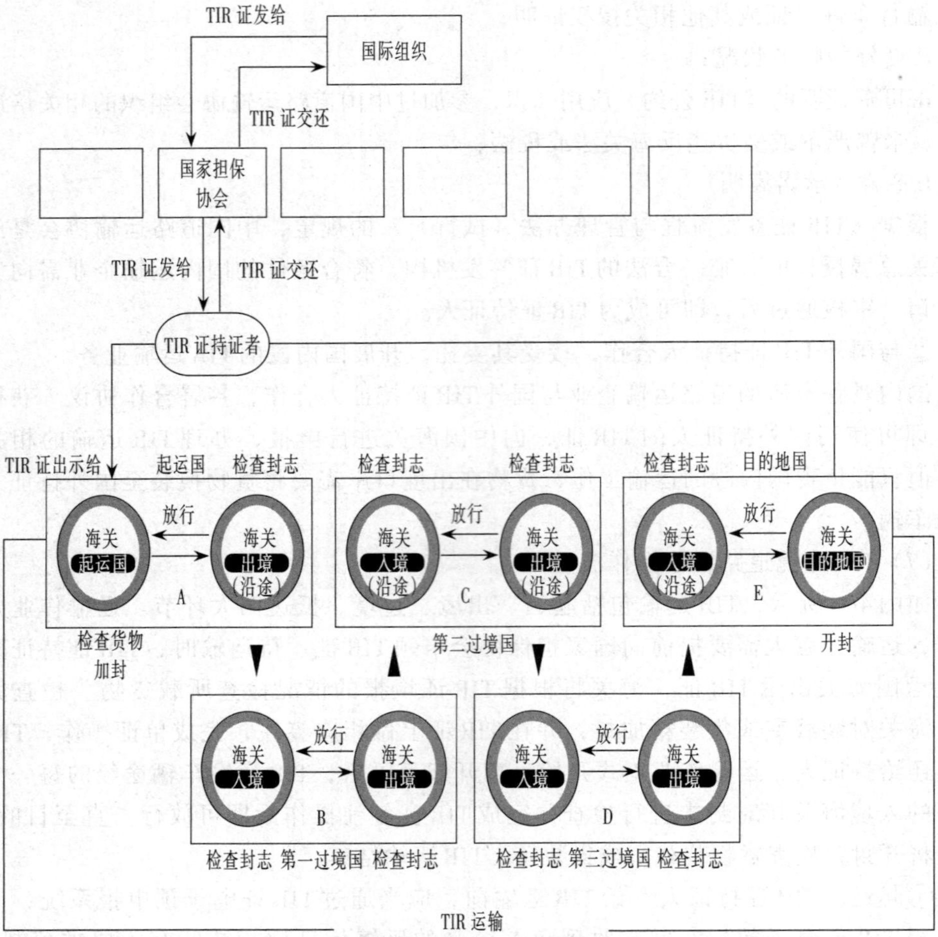

图4-8 TIR运输操作示意图

④抵达。若入境海关同时是目的地海关，便由入境海关填写TIR证，并保存两联凭单，进行进口货物贸易清关处理；若货物入境后还需运往该国的另一个海关（通常为内陆海关），则入境海关成为一个入境边境海关，执行过境环节中入境海关的类似程序，而该国境内的另一个海关成为目的地海关，执行开箱查验、清关等程序。

（8）TIR跨境道路运输操作的注意事项。

①TIR证持证人应当遵守我国进出口货物和过境货物的相关禁限规定，配合海关查验作业，并按照海关要求做好相关情况说明工作。根据规定，目前HS编码为22.07.10、22.08、24.02.10、24.02.20、24.03.11、24.03.19六类酒精和烟草产品，不得进行TIR跨境道路运输。

②TIR跨境道路运输车辆到达海关监管作业场所后，TIR证持证人应当向海关交验TIR证、TIR运输车辆批准证明书。经起运地、目的地海关验核有关材料无误、施加或解开海关封志，并完成相关TIR运输海关手续后，TIR证持证人方可开始或结束TIR运输。

③TIR跨境道路运输期间发生货物装卸的，相关监管作业场所经营人应当按照现行海关监管货物境内运输管理规定，向海关传输装载信息、到货信息等。

④TIR跨境道路运输货物因故不再运往目的地，或经海关验核TIR证证号无效，需中止TIR运输的，TIR证持证人应按照进出口或过境货物管理规定，向海关申请办理相关手续。

⑤TIR跨境道路运输发生未按规定时限过境、运输出境等违反相关规定情形，涉及进出口税费及滞纳金的，TIR证持证人应当按照现行规定，向海关缴纳进出口税费及滞纳金。

⑥TIR跨境道路运输货物损毁或者灭失的，除不可抗力外，TIR证持证人应当承担相应的纳税义务和法律责任。

⑦TIR跨境道路运输中一旦出现违规事件，海关无法从货物承运人取得税费时，可以通过该国的运输（担保）协会获得赔偿。

2.GMS跨境道路运输

（1）大湄公河次区域便利货物及人员跨境运输协定。

1999年11月，老挝、泰国、越南3国先签署了《大湄公河次区域便利货物及人员跨境运输协定》（Greater Mekong Subregion Cross-Border Transport Facilitating Agreement，GMS-CBTA，简称《便运协定》）。此后，柬埔寨、中国和缅甸分别在2001年11月、2002年11月、2003年9月加入。经过多轮技术磋商和谈判，2015年年底，GMS的6个成员国终于正式批准了《便运协定》所有的技术附件和议定书。至此，大湄公河次区域6国建立了一套完整的货物及人员跨境运输的法律文件。

在2015年各国完成国内审批程序后，《便运协定》中又出现了与各国当前法律法规相冲突或过时的内容，需要重新修订。于是，CBTA联委会决定重新修订《便运协定》。作为《便运协定》正式全面实施前的过渡期协议，2018年3月，GMS的6个成员国签了的一份《关于实施〈大湄公河次区域便利货物及人员跨境运输协定〉“早期收获”的谅解备忘录》，简称《谅解备忘录》，决定自2018年6月1日起（缅甸计划于2020年6月加入“早期收获”计划），除缅甸外，其余5国在过渡期间，持有GMS行车许可证和GMS机动车辆暂准入境单证（TAD）的车辆，便可在《便运协定》议定书1规定的线路上自由通行。

2019年5月，中老越3国开通了GMS跨境道路运输线路，但第二年年初（2020年1月）因暴发新冠肺炎疫情，道路运输业务全面受阻。经过了3年疫情，2023年12月12～13日，中国、越南、老挝、柬埔寨、泰国、缅甸6国的交通运输部门发布了一份《联合声明》，即《大湄公河次区域便利货物及人员跨境运输协定第八次联合委员会会议联合声明》，决定从2024年4月1日起，恢复“早期收获”跨境运输业务，将《谅解备忘录》有效期延长至2026年12月31日，为《便运协定》的全面实施奠定基础。

（2）GMS跨境道路运输线路。

2004年《便运协定》确定了11条线路，2018年《谅解备忘录》进一步增加了9条线路；2019年通过了《关于扩大〈GMS便运协定〉线路方案的谅解备忘录》，在原有线路基础上新增11条线路，至此，大湄公河次区域基本形成“东西+南北+南部”交通走廊道路运输网络格局。

在规划线路中，与我国相关的主要有5条干线：

①南宁-友谊关-谅山-河内，从河内可向南到胡志明，以及从越南的中南部向西到老挝、泰国、柬埔寨；

②昆明-河口-老街-河内-海防，从河内的延伸线路同上；

③昆明-版纳-磨憨-磨丁-万象-曼谷，从万象沿湄公河谷经甘蒙、凯市、巴色到柬埔寨的上丁、金边、西哈努克港；

④昆明-版纳-磨憨-磨丁-琅南塔-会晒-帕夭，以及版纳-打洛勐拉-景栋-大其力-清莱-帕夭，从帕夭经来兴府到曼谷；

⑤昆明-大理-保山-瑞丽-木姐-腊戌-曼德勒-内比都-仰光。

我国目前开通的线路有3条，昆明—磨憨口岸—曼谷；昆明—河口口岸—海防；南宁—友谊关口岸—河内。

根据《便运协定》，中国持有获得GMS行车许可证和GMS机动车辆暂准入境单证（TAD）的车辆，意味着其在签订协议的国家之间通关将更加便捷。持有GMS行车许可证和GMS机动车辆暂准入境单证（TAD）的车辆可以经过海关，从第二国出境到达第三国，直接组建线路进行运输，企业的运输成本及经贸成本都将大大降低，对国家间经贸往来和物流运输起到积极促进作用。

（3）准入条件。

符合企业、车辆及驾驶员规定条件的运输企业，可向广西道路运输管理局（广西国际道路运输管理办公室）申领GMS行车许可证，并由中国道路运输协会签发GMS机动车辆暂准入境单证（TAD）后，即可参与GMS跨境运输。

（4）GMS跨境道路运输运作的基本要求。

①GMS行车许可证类似车辆取得了“签证”，而GMS机动车辆暂准入境单证（TAD）类似车辆的“护照”，在出入境时在边境由东道国海关签署或加盖印章并标注日期。各国可向其国内运输企业颁发最多500张多次入境的GMS行车许可证和GMS机动车辆暂准入境单证（TAD），取得证件的车辆可按《便运协定》中的规定路网进行运输。

②对运输车辆的入境次数不限制，但在每个东道国的停留时间不得超过30天。

③运输车辆可以从一个过境点入境而从另一个过境点离境，但需要按指定的口岸出入境，并按规定的线路行驶。

④车辆获得进出境许可，不用支付关税，不需要提供海关担保或保证金，但车辆所运载的货物还是需要按海关程序和要求来办，如报关、查验、支付或退还关税等。

3.ACTS跨境道路运输

（1）东盟海关过境系统（ACTS）概述。

ACTS是一个数字化的海关过境管理系统，目的是为在东盟内跨境陆路运输货物的企业提供服务。通过该系统，贸易商只需办理一次海关申报手续，就可实现在相关东盟成员国之间自由运输货物。一辆卡车从它的装载国行驶到另外一个东盟国家的目的地，中间可能途经多个东盟国家，但不需要在每个边境上提交不同的报关单，也不需要在每个国家将货物转移到其他卡车上。货物运输在相关所有国家产生的关税和税款均可以使用一份银行担保来承担。简而言之，就是一辆卡车、一次海关申报、一份银行担保，可在相关东盟参与国范围内实现一次自由畅通的过境运输。

(2) 企业申请条件与益处。

所有在东盟地区经营的贸易商，包括进口商、出口商、运输商、货运代理和海关代理人，都有资格申请使用该系统来运输货物过境。贸易商必须在相关东盟成员国注册成为“ACTS贸易商”(ACTS traders)。

获得“经授权的过境贸易商”(authorised transit traders) 资质的企业将获得若干特权，包括允许其在离港时从其经营场址启动过境货物的运输，以及在目的地将过境货物运送至其经营场址。

ACTS来源于东盟十国共同签署的《东盟货物过境便利化框架协定》，是促进东盟内部贸易和促进货物自由流动的关键区域倡议。它的启动反映了东盟在新冠肺炎疫情下简化海关手续和加强供应链互联互通的决心。这一举措将促进更顺畅的货物跨境过境运输，为相关企业开展陆路运输货物节省时间、降低成本和运输风险。

在东南亚地区经营的物流企业便是受益者之一。如敦豪新加坡国际货运公司(DHL) 是首批参与ACTS的公司之一，已成功实施了从新加坡到泰国、经马来西亚的跨境转运业务的试点。

案例分组讨论

2020年11月2日，东盟海关过境系统 (ASEAN Customs Transit System，ACTS) 正式实施。目前，参加ACTS的成员国包括柬埔寨、老挝、马来西亚、新加坡、泰国、越南，采用ACTS运输模式，一辆卡车、一次申报，六国畅行，将便利东盟地区货物陆路跨境运输。

问题：中国运输企业如何利用ACTS，开展跨境道路运输？

项目考核

1.单项选择题

(1) 我国经铁路运往俄罗斯的货物通常采用 (　　)。

A.国际货协运单　　B.国际货约运单

C.国际多式联运提单　　D.国内铁路运单

(2) 港口或铁路车站集疏运通常采用道路运输方式，是因为 (　　)。

A.道路运输的灵活性大、适应性强　　B.道路运输的成本低

C.道路运输的运量大　　D.道路运输的安全性高

(3) 中欧班列适用于 (　　)。

A.整车货物　　B.零担货物

C.集装箱货物　　D.超长超重货物

2.多项选择题

(1) 我国经由西伯利亚大陆桥出口的货物，可选择的出口铁路国境站是 (　　) 车站。

A.满洲里　　B.二连浩特　　C.阿拉山口　　D.绥芬河

（2）铁路联运运单或道路运单具有（　　）的功能。

A.货运合同　　B.货运合同证明　　C.货物收据　　D.物权凭证

3.简答题

（1）简述铁路货运代理的概念、特点与业务内容。

（2）简述TIR跨境道路运输的操作流程。

（3）简述GMS跨境道路运输。

（4）简述ACTS跨境道路运输。

项目实训

上网查询相关资料，简要分析中欧班列的发展现状、存在问题，并提出对策建议。

项目五

航空货运代理业务操作

学习目标

知识目标：

1. 认识航空货运代理与航空运输。
2. 了解IATA区域的划分、空运包机。
3. 熟悉航空货运代理进出口业务流程、包舱包板运输业务操作。
4. 掌握航空运费计算与航空运单制作。

能力目标：

1. 能进行航空货运代理进出口业务流程操作。
2. 具备航空运单制作、航空运费计算的能力。

素养目标：

1. 认识航空货运代理对于保障我国国际航空物流供应链安全的支撑作用。
2. 明确货运代理人的责任和担当，增强提高我国航空货运代理服务水平的使命感。

任务一　认识航空货运代理

★课堂讨论

在学习本课程之前，你接触过航空货运代理业务吗？你知道哪些航空货运代理人？他们主要办理哪类业务？

★问题引导

中远海国际航空货运代理有限公司成立于1995年8月18日，是商务部和中国民用航空局批准的国际货运代理和一类航空货运代理公司，是专注于为客户提供航空物流服务的企业，是中国远洋海运集团旗下唯一一家聚焦航空运输的专业物流公司。该公司总部位于北京，下设11家子公司、4家分公司，在全国共设有35个服务网点，业务范围覆盖全国主要的空港。

思考：像中远海国际航空货运代理有限公司这类的空运代理一般提供哪些服务？

课外拓展

中国航空运输协会简介

课外拓展

国际航空运输协会 IATA 简介

引导知识点

一、空运代理的种类

通常所称的空运代理或空运货运代理实际上包括以下几类代理人：

1.航协代理

这类代理是指经国际航空运输协会（International Air Transport Association，IATA，

简称“国际航协”）注册，取得国际航协颁发的IATA执照，可以代表IATA所属的航空公司从事货物销售等业务的国际航空货运代理。

要成为航协代理，除了应取得国际航空销售代理资格，并被IATA所属的一家航空公司指定为其代理之外，还应有一定的资信、业务量以及雇用至少2名取得IATA的国际危险品和特殊货物运输代理证书的业务人员。

经批准成为IATA的空运代理，除了标志着实力、能力、专业水平、效率、质量及信誉等均达到国际公认标准，有助于其扩大业务和销售范围之外，还有权使用IATA代理人的专用标志、运单和信用服务，可取得世界各大航空公司的代理权，使用IATA的统一结算系统（Cargo Account Settlement Systems，CASS），参加IATA的各类培训计划等。

2.销售代理

这类代理是指受航空公司的委托，在约定的授权范围内，作为它们的代理人处理国际航空客货运输销售及其相关业务。

销售代理需要取得中国航协颁发的航空销售代理资格证书。未取得资格认可证书的任何单位和个人，不得从事航空运输销售代理经营活动。航空运输企业（含外国航空运输企业）必须从经中国航协认可的销售代理企业中自主选择代理人从事本企业的委托销售事宜。

航空销售代理作为货主和航空公司之间的桥梁和纽带，一般具有以下两种职能：一是为货主提供服务的职能，代替货主向航空公司办理托运货物或提取货物；二是航空公司的代理职能，经航空公司授权代替航空公司接收货物，出具航空公司的主运单和自己的分运单，或从事机场地面操作业务。

3.空运货运代理

这类代理是指我国国际货运代理业管理规定中所称的空运货代，即受进出口发货人、收货人的委托，在约定的授权范围内作为他们的代理人，代为处理国际航空货物运输过程中的各项业务。

实务中，通常将航空销售代理人称为一级代理（俗称“一代”），而将空运货代称为二级代理（俗称“二代”）。与一代相比，二代既没有领单权（即不可以向航空公司领取运单）和订舱权（即不可以向航空公司订舱交货），也难以向海关申请监管仓库。不过，二代经营机制灵活，营运成本低，只要能开发出限时服务、等级服务等新服务产品来满足托运人不同的细分市场要求，仍然有一定的生存空间。

4.地面代理

这类代理是指接受航空公司的委托，在装卸机场为其办理装卸货物、分解处理货物和集装箱板，为飞机加油、配餐、保洁，为旅客办理乘机手续、托运行李、飞机维修检查等业务。这类代理一般拥有货运站，兼有货运站和销售代理/货运代理双重职能。

二、空运代理的业务范围

空运代理除了提供订舱、租机、制单、代理包装、代刷标记、报关报检、业务咨询等传统代理业务之外，还提供以下服务：

（1）集中托运业务。在这种业务中，空运代理实际上已成为契约承运人。它是目前国际空运代理的主要业务之一。

（2）地面运输业务。它是指提供机场至机场之外的地面运输服务。在这种业务中，有些空运代理是以代理人身份提供地面运输服务，有些则利用自身拥有或租赁的地面运输工具以承运人身份提供地面运输服务。

（3）多式联运服务。有些大型货运代理可以提供以航空运输为主的多式联运服务。

（4）现代物流服务。目前，有些大型货运代理以航空运输为依托，为客户提供现代物流服务。

任务二　掌握航空货物运费的计算

★课堂讨论

你知道北京与纽约之间的时差为多长吗？你有过倒时差的经历吗？

★问题引导

A出差到纽约，飞机于北京时间28日10点整从北京起飞，此航班经芝加哥中转，7小时后，该航班降落在纽约的拉瓜尔迪亚机场。

思考：A到达拉瓜尔迪亚机场时的纽约时间是多少？

引导知识点

一、IATA区域的划分与飞行时间计算

1.IATA区域的划分

IATA在制定运价规章及其有关规定的过程中，考虑世界上各个不同地区的社会经济、贸易等状况，将世界各地区划分为3个航空运输业务区，即Area TC1、Area TC2、Area TC3，简称TC1、TC2、TC3。

（1）TC1区：北美、中美、南美、格陵兰、百慕大和夏威夷群岛。该区细分为中大西洋区、北大西洋区和南大西洋区3个区。

（2）TC2区：整个欧洲（含俄罗斯的欧洲部分）、冰岛、亚速尔群岛、非洲和毗邻岛屿与中东（含伊朗）。该区细分为非洲区、欧洲区和中东地区3个区。

（3）TC3区：从巴基斯坦开始的亚洲、澳大利亚、新西兰及太平洋岛屿（夏威夷群岛除外）。该区细分为北/中太平洋区（亚洲）、西南太平洋区2个区。

2.时差与飞行时间计算

地球的自转造成了经度不同的地区时刻不同，飞机跨越经度时，就产生了时刻的不统一，当飞机东西向飞行时，必然跨越经度，从而产生时差，因此作为空运代理必须熟悉时差计算，以便正确确定飞行时间。

每月出版的《航运货运指南》（Official Airline Guide Cargo，OAG—CARGO）公布了各个城市当地标准时间的航班时刻表以及国际时间换算表（International Time Calculator），列出了各个国家当地的标准时间与世界标准时间的时间差。

比如，某旅客乘飞机从北京到华盛顿，飞机从北京起飞的时间为1月28日9：44，到达华盛顿的时间为同日15：30，根据以下步骤求出飞行时间：①找出始发站和目的站城市所在标准时间。经查北京为格林尼治时间（GMT）+08：00，华盛顿为GMT-05：00。②将起飞时间和到达时间转换成格林尼治时间。北京的GMT=9：44-08：00=1：44；华盛顿的GMT=15：30+05：00=20：30。③用到达时间减去起飞时间，即飞行时间。飞行时间=20：30-1：44=18：46，即18小时46分。

★问题引导

有一批贵重货物，毛重为20千克，托运人为这批货物办理了1 000元的声明价值，其中美元对人民币汇率为7。

思考：托运人需要为这批货物缴纳多少声明价值附加费？

引导知识点

二、国际航空货物运价概述

1.《国际航空货运费率手册》（The Air Cargo Tariff Books，TACT Books）

该手册是目前世界上一套最为完整、统一的国际航空运价规则，由3卷组成：第1卷为《规定手册》（TACT Rules）——包括一般的运输要求、操作程序和承运人的规定；第2卷为《北美运价手册》（TACT Rates—North America）；第3卷为《世界运价手册》（TACT Rates—Worldwide）。第1卷，每年4月和10月各出版一期；第2、3卷运价手册，每两月出版一期。

2.航空运价的构成与货币单位

航空运价是指机场至机场间的航空运费，除非运价本有特别说明，公布的运价仅指基本运费，不包括声明价值附加费和其他附加费用。运价的货币单位一般以起运地当地货币单位为准，费率以承运人或其授权代理人签发空运单的时间为准。

当货物的价值毛重每千克超过20美元（或等值其他货币）时，托运人可办理货物声明价值，并交纳声明价值附加费。一般此费用按超过20美元部分的0.5%计收，即附加费=（整批货物的声明价值-20美元×货物毛重×汇率）×0.5%。

（1）托运人办理声明价值时必须整批货物办理，不得办理分批声明价值或在整批货物中办理两种不同的声明价值。

（2）供运输用的声明价值仅适用于货物的毛重，不包括航空公司的集装箱（器）。

（3）根据IATA规定，发货人必须在运单上对发运的货物声明其价值，若无声明价值，也要在运单上写上无声明价值（NO VALUE DECLARED，NVD）。

（4）中国民航规定，每票货物的声明价值不得超过10万美元，声明价值附加费的最低标准为10元人民币。

3.计费重量

航空货物通常按货物的实际毛重与体积重量二者较高者作为计费重量。

（1）重货与轻泡货的划分标准。重货与轻泡货的具体界限是以6 000立方厘米/千克为基准。当货物每千克体积小于6 000立方厘米时为重货；反之，当货物每千克体积大于等于6 000立方厘米时为轻泡货。

（2）计费重量单位。航空计费重量以0.5千克为单位，尾数不足0.5千克者，按0.5千克计费，比如，货物重量为300.15千克，则计费重量为300.5千克；尾数在0.5千克以上不足1千克者，按1千克计费，比如，货物重量为300.54千克，则计费重量为301.0千克。若用磅表示重量的话，不足1磅的尾数进位1磅。

（3）体积重量的确定。空运中的体积重量不是指货物的实际体积，而是指货物的实际体积除以6 000立方厘米/千克的值。实际体积应按货物的长、宽、高的最大值的乘积求得。比如，一批货物的毛重为250千克，体积为1 908 900立方厘米，则体积重量=1 908 900/6 000=318.15（千克），因此计费重量应为318.5千克。

4.最低运费

最低运费是航空公司办理一批货物所能接受的起码运费。最低运费不包括声明价值附加费。不同地区规定不同的最低运费，比如，从广州到中国香港、从福州到中国香港的最低运费分别为35CNY和65CNY。

5.不能采取运费到付的货物

下列情况不能办理运费到付：①到达国国家的货币管理制度不允许从收货人处收取费用；②承运人不允许运输费用到付；③收货人是托运人本人或政府临时代理机构（除非货物是由有适当证书的政府机构托运）或自由受到限制的人；④收货人所在地为机场、宾馆或其他临时性地址；⑤无价样品，报纸和其他印刷品，新闻图片、影片和电视片，礼品，酒精、饮料，尸体、骨灰，活体动物，易腐货物，私人用品及无商业价值的家具，以及本身商业价值低于运输费用的货物等。

★问题引导

北京运往纽约一箱服装，毛重36.40千克，体积尺寸为82cm×48cm×32cm，公布运价如下：

BEIJING CN BISY.RENMINBI CNY KGS

NEW YORK（NYC）U.S.A. M 630.00

N 64.46

45 48.34

100 45.19

300 41.80

思考：该票货物的航空运费为多少？

引导知识点

三、IATA运价及其计算

IATA运价（IATA rates）分为非公布直达运价（unpublished through rates）和公布直达运价（published through rates）两种。非公布直达运价是两地之间未公布直达运价，只能采用比例运价（construction rates）、分段相加组合运价（combination of rates）等；公布直达运价是在IATA运价中能直接查到的运价，包括普通货物运价（general cargo rates，GCR）、指定商品运价（specific commodity rates，SCR）、等级运价（class commodity rates，CCR）、成组货物运价（unit load device rates，ULD Rates）。

1.普通货物运价（GCR）

GCR是指为运输所使用的除等级运价或指定商品运价以外的运价。它分为适用于普通货物45千克以下没有数量折扣的N运价（normal rate）以及诸如45千克、100千克、200千克、300千克、500千克、1 000千克、1 500千克、2 000千克等不同重量点的有数量折扣的Q运价（quantity rate）。

在计算时，货物的运费一般是以货物的实际毛重或体积重量，乘以相应的重量等级运价所得来的。如果计算结果低于最低运费M则按最低运费计费；如果一批货物的重量接近于下一个较高重量等级分界点时，我们应该将计算的运费结果与下一个较高重量等级分界点运价的最低值相比较，将其中的较低者作为该批货物的运价。

比如，FROM BEIJING TO ANTWERP，普通货物，计费重量为40千克，运价表如下：

FROM BEIJING		
TO ANTWERP：	M	320.00
	N	50.73
	45	42.04
	300	38.03

根据N运价，该批货物应付运费=40×50.73=2 029.2（元），而Q45千克运价的最低值=45×42.04=1 891.8（元），所以，该批货物的运费应为1 891.8元。

2.指定商品运价（SCR）

SCR是指为某些从指定始发地至指定目的地的指定商品而公布的运价。SCR一般较GCR低。目前，自中国运出的货物，采用SCR运价的主要为中国至日本、美国、加拿大或新加坡的食品、海产品、药品、纺织品等。

为了方便使用，IATA在公布SCR时，将指定商品以品名编号（item number），并根据货物的性质、特点、用途按每1 000号为一组，分成十大组，每一大组内又以100号为一组分成若干小组，以便更详细地分列各种货物。在空运单中指定商品通常用字母“C”与商品品名编号组成，如“C1201”表示“1201号指定商品”。

在SCR计算时首先应查找所适用的运价，然后进行运费计算。

通常根据以下步骤查找运价：应查找两点间所有的指定商品运价；记下指定商品品名编号；查找TACT Rates中第2.4节，选择适用的品名编号；检查最低计费重量限制。

在计算运费时应注意如下几点：

（1）如两地之间已公布SCR，且托运货物满足其规定时，可直接适用SCR。

（2）如两地之间未公布SCR，但若始发地满足以下条件：①在该国内其他地点有公布的SCR；②始发地的N运价不高于公布SCR地点的N运价；③托运数量、运输期限符合公布的SCR的规定，则该始发地可以适用其他地点已公布的SCR计收运费。比如，上海—蒙特利尔，皮鞋重量为605千克，假设上海至蒙特利尔的N运价为37.39元/千克，无SCR运价，北京至蒙特利尔的N运价为40.66元/千克，SCR皮鞋运价为15.29元/千克（最低重量为500千克）。由于符合前述条件，上海至蒙特利尔的605千克皮鞋可以以北京至蒙特利尔的SCR皮鞋运价计算应付的运价。

（3）当托运的货物在运价手册上可同时适用“确指品名”和“泛指品名”时，则应优先适用“确指品名”运价。比如，手工织布机，在手册上的C4783手工织布机与C4499机器和工具均可适用，但由于C4499为泛指品名，因而，应按“确指品名”C4783运价计算运费。如果“泛指品名”运价高于“确指品名”运价，而重量分界点较低，则两种计费方法可以比较，取低者作为货物的运费。再比如，假设托运的手工织布机重量为280千克，C4783和C4499的运价为：C4783，500千克，10.00；C4499，250千克，10.55。按C4783计算：500×10.00=5 000（元）；按C4499计算：280×10.55=2 954.00（元）。因此，应按C4499运价计算运费，即运费为2 954.00元。

（4）当按SCR计算所得运费高于按GCR计算所得运费时，则应按GCR计费。

（5）如无特别说明，机器零件可按适用于主机的SCR运价计算运费，但附属品、供应品，除非特别说明，否则不得适用主机的SCR计算运费。

3.等级运价（CCR）

等级运价是指在规定地区范围内，在普通货物运价的基础上附加或附减一定百分比作为某些特定货物的运价。因而包括附减等级货物运价（运价种类代号为R）和附加等级货物运价（运价种类代号为S）两类。前者适用于报纸、杂志、作为货物运送的行李等，后者适用于活体动物、贵重物品、尸体、骨灰等。

等级运价计算步骤如下：①根据货物品名判断其是否适用于等级货物运价；②用适用的公布运价×百分比，并将计得的运价进位；③适用的等级货物运价×计费重量。比如，发运北京至东京的杂志500千克，经查杂志属于附减等级货物运价，其公布的运价为：M：230.00，N：37.51，45：28.13，附减比例为N运价的50%，则适用的运价=37.51×50%=18.755（元），进位得18.76元，因而运价=500×18.76=9 380（元）。

4.运价的适用顺序

在运价的适用上，除了要求所适用的运价在空运单填开之日仍旧有效，并不得适用反向运价外，还要求按下列顺序适用运价。

（1）优先适用协议运价。若无协议运价，则适用IATA运价。

（2）指定商品运价。指定商品运价优先于等级运价和普通货物运价。一般而言，在三种运价中适用指定商品运价计算出的运费通常是比较低的，然而，如果适用等级运价或普通货物运价所产生的运费低于指定商品运价，则应适用等级运价或普通货物运价，目的在于为发货人提供最低的运价。比如，一批热带活鱼，毛重120千克，体积0.504立方米，从A点到B点，三种运费计算如下：

按GCR计算运费：9.00元/千克×120千克=1 080元

按CCR计算运费：16.70元/千克×120千克=2 004元

按SCR计算运费：1 024（起码重量为100千克）

7.59元/千克×120千克=910.80元

根据以上计算比较，该批货物的运费，应按指定商品运价SCR计算的运费收取。

（3）等级运价。等级运价应优先于普通货物运价，但如果适用普通货物的某一重量分界点的运价低于等级运价时，则可适用低运价。

（4）普通货物运价。按下列顺序计算运价：优先适用公布的直达运价、比例运价、分段相加运价。

任务三　掌握航空货运单的制作

★课堂讨论

在学习本课程前，你了解航空货运单吗？你觉得在缮制过程中应该有哪些值得注意的地方？

★问题引导

托运人从北京出口一批货物到纽约，委托航空公司运输。到了空运单约定的时间，托运人发现货物仍未到达目的地，于是向航空公司询问。十天后航空公司承运人承认货物已经遗失。为此，托运人向法院提出诉讼，要求航空公司赔偿其损失。

思考：根据空运单的相关规定，托运人有权索赔吗？空运单的作用是什么？

引导知识点

一、调整航空货物运输关系的国际公约概述

关于国际航空货物运输，目前存在三个主要的国际公约，即1929年10月12日在华沙签订的《统一国际航空运输某些规则的公约》（简称《华沙公约》）、1955年9月28日在海牙订立的《修改1929年10月12日在华沙签订的统一国际航空运输某些规则的公约的议定书》（简称《海牙议定书》）和1961年9月18日在墨西哥瓜达拉哈拉签订的《统一非缔约承运人所办国际航空运输某些规则以补充华沙公约的公约》（简称《瓜达拉哈拉公约》）。我国先后加入了《华沙公约》和《海牙议定书》。

二、航空货运单的性质及有关规定

航空货运单（简称空运单）（Air Waybill，AWB）是航空承运人签发给托运人用以证明双方之间存在运输合同和货物已装上飞机的凭证。与陆路运单一样，它也不具有物权凭证的作用，不能进行背书或转让流通。

课外拓展

航空运单式样

目前，各航空承运人都是使用统一的一式十二份的空运单，其中包括三份正本（original）、六份副本（copy）和三份额外副本（extra copy）。正本的背面印有运输条款。各份的用途及流转如表5-1所示。

（1）航空货运单仅仅是航空货物运输合同订立和运输条件以及承运人接受货物的初步证据。《华沙公约》规定："在没有相反的证据时，航空货运单是订立合同、接受货物和承运条件的证明。"也就是说，如果还有其他形式的与航空货运单的内容不一致的合同，就不能仅依据航空货运单来确定合同的当事人。

（2）托运人未能出示航空货运单、航空货运单不符合规定或者航空货运单遗失，如有其他证据证明运输合同成立的，不影响运输合同的效力。

（3）托运人运输中止权。托运人可在运输的全过程中行使货物的处分权，包括在出发地机场或者目的地机场将货物提回，或者在途中经停时中止运输，或者在目的地或途中要求将货物交给非航空货运单上指定的收货人，或者要求将货物运回出发地机场。

表5-1　　空运单的构成及其用途

顺序	名称	颜色	用　途
1	正本3	蓝	交托运人。作为承运人收到货物的证明，以及作为承托双方运输合同成立的证明
2	正本1	绿	交承运人财务部门。除了作为承运人财务部门的运费账单和发票外，还作为承托双方运输合同成立的证明
3	副本9	白	交代理人。供代理人留存
4	正本2	粉红	随货物交收货人
5	副本4	黄	交付联。收货人提货后应签字并交承运人留存，以证明已交妥货物
6	副本5	白	交目的港机场
7	副本6	白	交第三承运人
8	副本7	白	交第二承运人
9	副本8	白	交第一承运人
10	额外副本	白	
11	额外副本	白	
12	额外副本	白	

（4）货物交付的条件。根据《华沙公约》的有关规定，货物到达目的地时，承运人须将货物交给收货人，或按托运人指示交给非航空运单指定收货人。因此，除非托运人有明确指示将货物交给他人，否则，只有航空运单上记载的收货人在接到承运人的到货通知并证明其身份的情况下才有权提取货物。

（5）承运人责任限额的适用。《华沙公约》规定，承运人的责任限额为毛重每千克250金法郎（为17特别提款权）。如果托运人在交运时曾特别声明货物运到后的价值，并交付了必要的附加费，则承运人所负的赔偿责任不超过声明的金额，除非承运人能证明托运人声明的金额高于货物运到后的实际价值。如果损失的发生是由于承运人或他的代理人之一的有意的不良行为或过失，则无权引用公约中关于免除或限制承运人责任的规定。

（6）货损、货差的通知时限。《华沙公约》规定，如无相反证据，则收货人在收货时无异议就被认为货物已经完好地交付，并和运输凭证相符。如发现货物有短损，则至迟应在7天内提出；对于迟交的货物，至迟应在货物交由收货人支配之日起14天内提出异议。《海牙议定书》对这两项日期分别作了延长至14日和21日的规定。任何异议必须在规定期限内写在运输凭证上或另以书面方式提出。

（7）推定灭失。如果承运人承认货物已经遗失或货物在应到达的日期7天后尚未到达，则收货人有权向承运人行使运输契约所赋予的索赔权利。

（8）诉讼时效与地点。《华沙公约》规定，除非承运人有欺诈行为，否则在规定期限内不提出异议，就不能再向承运人提起诉讼。诉讼应在航空器到达目的地之日起，或从应该到达之日起，或从运输停止之日起两年内提出，否则就丧失追诉权。诉讼可由原告在缔约国的下列法院之一提出：①承运人住所地；②其总管理处所在地；③签订契约的机构所在地；④目的地。诉讼程序依受理法院国家的法律规定。

三、航空货运单的缮制

（1）shipper's name and address（托运人名称及地址）：填写托运人名称、地址、国家（或国家的二字代号）以及联系电话等。IATA将其成员国国家名称用两个英文字母表示，城市名称用三个英文字母表示。

（2）shipper's account number（托运人账号）：一般不填，除非第一承运人需要。

（3）consignee's name and address（收货人名称及地址）：填写收货人名称、地址、国家（或国家的二字代号）以及联系电话等。

（4）consignee's account number（收货人账号）：一般不填，除非最后承运人需要。

（5）issuing carrier's agent name and city（签发空运单的承运人的代理人名称与城市）：填写向承运人收取佣金的IATA空运代理人的全名及其所在城市。

（6）agent's IATA code（代理人的IATA代号）：填写代理的IATA代号。

（7）agent's number（代理人账号）：一般不填，除非签发空运单的承运人需要。

（8）airport of departure（address of first carrier）and requested routing（始发站机场及要求的路线）：填写IATA始发站机场三字代号，如果不知道机场名称可填写所在城市IATA三字代号。托运人要求的路线必要时填写。IATA使用的机场代码是由三个英文字母组成的三字代号。

（9）account information（会计事项）：由参加运输的有关承运人填写有关的会计事项。①填写付款方式：现金、支票或旅费证（MCO）。当承运无人押运的行李时应在此栏内注明：机票号码、航班号/日期、路线、MCO编号。②当货物无法交付而回运时，承运人应将原始空运单号填入为退运货物所填开的新空运单的本栏内。

（10）flight/date（for carrier use only）（航班/日期（仅供承运人用））：本栏通常不填，但当承运活体动物、鲜活易腐物品、贵重物品、灵柩等特种货物时则应注明已订妥的各航段航班号/日期。

（11）routing and destination to/by first carrier/to/by/to/by（路线与目的站 至/由 第一承运人/至/由/至/由）：第一承运人一般要填写，对于运费到付货物、特种货物或根据所采用的运价必须由指定的承运人运输的货物，应将运输路线和应指定的承运人全部列明。①至/由第一承运人（to/by first carrier）：填入目的地机场或第一个转运点的三字代号。②由第一承运人（by first carrier）：填入第一承运人二字代号。IATA使用的航空公司代码有三种：二字代号（由两个英文字母或一个英文字母与一个阿拉伯数字组成的二字代号）、三字代号（由三个英文字母组成）及三字数字代号（由三个阿拉伯数字组成）。详细内容请见TACT Rules 1.4（Coding and Decoding of Airlines）。③至（由第二承运人）（to）：填入目的地机场或第二转运点的三字代号。④由（第二承运人）（by）：填入第二承运人的二字代号。⑤至（由第三承运人）（to）：填入目的地机场或第三转运点的三字代号。⑥由（第三承运人）（by）：填入第三承运人的二字代号。

（12）airport of destination（目的站）：填写最后承运人的目的地机场，如果该城市不止一个机场或不知道机场名称，可填写城市名称。

（13）currency（货币）：填写运单所用货币的代号。①一般为始发国货币的三字代号。②除目的地国家收费栏外，空运单上所列明的金额均用此货币表示。

（14）charges code（货币代号）：仅用于承运人，一般不填写。

（15）WT/VAL（PPD COLL）—weight charge&val charge（prepaid collect）（运费与声明价值附加费（预付或到付））：①PPD栏如果运费为预付者，在此栏记“×”。②COLL栏如果运费为到付者，在此栏记“×”。此种费用必须全部预付或全部到付。如果某一段免费，免费段不填。

（16）other（PPD COLL）—all other charges at origin—other（prepaid collect）（始发站所有其他费用（预付或到付））：在PPD、COLL栏填写有关费用，该费用必须全部预付或到付。

（17）declared value for carriage（供运输的声明价值）：填写托运人供运输而声明的货物价值总数，如托运人不办理声明价值，则此栏内填入NVD。

（18）declared value for customs（向海关声明价值）：填托运人向海关申报的货物价值总数。如符合始发站、目的站海关的规定，也可在本栏填入NCV。有关各国海关的规定可参阅TACT中“各国规定”部分。

（19）account of insurance（保险金额）：如果空运公司不代办保险或托运人不要求保险，此栏可不填。

（20）handling information（处理事项说明）：①货物上的标志、号码和包装方式。②危险品货物的记载事项。对于需要附托运人申报单的危险品货物，填写“DANGEROUS GOODS AS PER ATTACHED SHIPPER’S DECLARATION”，对于不要求附申报单的危险品货物，则填写“SHIPPER’S DECLARATION NOT REQUIRED”，对于要求装运在货机上的危险品货物，应填写“CARGO AIRCRAFT ONLY”。③另请通知人。除收货人外，当托运人要求将货物的到达通知其指定的另一通知人时，应在此栏填写通知人的名称、地址、国家以及电话等，并注明“ALSO NOTIFY”（另请通知）字样。④货物交付地址的补充说明。如果货物寄交某一空运企业转交收货人或代理人的地址为诸如宾馆等临时地址，则应在此栏写明收货人或代理人的永久地址，并注明“IN CASE OF INABILITY TO DELIVER TO CONSIGNEE CONTACT”（如不能交付，请与收货人联系）。⑤随附文件的名称和对特种货物的操作要求。⑥其他需要说明的事项。比如，在承运无人押运行李时，如果有钥匙带往目的地，则必须将钥匙装在信封内，钉在货运单后，并在此栏内注明“KEY OF UBAG ATTD TO AWB”。

（21）No.of pieces/RCP（rates and charges point）（件数/运价组成点）：填写货物的件数，如果货物运价不同，则应分列填写。如果货物运价系分段相加的组成运价，则应另起一行填写运价组成点的IATA城市的三字代号。

（22）gross weight（毛重）：在与货物件数相对应的同一行处填写货物的毛重。

（23）KG/LB（千克/磅）：以千克为单位填写“K”，以磅为单位填写“L”。

（24）rate class（运价类别）：填写所适用的运价类别代号（M、N、Q、C、R或S等）。

（25）commodity item number（指定商品品名编号）：①如果适用指定商品运价，

则在与运价类别“C”代号同一行的本栏内填写商品品名编号。②如果适用等级运价，则在与运价类别相对应的“R”或“S”的行上填写相应的百分数，如50%、100%、200%等。

（26）chargeable weight（计费重量）：①按最低运费计收运费时，本栏可不填。②如体积重量大于实际毛重，应填写体积计费重量。③如果采用较高的计费重量分界点的运价，则应将较高的计费分界点重量填入本栏。

（27）rate/charge（运价/运费）：在对应的运价类别代号同一行上填写所适用的每千克运价，如为最低运费，则在标有“M”代号同一行上填写最低运费的数额。

（28）total（总计）：每项货物计费重量与所适用运价相乘所得运费数额应填写在对应行的本栏内，最后将这些运费数额相加得出总数。

（29）nature and quantity of goods（include dimensions or volume）（货物品名及数量（包括尺寸和体积））：①货名应具体明确，当承运鲜活易腐物品、贵重物品时应在货名、数量后分别注明“PERISHABLE”字样和“VALUABLE CARGO”字样。②应按长、宽、高顺序列明货物每件或整批的最大长度、最大宽度和最大高度。③当一批货物中含有危险品货物时，必须分列，危险品货物应列在第一项，除了写明品名外，还须有危险品级别、相应的标签及有关说明（如仅限货机载运）。④如果本栏所填的实际件数与件数栏中的件数不一致，则应在后面批注“SLAC（SHIPPER'S LOAD AND COUNT）”（由托运人装载与计数）。⑤此栏也可填入货物的产地国。

（30）prepaid（预付）：①在weight charge栏内填写预付运费的总额。②在valuation charge栏内填写预付声明价值附加费的总额。③在tax栏内填写应付税金。④在total other charges due agent栏内，填写供代理人代垫付款的总数。⑤在total other charges due carrier栏内，填写供承运人代垫付款总数。⑥在total prepaid栏内填写本项目所有预付费用的总数。

（31）collect（到付）：项目内容与前项相同。

（32）other charges（其他费用）：填写运费、声明价值费、税金以外的其他费用及金额代号。

（33）for carrier's use only at destination（仅供承运人在目的地使用）：本栏不填。

（34）signature of shipper or his agent（托运人或其代理人签字）：托运人或其代理人应予以签字，如果托运人已在托运书中委托承运人或其代理人签署，则承运人或其代理人可代表托运人签字。

（35）executed on（date）of（place）（填开空运单的日期、地点）：①按日、月、年的顺序填入空运单的填开日期，月份可用缩写或全称，但不能用数字表示。②在地点处填入空运单签署的地点（一般为始发地或承运人地址所在城市）。

（36）signature of carrier or his agent（承运人或其代理人签字）：承运人或其代理人应按《UCP600》的要求予以签字。

以下各项由最后承运人在正本空运单第二联（收货人联）上填写：

（37）currency conversion rates（货币兑换比价）：填写目的地货币代号及其兑换比价。

（38）collect charges in destination（用目的地货币付费的到付费用额）：将前述到

付费用总额按所列的货币兑换比价折成目的地货币金额填入本栏。

（39）charges at destination（在目的地的费用）：最后承运人将目的地发生的费用金额包括自然增长的利息填入本栏。

（40）total collect charges（总的到付费用）：将用目的地货币付费的到付费用额与在目的地的费用之和填入本栏。

当空运单有关内容较多，无法在指定栏内填写时，可在相应栏底部批注“SEE EXTENSION LIST”（见续页）字样，然后另在续页上继续开列，并附在空运单每页之后。续页的份数应与空运单的份数相同，每份续页上均应填明空运单号码。

案例5-1

客户（Beijing Boya trade Co.，Ltd）拟以运费到付方式托运一批货物从东京至北京，有关信息如下：

客户信息：

Beijing Boya trade Co.，Ltd

5/F，West Tower，Genesis Beijing，No.8 Xinyuan South Road，

Chaoyang District，Beijing，100027，P.R. China

phone：+86 10 6520-6728

mail：anna@beijing-boya.com

货物信息：Handbags / material：　camel hair and leather

10 cartons handbags 30×55×20 cm / total 42.0 kg

Pick up address：Hiro Matsui Corporation

Marunouchi Park Bldg.，3-1，Marunouchi 2-chome，Chiyoda-ku，

Tokyo 100-8086

Mr. Satoshi Takata

phone +81 3 3105-6479

Incoterms：　EXW Tokyo.

货运代理（TJ Forwarder Co.，Ltd）向航空公司取得订舱确认及相关费率如下：

AWB # 607-0839.2332.

Flight EY 862

ETD HND17.8.2020/ 9.30

ETA PEK 18.8.2020/ 14.35

IATA rates for AWB

pick up	USD	30.00
airfreight/1.10per kg	USD	60.50
cargo screening	USD	8.00
fuel surcharge	USD	54.00
security surcharge	USD	7.00
total	USD	159.50

根据以上材料，可制作以货运代理TJ Forwarder Co., Ltd.为抬头的航空货运单。

607 | HND | 08392332 TJF1234567

Shipper's Name and Address / Shipper's Account Number

Hiro Matsui Corporation
Marunouchi Park Bldg.,3-1, Marunouchi 2-chome,Chiyoda-ku,
Tokyo 100-8086
Mr. Satoshi Takata

Not Negotiable
Air Waybill
Issued by
TJ Forwarder Co.,Ltd.

Copies 1, 2 and 3 of This Air Waybills are originals and have the same validity

It is agreed that the goods described herein are accepted in apparent good order and condition (except as noted) for carriage SUBJECT TO THE CONDITIONS OF CONTRACT ON THE REVERSE HEREOF. THE SHIPPER'S ATTENTION IS DRAWN TO THE NOTICE CONCERNING CARRIER'S LIMITATION OF LIABILITY. Shipper may increase such limitation of liability by declaring a higher value for carriage and paying a supplemental charge of required.

Consignee's Name and Adress / Consignee's Account Number

Beijing Boya trade Co.,Ltd
5/F, West Tower, Genesis Beijing, No.8 Xinyuan South Road, Chaoyang District, Beijing, 100027, P.R. China
phone: +86 10 6520-6728
mail: c.luyen@beijing-boya.com

Issuing Carrier's Agent Name and City

SAME AS CONSIGNEE

Accounting Information

FREIGHT COLLECT

Agent's IATA Code / Account No.

Airport of Departure (Addr. of First Carrier) and Requested Routing

TOKYO HND-PEK

To	By First Carrier (Routing and Destination)	to	by	to	by	Currency	CHGS Code	WT/VAL PPD	WT/VAL COLL	Other PPD	Other COLL	Declared Value for Carriage	Declared Value for Customs
PEK	EY					USD			X		X	N.V.D	N.C.V

Airport of Destination	Flight/Date	For Carrier Use Only	Flight/Date	Amount of Insurance
BEIJING	EY862 / 17.AUG.20			XXXXXXXXXX

INSURANCE - If Carrier offers insurance, and such insurance is requested in accordance with conditions on reverse hereof, indicate amount to be insured in figures in box marked „Amount of Insurance"

Handling
Incoterms: EXW TOKYO

STATUS X

No of Pieces RCP	Gross Weight	kg lb	Rate Class Commodity Item No.	Chargeable Weight	Rate / Charge	Total	Nature and Quantity of Goods (incl. Dimensions or Volume)
10	42.0 K			55	1.1	60.5	Handbags / material: camel hair and leather Invoice No.: 2020-A-1057 DIMS: 30 x 55 x 20 cm x10 cartons VOL: 0.33CBM
10	42.0 K					60.5	

Prepaid	Weight Charge	Collect
	60.5	
	Valuation Charge	
	Tax	
	Total Other Charges Due Agent	
	38.0	
	Total Other Charges Due Carrier	
	61.00	
Total Prepaid		Total Collect
	159.5	
Currency Conversion Rates		CC Charges in Dest. Currency
For Carrier's Use only at Destination	Charges at Destination	Total Collect Charges

Other Charges
Pick up:30.00 cargo screening:8.00 MYC:54.00 SCC:7.00

Shipper certifies that the particulars on the face hereof are correct and that insofar as any part of the consignment contains dangerous goods, such part is properly described by name and is in proper condition for carriage by air according to the applicable Dangerous Goods Regulations.

Signature of Shipper or his Agent

27.SEP.20 TOKYO, JAPAN

Executed on (date) at (place) Signature of Issuing Carrier or its Agent

任务四　熟悉航空包舱包板与包机运输操作

★课堂讨论

在学习本课程之前，你认为“包舱包板业务”中的“舱”和“板”分别代表什么？

★问题引导

某美国手机品牌为了抢占中国市场，快速地向中国市场投放新产品，于是委托航空公司A进行运输。航空公司A为其制定包舱包板运输方式。

思考：包舱包板运输有哪几种形式？

引导知识点

一、航空包舱包板运输

航空包舱包板运输是指托运人或空运代理根据所运输的货物在一定时间内需要单独占用飞机的部分或全部货舱、集装箱、集装板，而航空公司需要采取专门措施予以保证的一种运输组织方式。

目前，航空公司通常采取固定包舱与非固定包舱的形式。固定包舱是指托运人或空运代理在航空公司的航线通常以包舱包板的方式运输时，托运人或空运代理无论向航空公司是否交付货物，都必须支付协议上规定的运费；非固定包舱是指托运人或空运代理在航空公司的航线上通过包舱包板的方式运输时，托运或空运代理在航班起飞前72小时如果没有确定舱位，承运人则可以自由销售舱位，但承运人对托运人或空运代理的包舱包板的总量有一定的控制。

1.集装器（Unit Load Devices，ULD）

集装器包括集装板和集装箱两大类。集装器被视为飞机构造中可拆卸的一部分，能放集装器的飞机货舱底部一般均设置滚轴及叉眼装置，集装器的底部直接与这些装置相接触，可使集装器平稳地进入货舱并牢固地固定在机舱内。集装板（aircraft pallets），简称“板”，是根据机型要求制造的一块平面台板，下边有轮，便于拖带，上边有滚轴，便于装卸，四周有钩或锁扣，便于固定、捆扎货物。空运集装箱（air-mode cargo containers）包括空陆联运集装箱、主货舱集装箱、下货舱集装箱等多种。空运集装箱常见的主要有AKE、AKN、DPE和DPN四种类型。

课外拓展

航空集装器

2.包板

包板即承包集装板，是指与航空公司签订销售代理合同的空运代理，向航空公司承诺，在其某个航线的每个航班（次）上，保证交付一个或几个“板”的货物。航空公司则给其比散货低的集装货物运价，使其在航空货运市场上取得价格优势。若空运代理没有向航空公司交付原先承诺数量的货物，仍需要按原先承诺的板数向航空公司支付运费。因此，空运代理为了保证揽到充足的货源、避免空舱，通常把包板的价格稍加利润，放给下级代理（空运二级代理）或货主。包舱运输一般只限于直达航班。

包板运输没有这样的限制。

3.装板

装板，也称打板，即将货物按照一定的顺序与要求装到集装器上的过程。任何一个集装板的长和宽是确定的，不确定的只有高度，一般来说，空运板箱分低、中、高三种板，高板高度为290cm，中板高度为244cm，低板高度为163cm。

表5-2和表5-3显示了常见的集装箱器与飞机的装载数据，供装板时参考。

表5-2　　常见的集装箱器的装载数据

名 称	地板（cm）	高度（cm）	自重（kg）	毛重（kg）	容量（m^3）	使用机型
AKE/AVE（LD3）	153×156	163	100	1 588	4.3	747，747F，777
AKN（LD3）	153×156	163	100	1 588	4.2	
DPE（LD2）	119×156	163	100	1 225	3.5	
DPN	119×156	163	100	1 225	3.4	
标准板：P1P，PAG	224×318	163/244/290	105	4 626（LD），6 033（MD）		
10′板：P6P，PMC，PQP	244×318	163/244/290	105	5 035（LD），6 804（MD）		
PLA	153×318	163	103	3 175		
20′板：P7E，PGE	244×606	244/290	480	11 340		747F

表5-3　　飞机的装载数据

机 型	舱门尺寸（cm）高×宽	最大装载量（散舱容积）	动物货舱
B747-400 COMBI	主货舱 305×340	7块P6P集装板或5块P6P板加1块20′板	可以
	前下货舱 168×264	5块P1P板/P6P集装板	
	后下货舱 168×264	16个AVE箱或4块P6P板或4块P1P板加4块AVE箱	
	散装舱 119×112	12.3m^3（4 408kg）	
B767-300	前货舱 175×340	4块PIP板/P6P集装板	可以（无气味）
	后货舱 175×187	14个DPE箱或7块PLA板	
	散装舱 119×97	12.0m^3（2 925kg）	
B777-200	前货舱 170×270	6块P1P板/P6P集装板或18个AVE箱	可以（无气味）
	后货舱 170×180	14个AVE箱	可以（限板）
	散装舱 114×91	17m^3（4 082kg）	可以
A340-300	前货舱 169×270	6块P1P板/P6P集装板或18个AVE箱	可以
	后货舱 169×270	4块P1P板/P6P集装板或14个AVE箱	不可以
	散装舱 95×95	19.6m^3（3 468kg）	可以
B737-300	前货舱 88×121	10.4m^3（2 269kg）	可以
	后货舱 88×117	19.6m^3（3 462kg）	
B737-800	前货舱 89×122	19.6m^3（3 558kg）	可以
	后货舱 84×122	25.4m^3（4 850kg）	

4.集装货物运价

对于集装货物运价，目前主要采取如下三种形式：

（1）大宗货集装器运价（Bulk Unitization Charge，BUC）。此种运价以一个集装器为单位，对装有货物的集装器规定了最低收费重量和最低收费金额。当装有货物的集装器重量超过规定的最低收费重量时，超出部分（扣除集装器的自重）应按规定的费率支付附加超重费。

（2）集装器运价。此种运价是按集装器的重量与规定的费率予以收费。它通常根据是使用航空公司的集装器还是使用货方自备集装器而分别定价。目前，我国始发站不办理由托运人或代理人自备集装器的货运业务。

使用航空公司集装器托运货物时，ULD运价按以下规定计算：A.目前除了特别公布的指定商品运价（SCR、ULD、RATES）外，TACT Rates4.2部分公布的运价适用于所有货物。B.在计算集装货物运价时应考虑以下内容：集装器运价种类代号（公布在TACT Rates4.1）、集装器最低计费重量（Pivot WT）、集装器最低运费率（Pivot Rate）、超过最低计费重量的货物重量（Over-Pivot WT）和相应的费率（Over-Pivot Rate）。C.如果货物的实际重量未超出最低计费重量，则按最低计费重量计算运费，在货运单中用符号U表示；如果货物重量超过最低计费重量，则超出部分的货物运费应使用超出的重量乘以第一个Over-Pivot Rate作为集装箱货物附加运价，在货运单中用符号E表示。比如，假设公布的某种集装器各重量点及其对应费率为700千克：40元；1 000千克：30元。如果货物重量低于700千克，则运费应按700千克计费，即运费=700×40=28 000（元）；如果货物重量超过700千克，假设货物重量为800千克，则对超出的100千克应按30元/千克计算附加运费，即附加运价=100×30=3 000（元），因此合计运费=28 000+3 000=31 000（元）。D.对于货物已包装好，不需要把集装器作为包装使用的集装货物，计算运费时不考虑集装器的自重。对于货物需要用集装器作为包装使用的集装货物，运费应在上述公式计算的基础上加上集装器租赁费。目前，各航空公司集装器租费标准各不相同，有些航空公司还对集装器的最低收费重量、最低租赁费、是否扣除集装器自重以及集装器租费是否可议价等做出详细的规定。比如，中国某航空公司对于我国始发的挂装箱的计费做出如下规定：运费按装完货物的集装器计收，并不扣除集装器自重，还规定最低收费重量不得少于600千克，集装器的租赁费可协商。

（3）包箱运价（FAK）。这种运价是不管装运货物的种类而是根据装运在集装器中的货物体积制定统一的费率，从而简化了手续，也有利于市场竞争。

当使用集装器运输货物时，货方还可能要支付其他费用，如集装器延滞费、装拆箱服务费等。A.一般而言，托运人、收货人或其代理人在始发站和目的站提取航空公司的集装器装卸货，在48小时内不收取费用，如果超过48小时，则要收取滞期费。其时间的计算如下：在始发站自托运人或其代理人提取集装器当日24时起算，在目的站则是自货物到达后第2天24时起算。星期六、星期天、节假日不计在内。B.装拆箱板、送提箱板、重整箱板及其他服务，一般由货方自己负责，如果由承运人提供这些服务，则另外收取服务费。

二、航空包机运输

1.包机运输的概念

目前，航空公司主要采取班机运输组织营运，所谓班机（scheduled airline）是指定期开航的、定航线、定始发站、定目的港、定途经站的飞机。然而，当货物批量较大，而班机不能满足需要时，可采用包机运输（chartered carrier）。包机运输属于不定期运输，根据包机双方签订的运输合同执行飞行任务，不执行航班时刻表，不对公众承担责任。

2.包机运输的分类

（1）整机包机。整机包机是指航空公司或包机代理公司按照合同中双方事先约定的条件和运价将整架飞机租给租机人，从一个或几个航空港装运货物至指定目的地的运输方式。

（2）部分包机。部分包机则是指由几家航空货运代理公司或发货人联合包租一架飞机，或者是由包机公司把一架飞机的舱位分别卖给几家航空货运代理公司的货物运输形式。

相对而言，部分包机适合于运送1吨以上但货量不足整机的货物，以获得较班机运输更低的运费，但由于需要等待其他货主备妥货物，因此运送时间较长。

3.包机运输的优缺点

（1）包机运输的优点。A.解决班机舱位不足的矛盾。除了一些较大的航空公司在一些航线上开辟定期的货运航班，使用全货机（all cargo carrier）运输货物以外，绝大多数航空公司都使用客货混合型飞机（combination carrier），既搭载旅客，又运送少量货物。因此，班机舱位有限，不能使大批量的货物及时出运，往往需要分期分批运输。B.货物全部由包机运出，节省时间和多次发货的手续。C.弥补没有直航班机的不足，且不用中转。D.减少货损、货差或丢失的现象。E.在空运旺季缓解航班紧张状况。F.解决海鲜、活体动物的运输问题。

（2）包机运输的缺点。A.时间比班机长，尽管部分包机有固定时间表，但往往由于其他原因不能按时起飞。B.各国政府为了保护本国航空公司利益常对从事包机业务的外国航空公司实行各种限制，如包机的活动范围比较狭窄，降落地点受到限制。需降落非指定地点外的其他地点时，一定要向当地政府有关部门申请（如申请入境、通过领空和降落地点），同意后才能降落。复杂烦琐的审批手续大大增加了包机运输的营运成本，因此目前使用包机业务的地区并不多。

4.包机运输的运作

（1）空运代理在决定采用包机方式之前，应考察航空公司的地面服务、航班时限、舱位重量，并对承包价格、出口货物的时限、货物重量、货运市场情况进行测算，确定承包航班和舱位。承包的舱位首先用于保证运输自己的货物，剩余舱位可转租给其他空运代理。

（2）空运代理作为包机人一般要在货物装运前一个月与航空公司联系，以便航空公司安排运载和向起降机场及有关政府部门申请、办理过境或入境的有关手续。

（3）包机的费用：一次一价，随国际市场供求情况变化。原则上包机运费是按每一飞行千米固定费率核收费用，并按每一飞行千米费用的80%收取空放费。因此，大批量货物使用包机时，均要争取来回程都有货载，这样费用比较低。只使用单程，运费比较高。

（4）空运代理应具备足够的货运量，如果货运量太小，就会增加包机业务的经营风险。

（5）保证货物运送时限与安全，如果航班不稳定，将严重影响客户群的稳定。

（6）与其合作的航空公司必须具备地面服务条件，否则包机业务将受到种种制约。

任务五　熟悉航空进出口货运代理流程

★课堂讨论

在学习本课程之前，你认为国际航空货运代理将涉及哪些对象？设想一下，如果你是国际航空货运代理人，你需要经过哪些业务环节才能完成一单国际航空进出口货运代理业务。

★问题引导

有一托运人准备从北京运往新加坡一只名贵犬，代理人欲向航空公司交运。**思考**：（1）收运这只名贵犬各注意事项应参照IATA出版的哪本手册？（2）托运人应提交哪些文件？（3）容器应贴有哪些标贴？（4）能否办理运费到付？（5）应如何注意运达目的站的时间？

引导知识点

一、国际航空出口货运代理流程

图5-1显示了国际航空货物出口操作流程，图5-2显示了国际航空货物始发机场出港操作流程。从中不难看出，航空货物的进出港是一个组织严密的生产过程，有严格的工序控制和定时要求，涉及的部门多，需要统一组织和协调，密切合作共同完成。有些航空公司委托航线机场进行货物进出港的组织与管理，而一些大型航空公司则在基地机场自行进行货物进出港的组织与管理。空运代理起着十分重要的作用，其出口货运代理流程包括：揽货与接受委托—预配舱、预订舱与订舱—接单接货—制单、报关、装箱与出仓—航空公司签单—货交承运人装机—办理货物发运后的事宜。

1.托运人办理托运

托运人除了填写托运书，并附发票、装箱单、报关单、外汇核销单、进出口许可证、商检证等报关单证外，对于特种货物还需要提交额外单证。

（1）危险品：托运人必须填写一式两份的危险物品申报单，签字后一份交始发站留存，另一份随货物运至目的站，申报单必须由托运人填写、签字并对申报的所有内容负责，任何代理人都不可代替托运人签字。

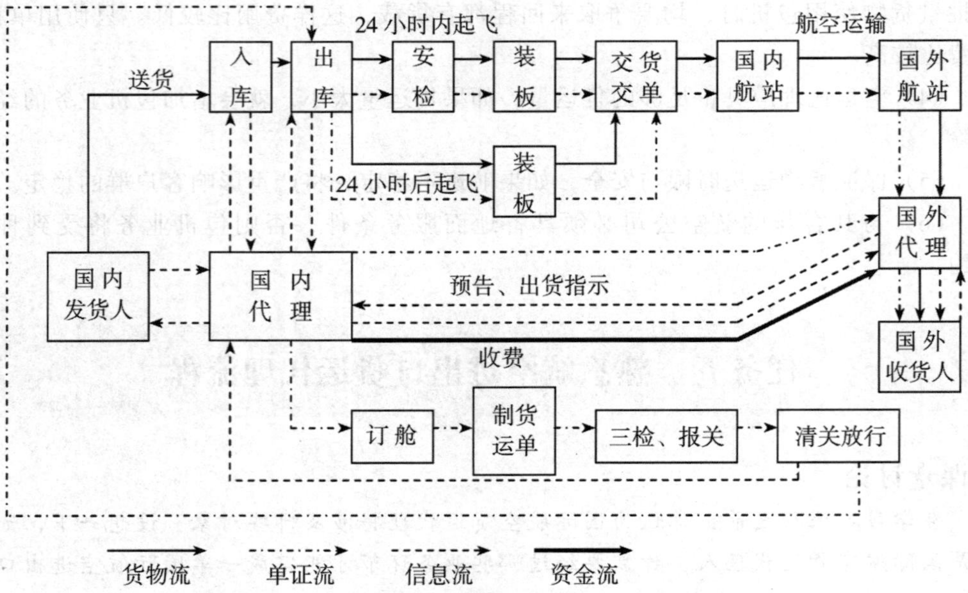

图5-1 国际航空货物出口操作流程

（2）活体动物：托运人必须填写一式两份活体动物申报单，签字后交承运人，一份由收运货物的承运人留存，另一份随货运单运往目的地。此外，还应提交动物卫生检验证明、有关国家的进出口许可证等。

（3）灵柩：托运人应提交死亡证明书（death certificate）、入殓证明书（certificate of burial）、出境许可证（export permit）等。空运代理经审单后，如认为单证不符合要求或缺少必要单证，应要求托运人尽快修改或补交。

2.货物收运

与海运货运市场不同，空运货运市场的销售较为集中，承运对象主要是一些对时间要求紧、不宜颠簸、容易受损、货价较高的货物，如海鲜、服装、鲜花、精密仪器、邮件等，加之受飞机机型及载重量等方面的限制，因此在货物承运方面，空运比海运的限制更为严格，其主要体现如下：

（1）货物价值限制：①每次班机装载的货物总价值不得超过600万美元。②每次班机上所装载的贵重物品总价值不得超过300万美元。③每份货运单上货物的声明总价值不得超过10万美元。如果超过以上限制，则须得到有关航空公司的批准方可运输。

（2）重量和尺寸的限制：①窄体飞机承运的散装货物一般不超过150千克/件，宽体飞机载运的货物，重量不得超过集装设备的最大载量，对于有些危险品实行限量运输。②货物的尺寸三边之和不得小于40厘米。③受到舱门尺寸和货舱结构的限制。散装货物应查阅TACT Rules 8.2 Loading Charts“散装货物装载表”，对于集装箱货物，查阅“集装器尺寸限制表”和“集装器适配表”。

（3）付款限制：①如前所述，有些货物严禁运费到付。②运费与声明价值附加费必须全部预付或全部到付。③在始发站发生的其他费用必须全部预付或全部到付，在中转站或途中或目的站发生的其他费用应全部到付，但如果在始发站能预先确定中转站或目的站所发生的费用，则也可预付。④在目的站发生的其他费用只能全部到付。如果托运货物超出航空公司的收运限制，空运代理应及时通知托运人。

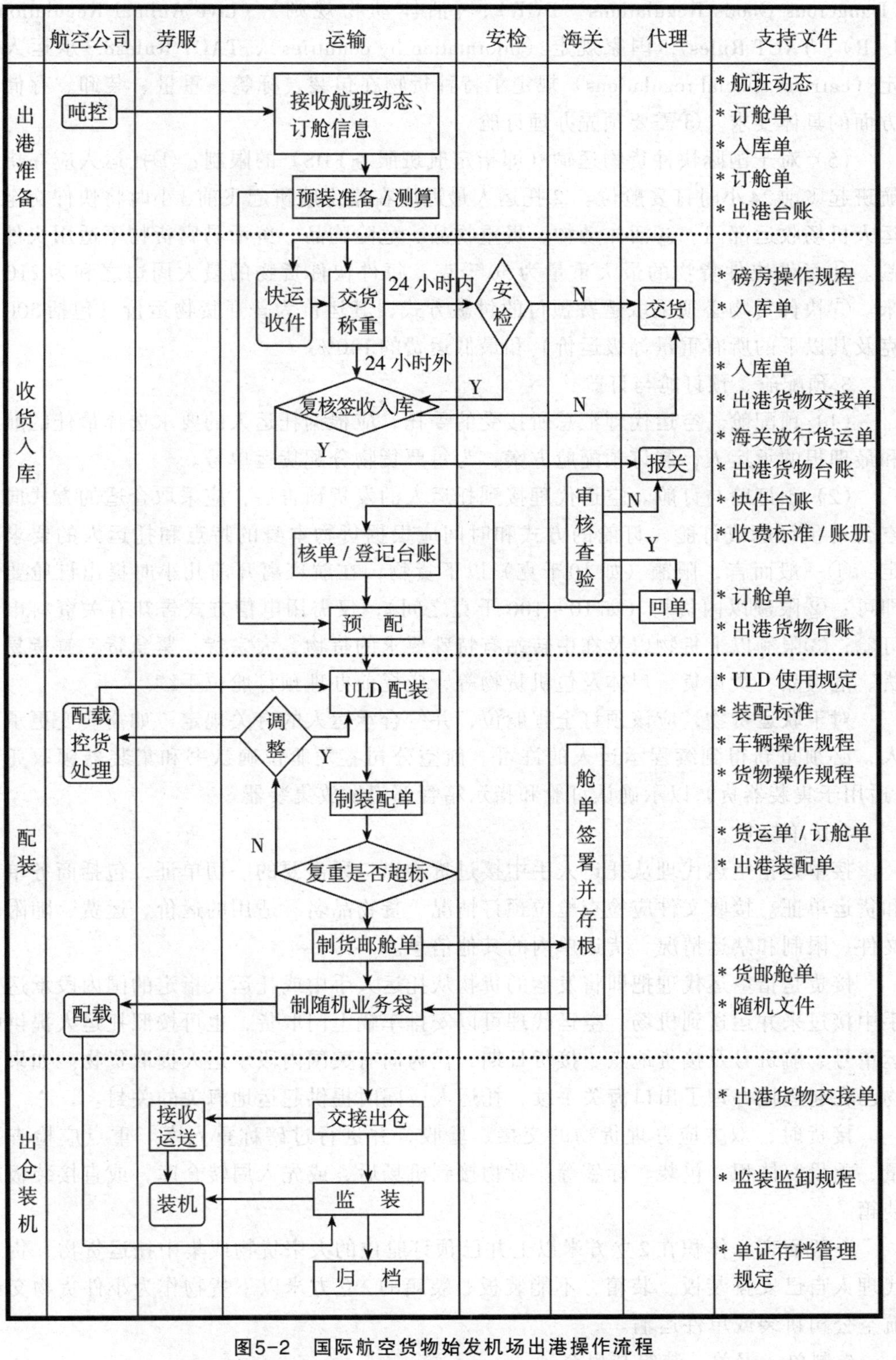

图5-2　国际航空货物始发机场出港操作流程

（4）特种货物限制：①活体动物、贵重物品、灵柩不得与其他货物作为一票货物交运，但必备的设备和饲料可以与活体动物作为一票货物交运。②《危险品规则》

(Dangerous Goods Regulations，DGR)、《活体动物规则》(Live Animal Regulations，LAR)、TACT Rules7.3国家规定（information by countries)、TACT Rules8.3承运人规定（carriers special regulations）规定了特种货物在包装、标签、重量、装卸、存储等方面的具体要求。③需要预先办理订舱。

（5）对于国际快件货物运输（即指定航班服务FDS）的限制：①托运人应在指定航班起飞前24小时订妥舱位。②托运人最迟应在指定航班起飞前3小时将快件交至承运人机场收运部门。③活体动物、贵重物品、危险物品、鲜活易腐货物不适用快件运输。④每件快件货物的最大重量为50千克，每件快件货物的最大周边之和为210厘米。⑤快件货物必须采取运费预付的付款方式，其运价为普通货物运价（包括500千克及其以下的所有重量等级运价）和最低运费的140%。

3.预配舱、预订舱与订舱

（1）预配舱。空运代理汇总所接受的委托，应根据托运人的要求选择最佳的航线和最理想的承运人，制订预配舱方案，为每票货物分配货运单号。

（2）预订舱与订舱。空运代理接到托运人的发货预告后，应采取合适的方式向航空公司预订舱或订舱。订舱的方式和时间应根据货物本身的特点和托运人的要求而定：①一般而言，限额（如10千克）以下货物，在航班离开前几小时提出订舱要求即可；②限额以内货物（如10~100千克之间)，仅需用电信方式告知有关资料申请订舱；③限额以上货物以及在中转站有特殊要求的货物、大宗货、紧急货、鲜货易腐货、危险品、贵重货、尸体及包机货物等，应提前办理预订舱位手续。

对于联运货物，应该预订全程舱位，并符合承运人的有关规定，如需要变更承运人，必须重新得到续程承运人的许可。航空公司签发舱位确认书和集装器领取凭证（适用于集装器货）以示确认订舱和指示箱管部门发放集装器。

4.接单接货

接单是指空运代理从托运人手中接过货物出口所需要的一切单证，包括商务单证和货运单证。接收文件应检查舱位预订情况、货物品名、适用的运价、运费、随附的文件、限制和禁运情况、货运单内的其他信息。

接货是指空运代理把即将发运的货物从托运人手中或托运人指定的国内段承运人手中接过来并运送到机场。空运代理可以安排车辆上门取货，也可按照托运人提供的运单号、航班号及接货地点、接货日期，代为向有关国内段承运人提取货物。如果货物已在起运地办理了出口海关手续，托运人应同时提供起运地海关的关封。

接货时，双方应办理货物的交接、验收，并进行过磅称重入库。重点应检查数量、重量、体积、包装、标签等。货物接到机场后，或先入周转仓库，或直接装板或装箱。

一般而言，体积在2立方米以上并已预订舱位的大宗货物或集中托运货物，货运代理人自己安排装板、装箱，不能装板、装箱的2立方米以下货物作为小件货物交给航空公司拼装或单件运输。

5.制单、报关、装箱与出仓

制单是指空运代理缮制主运单、分运单和货物交接清单等单证、标签的行为。目前，对于在机场拥有自己的仓库、自己的空运单的货运代理人，在货物交航空公司前，通常需要缮制如下货运单证：

（1）缮制主运单和分运单。空运代理根据托运人提供的托运委托书等单证缮制空运单：①如果是直接发给国外收货人的单票货物，则仅需缮制航空公司主运单即可。②如果是以国外代理人为收货人的集中托运货物，则还需要缮制分运单。

（2）制作航空货物清单。当一份主运单下有若干份分运单时，空运代理应制作航空货物清单。

（3）制作"空运出口业务日报表"。该报表主要供制作标签之用。

（4）制作航空公司主标签和空运代理分标签。空运代理必须为每一件货物粘贴或拴挂货物标签，如果某票货物，空运代理出具了分运单，则除了航空公司主标签之外，还需要加挂空运代理分标签。对于特种货物，除了识别标签外，还应加挂标签，比如，鲜活易腐货物，应拴挂"鲜活易腐"标签和向上标签；活体动物的容器应有"动物"（live animal）标贴和"不可倒置"（this side up）标贴，对危害人的有毒动物应贴"有毒"（poisonous）标贴；贵重物品只能用挂签，货物外包装上不可有任何对内装货物做出提示的标记；尸体在外包装上应加贴"急货"及"不可倒置"标贴。

（5）制作出库仓单。空运货运代理在根据各航班机型、集装板或集装箱型号、高度、数量对货物进行配载后，应制作出库仓单，以作为仓库安排货物出库计划，以及供装箱、装板部门作为向仓库提货的凭证和仓库交货的凭证。出库仓单一般包括：出仓日期、承运航班日期、装载板箱的形式及数量、货物进仓顺序编号、主运单号、件数、重量、体积、目的港三字代号及备注等。

（6）制作装箱单。对装入集装箱的货物，空运代理应制作装箱单。

（7）制作"国际货物交接清单"。为办理与航空公司间的货物交接，空运货运代理还必须依据出库仓单制作货物交接清单。

（8）办理货物出口报关手续。在货物装箱出仓前，空运代理应向海关办理申报，海关审核无误后在用于发运的货运单正本上加盖放行章，同时在出口收汇核销单和出口报关单上加盖放行章，在托运人用于产品退税的单证上加盖验讫章，贴上防伪标志。

6.航空公司签单

货运单加盖海关放行章后还需要到航空公司签单，主要是审核运价是否正确以及货物的性质是否适合空运，有关随附单证是否齐全等。

7.货交承运人

只有经过航空公司地面代理签单确认后，空运代理才能将单货交承运人。

货交承运人是指空运代理与航空公司办理交单交货的过程。航空公司进行验货、核单、过磅称重，确保单单相符、单货相符后，在货物交接清单上签收。对于大宗货物、集中托运货物，以整板、整箱称重交接；对于零散小件货物，按票称重，计件交接。航空公司接单接货后，将货物存入出口仓库，单据交吨控部门，以便进行缮制舱单、吨位控制与配载。

8.办理货物发运后的事宜

货物交接发运后，空运代理还需要做好航班跟踪、向托运人交付单证、结算费用等后续工作。

空运代理应将盖有放行章和验讫章的出口货物报关单、出口货物收汇核销单、货运单正本第3联（在集中托运情况下仅交付分运单第3联，主运单留存货运代理人手中）等单据交付托运人。

★问题引导

某年9月25日，嘉华公司委托亚东货运公司（简称亚东公司）空运一批皮装至美国纽约。嘉华公司指示的收货人名称为联合企业集团有限公司（简称“UECL”），联系电话是PPW公司的常用电话，同时嘉华公司在货物包装以及装箱单、报关单、出口货物明细单等多份单证上标注了PPW的唛码。亚东公司委托中国东方航空股份有限公司（简称“东航”）承运，货物于10月2日安全抵达目的港，亚东公司在美国的代理Speed Mark公司按照嘉华公司提供的PPW公司的电话履行了通知义务，并向其交付了运单。10月5日，PPW公司凭嘉华公司提供的“UECL c/o PPW”的商业发票、货物装箱单等单证同运单在美国海关报关，并且通过了美国海关的审核认定，提取了货物。随后，嘉华公司又在10月5日、10月21日、10月30日分别委托亚东公司、华力环球运输有限公司上海分公司（简称“华力公司”）运送同样的货物给同一收货人UECL，同样是PPW的联系电话，同样向PPW公司提供了“UECL c/o PPW”的商业发票、货物装箱单等单证供其通过美国海关的审核提取货物。后亚东公司、华力公司分别向嘉华公司开具了运费发票，嘉华公司接收无异议。次年2月，当亚东公司向嘉华公司索要运费时，嘉华公司致函亚东公司称货运至美国后发生一系列争执，已造成该公司巨大经济损失，待其处理完毕后立即将运费归还亚东公司。法院做出一审判决，认定亚东公司“错放货物”成立，亚东公司负主要责任，承担75%货损；东航对亚东不能赔偿的部分承担赔偿责任；嘉华公司负次要责任，承担25%货损。后亚东公司和东航公司提起上诉，在二审期间，双方和解结案。

思考：（1）亚东公司是否适当履行了交付义务？（2）交付运单是否就是交付货物？

引导知识点

二、国际航空进口货运代理流程

图5-3显示了国际航空货物进口操作流程，下面仅对其中的主要环节予以简要介绍。

1.到货预报

货运代理人接受委托后，除了接收国内收货人交付的各类单证，以及国外代理人寄交的单证外，还应从多种途径（国外分支机构、代理人，国外发货人，空运公司目的港代理人等）获取有关货运单、航班、件数、重量、品名、实际收货人及其地址和联系电话、预计抵港日期等内容，以便做好接货前的所有准备。

2.接单、接货

航空货物抵达目的机场后，航空公司安排卸机，将货物存入航空公司或机场的监管仓库，并进行进口货物舱单录入，将舱单信息传输给海关，以备报关之用。与此同时，航空公司地面代理人还根据货运单上的收货人及地址寄发提货通知。

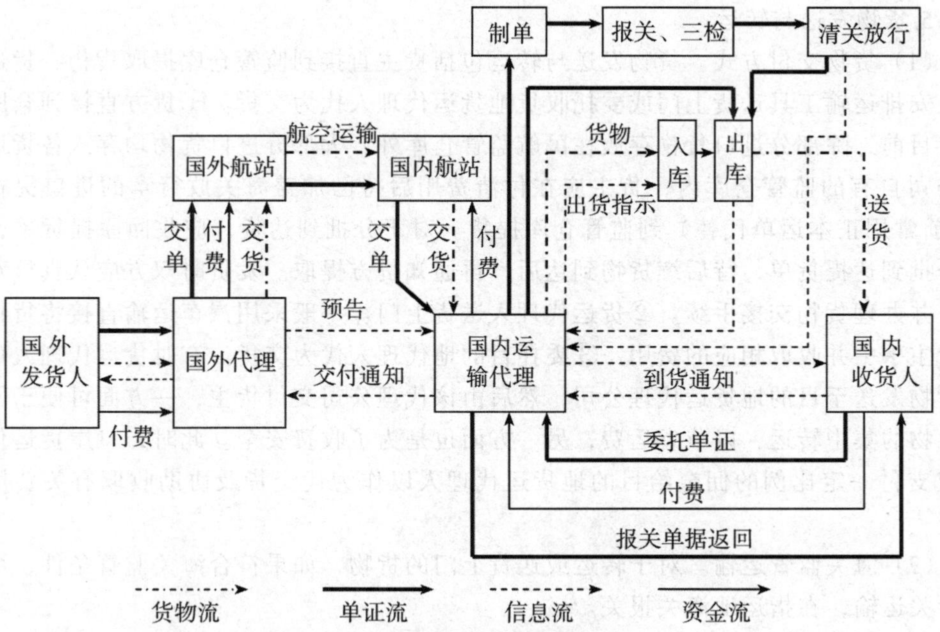

图5-3　国际航空货物进口操作流程

货运代理人代为与航空公司办理货物及与货物有关单据（如货物交接清单、主运单、分运单、发票、装箱单、危险品证明等）的交接时应做到单单（主运单与交接清单）相符、单（交接清单）货相符，如存在有单无货或有货无单的情况，应在交接清单上注明，以便航空公司组织查询并通知入境地海关。如果货物交接时发现货物存在货损货差，则应要求航空公司签发商务事故记录。

3.理单、理货

（1）理单。理单是指货运代理人根据一定的标准和方法对取得的航空公司货运单进行分类整理并予以重新编号。

（2）理货。理货是指货运代理人对短途驳运进入自己监管仓库的货物重新进行清点、查验。

4.发到货通知

理单理货后，根据货运单或合同上的收货人名称及地址寄发到货通知，到货通知一般发给实际收货人，告知货物已到港，催促其速办报关、提货手续。它应包括如下内容：主运单号、分运单号、货运代理公司编号，货物品名、件数、重量、发货人、发货地，运单、发票上已编注的合同号、随机已有单证数量及尚缺少的报关单证，运费到付数额、货运代理公司地面服务收费标准，货运代理公司及仓库地址、联系人、电话等，有关提示货方未及时报关的后果。根据相关规定，货运代理人应当在报关期限内向收货人发出3次通知或查询函，即货到后第1次发到货通知或查询函；超过1个月未能报关的，第2次发催报通知或查询函；超过2个月未能报关的，第3次发催报通知或查询函。由民航部门直接交付收货人的货物，民航要在货到3个月内发出3次催报通知。

5.货物发送与转运

（1）货物交付方式。货物发送与转运包括货主直接到监管仓库提取货物、货运代理人安排运输工具送货上门或委托收货地货运代理人代为交货。①货方直接到仓库提货。目前，除部分进口货物存放在民航监管仓库外，大部分进口货物均存入各货运代理公司自有的监管仓库内，货主应在付清费用后持已加盖海关放行章的进口提货单（目前常用正本运单代替）到监管仓库提货。对于分批到达货，应收回原提货单，出具分批到达提货单，待后续货物到达后，再通知货方提取。发货时双方应认真核对货物，并办理货物交接手续。②货运代理人送货上门。一般采用汽车运输直接将货物送至货主手中并收取相应的费用。③委托目的地代理人代为交货。有时货运代理人可先将货物发送至目的地货运代理公司，然后由该代理公司交付货主，一方面可便于同方向货物的集中转运，以节省运费，另一方面也是为了收费安全。此时，口岸货运代理人应支付一定比例的佣金给目的地货运代理人以作为代交货及协助收取有关费用的酬金。

（2）海关监管运输。对于转运或送货上门的货物，如果符合海关监管条件，可办理转关运输，在指运地海关报关。

图5-4显示了国际航空货物目的地机场进港操作流程。从中不难看出，飞机卸港后，航空公司通常先将货物卸入监管库，同时根据空运单上的收货人及地址发出取单提货通知，然后即为航空公司与收货人或其代理人的交单交货过程。一般情况下，航空公司首先将随货空运单交与收货人或其代理人，收货人或其代理人凭此空运单报关报验，通关后，收货人或其代理人持加盖海关放行章的空运单到航空公司换取提货单，然后可持提货单到监管库提取货物。如果属于集中托运货物，且空运代理人自身拥有海关监管车和监管库，则空运代理人可以在未报关的情况下先将货物从航空公司监管库转至自己的监管库，进行理单、拆单，并在代表实际收货人报关后，通知收货人提取货物，或者送货上门。在这种情况下，航空货运代理人进口（CIF）业务需要经过：到货预报—接单接货—理单与理货—发到货通知—报检报验—报关—发送货或转运—信息传递—代理费用及垫付款结算—业务归档等环节。

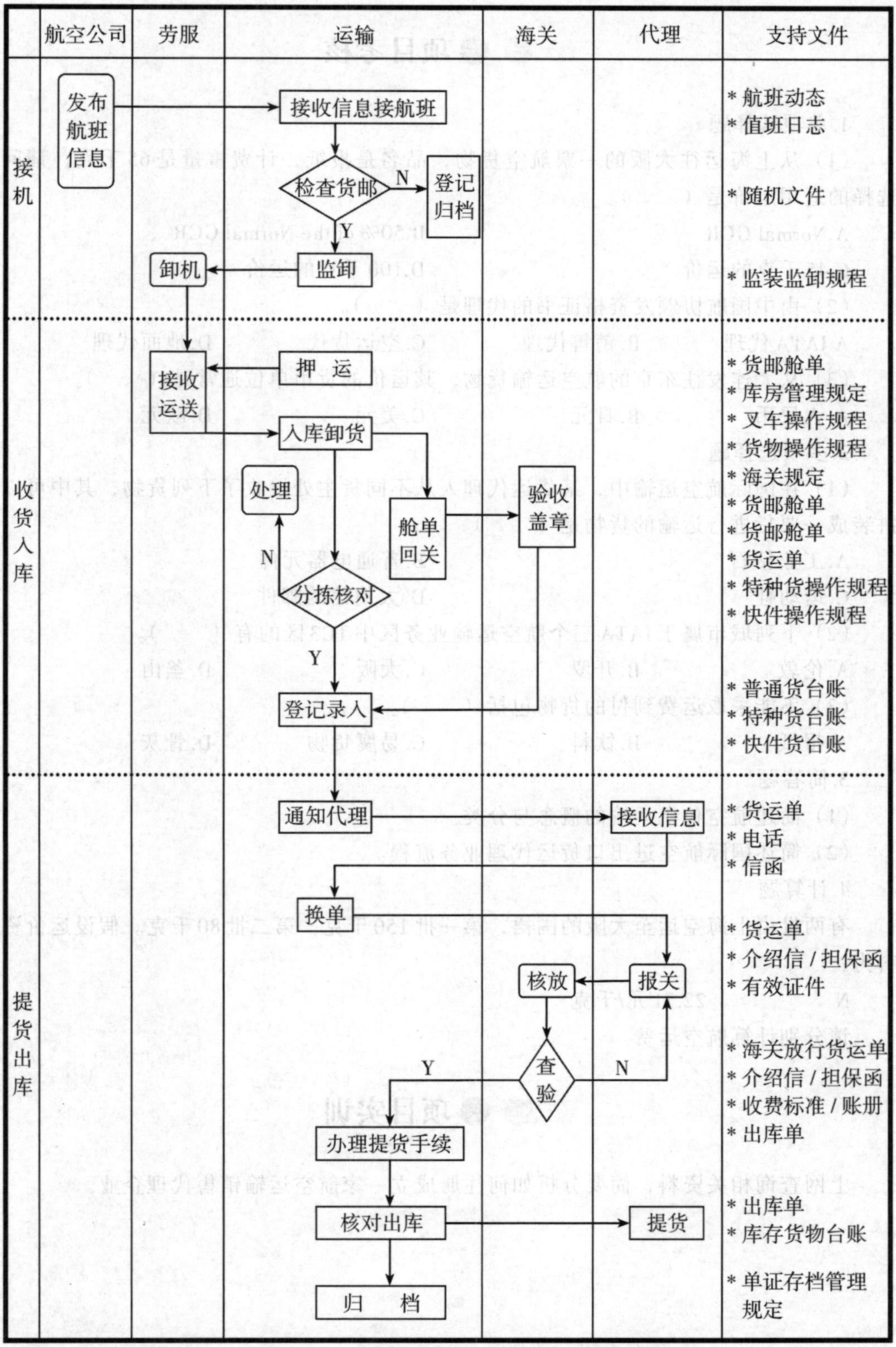

图5-4　国际航空货物目的地机场进港操作流程

项目考核

1.单项选择题

（1）从上海运往大阪的一票航空货物，品名是报纸，计费重量是65千克，请问选择的适用运价是（　　）。

A.Normal GCR　　B.50% of the Normal GCR

C.45千克的运价　　D.100千克的运价

（2）由中国航协颁发资格证书的代理是（　　）。

A.IATA代理　　B.销售代理　　C.空运货代　　D.地面代理

（3）从大连发往东京的航空运输货物，其运价的货币单位通常是（　　）。

A.人民币　　B.日元　　C.美元　　D.欧元

2.多项选择题

（1）在国际航空运输中，某货运代理人从不同货主处接收了下列货物，其中可以拼装成一票货进行运输的货物是（　　）。

A.工业钻石　　B.普通电器元件

C.运动鞋　　D.大使馆的邮件

（2）下列城市属于IATA三个航空运输业务区中TC3区的有（　　）。

A.伦敦　　B.开罗　　C.大阪　　D.釜山

（3）不能采取运费到付的货物包括（　　）。

A.报纸　　B.饮料　　C.易腐货物　　D.骨灰

3.简答题

（1）简述航空包机运输的概念与分类。

（2）简述国际航空进出口货运代理业务流程。

4.计算题

有两批由上海空运至大阪的围裙，第一批150千克，第二批80千克。假设运价资料为：

N　　22.71元/千克

请分别计算航空运费。

项目实训

上网查询相关资料，简要分析如何注册成立一家航空运输销售代理企业。

项目六
特种货物货运代理业务操作

学习目标

知识目标：

1. 认识特殊货物货运代理与特种货物运输。
2. 了解危险品、冷藏品、展品。
3. 熟悉展品货运代理业务操作。
4. 掌握危险品与冷藏品货运代理业务操作流程。

能力目标：

1. 能进行危险品与冷藏品货运代理业务操作。
2. 具备运用专业技能办理特种货物货运代理业务的能力。

素养目标：

1. 认识货运代理对于保障我国特种货物运输操作安全的支撑作用。
2. 明确货运代理人的责任和担当，增强提升我国特种货物运输操作能力的使命感。

任务一　掌握危险品货运代理业务操作

★课堂讨论

学习本课程之前，你了解危险品货运代理吗？知道危险品货运代理的服务对象和业务范围吗？

★问题引导

我国A贸易公司委托同一城市的B货运代理公司办理一批从我国C港运至韩国D港的危险品货物。A贸易公司向B货运代理公司提供了正确的货物名称和危险品货物的性质，B货运代理公司签发货代提单给A贸易公司。随后，B货运代理公司以托运人的身份向船公司办理该批货物的订舱和出运手续。为了节省运费，同时由于B货运代理公司已投保责任险，因此B货运代理公司向船公司谎报货物的名称，亦未告知船公司该批货物为危险品货物。船公司按普通货物处理并装载于船舱内，结果在海上运输中，因为货物的危险性质导致火灾，造成船舶受损，该批货物全部灭失并给其他货主造成巨大损失。

思考：（1）A贸易公司、B货运代理公司、船公司在这次事故中的责任如何划分？（2）承运人是否应对其他货主的损失承担赔偿责任？为什么？（3）责任保险人是否承担责任？为什么？

引导知识点

一、危险品货运代理概述

课外拓展

危险品分类

众所周知，与普通货物相比，国家有关部门对危险货物的生产、仓储、运输、装卸都有严格的规定，工作中涉及的相关部门比较多，如化工品鉴定、包装部门，商检，海关，运输公司等，严格化、专业化、国际化是危险货物运输业务最鲜明的特点。因此，在货运代理实践中，出现了一些专门提供危险品货运代理服务的企业。

1.危险品货运代理的管理对象——危险货物

国家标准GB 6944-2012《危险货物分类和品名编号》对危险货物给出的定义是："具有爆炸、易燃、毒害、感染、腐蚀、放射性等危险特性，在运输、储存、生产、经营、使用和处置中，容易造成人身伤亡、财产损毁或环境污染而需要特别防护的物质和物品。"

可见，危险货物必须同时具备定义中的三个要素。比如，精密仪器、易碎器具等货物，虽具有需要特别防护的特性，但缺少其他两个要素，即不具有爆炸、易燃、毒害、感染、腐蚀、放射性等性质，也不易造成人身伤亡或除货物本身以外的财产损毁或环境污染，因此不属于危险货物。

危险货物可分为以下几大类：

（1）列入国家标准《危险货物品名表》（GB 12268）中的危险货物。

（2）应急管理部、工业和信息化部、公安部、交通运输部联合制定的《特别管控危险化学品目录》。

（3）应急管理部公布的《危险化学品名录》《剧毒化学品目录》中规定的化学品。

（4）符合联合国危险货物运输专家委员会《关于危险货物运输的建议书》（规章范本）危险货物特性的货物。联合国将危险货物分成爆炸品、压缩气体与液化气体、易燃液体、易燃固体与自燃物品和遇湿易燃物品、氧化剂和有机过氧化物、毒害品和感染性物品、放射性物品、腐蚀品和其他危险品等9大类22项。

2.危险品货运代理的服务范围

目前，危险品货运代理，除了向客户提供危险品鉴定、商检、仓储、包装、准备文件以及应急服务、咨询代理服务之外，也可以为客户提供以下高端服务：①为客户量身设计和提供危险品运输方案，解决客户特殊需求。②优化危险品运输方案，确保客户服务水平和降低特种运输成本。③为客户提供整个危险品运输过程的管理，减少客户的管理成本。④为客户提供规范合理的危险品拼装和配载方案，降低小批量危险品运输的成本。⑤为客户提供危险品运输过程的可视化、专业化操作，确保危险品运输的安全和客户满意度。

3.危险品货运代理的基本要求

危险品货运代理应特别熟悉每种运输方式下危险品的托运、装卸、搬运、包装、保管、交接等各个环节的管理要求，同时还应了解相关承运人、港站经营人对所承办的危险品运输的具体要求。以货运代理代办危险品托运为例，作为货运代理，在托运前：①要了解所运危险品将通过哪种运输方式运送。②要了解所运危险品应按哪种运输种类办理。③要了解所运危险品需不需要按特殊条件办理。④要了解所运危险品由哪个港口/车站/机场发运，到达哪个港口/车站/机场收货，相关港口/车站/机场对危险品在港作业有无特殊要求。⑤要了解所运危险品的运输时间是否满足本身要求。⑥要了解所运危险品是否有运输限制和需不需要什么证明文件，这些证明文件能否准备齐全。⑦要了解承运人对所运危险品包装的规定和要求，这些要求能否满足。⑧要了解所运危险品是否需要提前订舱或随托随收。⑨要了解所运危险品需要多少运输费用，这些费用能否接受。

★问题引导

A公司向B公司订舱，要求提供29个集装箱并承运20 735桶冰醋酸，从C港经D港中转至E，货物交接CY/CY，运费预付。A公司接受集装箱后，未进行装箱前检验，就将货物委托给F中转站。装箱完毕，F加封海关封识并出具“集装箱装运危险货物装箱证明书”。C港批准装船，在装船过程中发现4个集装箱外溢冰醋酸，即通知A予以更换。装船完毕后，C港签发了“危险货物监装证书”，B公司签发了清洁提单交至A公司。到达D港后，因外溢的冰醋酸产生有害气味，工人拒绝应中转的29个集装箱。最后B将货物又运回C港。

思考：A公司、B公司是否应该为此负责？

引导知识点

二、海上危险品货运代理业务操作

1.海上危险品订舱操作实务

（1）危险品订舱的注意事项。

①订舱前应了解船公司的相关规定。装载危险货物的船舶必须具备一定的条件，特别是装载全危险品的船舶必须具备船舶监管部门的检验合格证书。对高度危险货物（CLASS1，CLASS2，CLASS3.1，CLASS5.2，CLASS7）的托运，事先应对船舶能否适运了解清楚，以免造成配船后再退关而延误装期。

②订舱前应了解挂靠港口的相关规定。比如，货物如需在中国香港和新加坡转运，两港口对危险货物的进出转运都有特殊的规定和要求，许多品种被禁止转运。

③提前预订舱。危险品订舱一般需要提前7～10天预订舱，待船公司确认所申请危险品可以接受后，再进行电子订舱或纸面订舱。

④不同类型的危险品必须按各类不同危险特性分别办理订舱，以便船方按照《国际海运危险货物规则》（International Maritime Dangerous Goods Code，IMDG Code）的隔离要求分别堆装与运输。比如，一份信用证和合同中同时出运氧化剂、易燃液体和腐蚀品三种不同性质的货物，托运时必须按三种不同性质危险货物分别缮制三份托运单，切不能用一份托运单同时托运三种性质互不相容的危险货物，否则，船方就会将三种危险货物装在一起，三种不同性质、互不相容的货物极容易互相接触，产生化学反应，引起燃烧、爆炸，造成事故。如是集装箱运输，切忌互不相容的危险货物同装一集装箱内。

（2）预订舱时托运人需制作的单证。

①十联托运单（场站收据）。托运人在制作危险货物托运单时，应特别标注以下五项内容：

a.货物名称必须用正确的化学学名或技术名称，不能使用人们不熟悉的商品俗名。例如，“漂白粉或漂粉精”不能用BLEACHING POWDER，而应使用“三氧化二砷”。

b.在品名栏必须注明危险货物DANGEROUS CARGO字样，以引起船方和船务代理的重视。

c.在托运单下方的危险品栏中必须注明危险货物等级和性质，如第5.1类（CLASS 5.1），氧化剂（Oxidizing Agent）；《国际海运危规》页码，如硝酸钾为IMDG Code Page 5171；联合国危规编号，如磷酸为UN NO.1805。

d.易燃液体，还必须注明闪点，如Flash Point 20摄氏度。

e.在积载时有特殊要求的，也必须在托运单上注明，供船舶配载时参考。比如，必须装舱面的货物，需注明DECK SHIPMENT ONLY；需远离火源和热源的货物，应注明FAR AWAY FROM FIRE AND HEAT等。

②船公司格式的危险品申请表（IMDG Application Form）。托运人从船公司代理获取该申请表后，必须用英文填写，电脑打印，手写无效。提交时应加盖提单发货人（shipper）及订舱代理的公章，需正本。

课外拓展

海上危险品托运与进出口监管单证

（3）预订舱时托运人需提供的单证。

①物质安全数据表或安全数据表。物质安全数据表（Material Safety Data Sheet，MSDS）或安全数据表（Safety Data Sheet，SDS），也称化学品技术安全说明书，由化学品生产商提供。欧美国家多采用MSDS，欧盟及国际标准化组织（ISO）则采用SDS。目前，我国对化学品MSDS的要求基本限于危险化学品目录内的产品。而国外对MSDS（SDS）的要求较严，已经扩大到几乎所有化学品。

②各类包装合格证。不同的包装或危险品，所需要提供的合格证书也有所不同，表6-1显示了适用于不同包装或货类危险品的各类证书。

（4）船舶抵港24小时之前托运人需制作与提供的单证。危险品装箱后，托运人应在船抵装港24小时之前，制作并提交以下单证：

①危险品多式联运信息表（Multimodal Dangerous Goods Form，MDGF）或“危险品声明书”（Dangerous Goods Declaration，DGD）。托运人填写，同时必须有提单发货人（shipper）和装箱单位的签名盖章。

②海事局批准的“危险货物安全适运申报单”。

③装箱单位签发的“集装箱装运危险货物装箱证明书”。

2.海上危险品安全申报实务

（1）“箱申报”。集装箱装运危险货物装箱证明书，由集装箱货运站装箱现场检查员填写一式两份，一份提交海事局，另一份应在办理集装箱进港时交承运人。

（2）“货申报”。托运人/收货人或其代理应在船舶进出港口前24小时，向海事管理机构办理危险货物申报手续。

（3）“船申报”。船舶负责人或其代理在船舶进出港口前24小时，提交“船舶载运危险货物申报单”以及相关证书、舱单、配载等附加资料，向海事管理机构办理危险货物申报手续。

表6-1　　不同包装或货类危险品需提交的证书

序号	单证名称	出具单位	适用包装或货种
1	包装性能证、包装使用证	“商检”或“质检”	一般包装
2	罐柜检验合格证明书	船级社	罐柜
3	集装箱装运危险货物装箱证明书	集装箱场站	普通柜
4	压力容器检验合格报告（证明书）	“锅检所”	压力容器
5	检验报告	商检（柔性）或船级社（半刚性或刚性）	中型散装容器或大宗包装
6	放射性剂量证明	环保部门	装载放射性物品
7	限量危险货物证明	国家认可机构	装运限量危险货物
8	油、水含量品质证书	商检	含油压榨物质
9	含水量检测报告	国家认可机构	散装固体“硅铁”
10	危险货物鉴定表	交通运输部认可机构	“危规”未列明的货物
11	危险化学品技术说明书	国家认可机构	散装液货船
12	熏蒸剂类型和用量等技术说明书	国家认可机构	集装箱托运熏蒸物
13	危险货物安全技术说明书	国家认可机构	易燃、易爆、易腐蚀、剧毒、放射性、感染性、污染危害性等危险品
14	包装危险货物技术说明书	国家认可机构	按危规中“未另列明”项装运、需拼箱出运的危险货物等
15	船舶适装证明、码头作业许可证、散装液态化学品技术说明书	国家认可机构	散装液态危险货物
16	货况安全适运证明	国家认可机构	装运货况有特殊安全要求
17	爆炸物品运输证	县市公安机关	托运内贸民用爆炸品

★问题引导

某年8月12日晚11时许，天津滨海新区第五大街与跃进路交叉口的一处集装箱码头发生爆炸。第一次爆炸发生在8月12日23时34分6秒，近震震级ML约2.3级，相当于3吨TNT，第二次爆炸在30秒后，近震震级ML约2.9级，相当于21吨TNT。事发时10千米范围内均有震感，抬头可见蘑菇云。事故造成重大伤亡。

思考：爆炸原因是什么？港口哪个管理环节出现了问题？

引导知识点

三、海上危险品装箱与装卸操作实务

1.危险品装箱作业

危险品装箱时间一般是在船结关前三四天，装箱太早会引起不必要的重柜堆存费（危险品在码头通常不会免堆存费），装晚了会耽误报关、危险品申报的时间。

危险品在装箱时一定要拍照。装箱前空柜拍一张，装箱过程拍一张，装箱完再拍一张，并要显示箱号。

危险货物装箱后应在集装箱的四周贴上危险品标志，如果所装的货物一旦泄漏会对海洋造成污染的话，还需要贴上海洋污染标记。

2.危险品装卸作业

目前，不同码头对危险品的装卸、储存有不同的规定，比如，宁波港规定：凡《国际海运危险货物规则（2020）》中1类、7类危险货物集装箱作业，不予受理；2类及冷冻危险货物集装箱采用车—船或船—车直装、直提方式接运。特殊情况按操作部指令进行。

表6-2根据每一种危险品的危险系数，将其分为红色标志或绿色标志危险品，并对每一类危险品制定了详细的操作程序，以保证和这些货物有关的操作风险能降到最低。从表6-2中可以看出，红色标志危险品集装箱被分成两类，每一类都有其相应的规定。

表6-2 **红色或绿色标志危险品的构成**

危险品种类	红色标志第1类	红色标志第2类	绿色标志
1.1、1.2、1.3、1.4、1.5、1.6爆炸物	▲		
2.1易燃气体		▲	
2.2非易燃，无毒气体			▲
2.3有毒气体		▲	
3.1易燃液体	▲		
3.2易燃液体		▲	
3.3易燃液体			▲
4.1易燃固体			▲
4.2易燃固体		▲	
4.3易燃固体		▲	
5.1氧化剂		▲	
5.2有机过氧化物	▲		
6.1有毒物质			▲
6.2感染性物质	▲		
7.放射性物质	▲		
8.腐蚀品			▲
9.杂类危险物质和物品			▲

红色标志第1类：此类货物只能采取车船直取方式，不得在码头堆场堆存。

红色标志第2类：此类货物可以存放在堆场中，但最多只能存放4个小时，且必须遵循一定的标准。

绿色标志：所有的绿色标志的危险品的箱子会被堆存在指定的堆场位置，且同红色标志第2类危险品隔离开。绿色标志的箱子可以堆码3个高，但会根据危险品的等级不同，进行隔离。绿色标志的箱子最多存放7天，如果超过此期限，集装箱会被转运到指定的场站堆存和发箱，相关的运输费用由进口商承担。

★问题引导

某年底，某出口商委托航空公司从国内运输一票普通快件货物至B国。飞机在B国降落时，经B国民航局抽查，发现该票普货内含疑似危险品。B国民航局遂将该信息通报至中国民航局。C地区管理局按照中国民用航空局的指示对该案进行了调查取证，最终认定该出口商在普货中夹带危险品，并依据《民用航空危险品运输管理规定》作出相应的行政处罚。

思考：危险品以普货运输将会带来什么后果?

引导知识点

四、航空危险品货运代理业务操作

1.航空危险品运输相关人员的基本要求

航空危险品国际公约与法规，比如，国际民航组织（ICAO）的《危险物品航空安全运输技术导则》（Technical Instructions for the Safe Transport of Dangerous Goods by Air，ICAO TI导则）、国际航协的《危险品规则》（Dangerous Goods Regulations，IATA DGR）以及我国的《民用航空危险品运输管理规定》，对航空危险品运输相关人员的基本要求做出了明确的规定。

（1）相关人员必须参加培训。IATA和中国航空运输协会要求参与危险品运输的人员，包括货主、货运代理、承运人、场站经营人等，必须接受危险品知识的培训并获得证书。

（2）托运人及其代理人负有安全交付、提供必需的证明材料等责任。

①作业人员应持有IATA DGR培训合格证书（有效期内）。

②必须根据适用的IATA DGR及承运人的规定托运危险品。

③必须保证所托运的货物不属于禁止航空运输的物品或物质。

④必须保证对所托运的危险品正确地进行分类、包装、加标记、提交正确填制并签字的危险品运输文件。

⑤禁止以非危险品品名托运危险品。

⑥托运国家法律、法规限制运输的危险品，应当提供相应主管部门的相关有效证明。

⑦危险品申报单（以下简称DGD），必须由持有在有效期内的IATA DGR培训资格证书的人员填写。该申报单必须由实际货主或其委托人填写，填写人员必须出具有效期内的正本IATA DGR证书。

⑧必须持该票货物的DGD和分类识别报告，通过货站专用危险品申报窗口申报，由货站持有有效期内IATA DGR证书人员，根据IATA危险品检查单进行检查签字后，货运代理办理危险品过检入库。

⑨货站同意收运危险品后，货运代理必须根据危险品向承运人的舱位控制部门书面申报。

案例分组讨论

某年3月，BGS接收了“大通国际运输公司”一票货物，货运单上品名为八羟基喹啉，此名称的货物应是固体，而实际运输的是淡黄色有毒、有腐蚀性液体草酰氯。此货在吉隆坡机场发生泄漏，造成5名工人中毒，飞机报废。

问题：航空公司工作失误在哪里？应该怎样正确操作？

2.航空危险品运输操作流程

（1）航线确认。危险品在运输过程中会受到机型、航线转运等因素影响，因而应在第一时间确认目的港是否可达。

（2）鉴定与内包装。工厂提供货物信息、样品到相关部门（如上海化工研究院等）进行性质鉴定，由后者出具货物分类报告；根据报告结果得出的危险类别、等级等，依据IATA DGR规定的限量和包装材质做好货物的内包装。

（3）运输和货物包装。在包装之前一定要检查货物的内包装情况，固态包装是否完好，液体包装口部密封是否有松动、渗漏等异常情况。根据工厂所提供的包装选择合适的包装箱，做到衬垫严密，搭配合理。根据航线等条件综合考虑客、货机的包装要求，尽量减少包装件数。多种货物同时包装时要逐个品种进行，并及时做出明显准确的标记。

（4）标记、标签及文件。依据客户提供的空运委托书，正确地填制危险品申报单（DGD）、唛头、危险性标签、危险性操作标签，并根据要求粘贴商业唛头、主运单签、分运单签等。申报单要由在相关部门培训合格并持有航空公司颁发的DGR-A证的人员签字。

（5）货物检验。货物安全运至航空公司收运站台，分类有序地码放整齐。工作人员对每一件货物的标记、标识进行核对，所有文件、货物完全正确后，由航空公司人员签字同意接收、货入危库。

（6）后续工作。货物检验合格后，地面工作人员计重、安检，做到轻拿轻放，包装箱如有破损应及时处理、更换；按航空公司地面称出的重量填制运单；报关、订舱、货物出运、安排续程航班。

★问题引导

某年7月21日凌晨5时01分，一辆从四川泸州出发前往重庆潼南县、牌照为川Z15809的运输槽车，在行至重庆大足县中敖镇加油站时，满载15吨硫酸的运输槽车突然发生泄漏，大量浓硫酸直喷而出，流入道路的排水沟，直逼大足县城居民饮水主河流。

思考：事故出现的原因是什么？

引导知识点

五、陆路危险品货运代理业务操作

1.国际铁路联运危险品货运代理操作实务

对于采用国际铁路联运方式运送的危险货物，承托双方必须遵守《国际货协》附件2——《危险货物运送规则》的特别规定。

（1）关于运送类别的规定。危险货物在国际铁路联运时，可以按整车或零担办理托运，按零担办理托运时，有下列限制：

①对于第3表中列载的危险品，即压缩气体、液化气体或压力下溶解的气体，必须在征得有关铁路同意后，才准按零担办理。

②装入玻璃或陶制器皿内，再装入筐或木笼箱中的易燃、腐蚀性、有毒的液体危险货物，不准按零担运送。但按非危险货物运送的小包装纯化学试剂，以及根据特定条件仅有此一种包装规定的货物除外。

（2）关于运送条件以及是否需要与有关铁路商定的规定。

①凡第1~10表中列载的危险品均可直接办理托运，无须预先征得铁路同意，但我国铁路运送国际联运放射性货物以及按零担办理第3表中所列载的危险品时，应事先将有关资料报国铁集团，由国铁集团外事局会同有关部门商定后办理。

②爆炸品、压缩气体、液化气体或压力下溶解的气体、自燃品及放射性物质，只限列载在第1、3、4、10表中时，才准发送，没有列载的上述货物，必须与有关铁路部门商定后，才准办理运送。

③对于其他各类（即第2表、第5~9表）没有列载的货物，可按相应各类化学性能和危险性质相同的货物运送条件办理，无须与参加运送的铁路部门预先商定即可承运。但发货人应在运单“货物名称”栏内记载下列事项：“危险货物……应按附件第2号第……表第……货物第……号标示牌的条件办理运送。”表明是参照哪种危险品进行托运与包装。

④危险货物的包装种类、一件重量的限制、车种要求、混装限制、标示牌以及运单内记载内容均必须符合《国际货协》附件2——《危险货物运送规则》之各分类表的规定。在个别情况下不按各表的条件运送时，应征得有关铁路同意后，才准许运送。但经二连口岸出口危险货物，在国境站装车时，其同一车内的混装限制可按国内《铁路危险货物运输规则》的规定办理。

⑤危险货物装载必须稳固，加固由发货人负责。在换装运送中，对于装入纸袋或厚纸盒中的整车危险货物，发货人应在每一车内放置不少于10个纸袋或5个厚纸盒的备用空容器，以备包装损坏时使用。

（3）关于标示牌粘贴的规定。

①运送危险货物时，发货人应按《危险货物运送规则》的规定，在每件危险货物和车辆上粘贴相应的标示牌。

②车辆上的标示牌应由装车单位固定在装载危险货物的棚车两侧车门上，以及其他车辆的车体或罐车的罐体两侧中间或在车辆两侧专门规定的处所。

③对装入筐或木笼箱中的玻璃或陶制器皿，应将标示牌粘贴在小木板或厚纸上，然后固定在筐或木笼箱上。

④运送堆装（无包装）的危险货物及中朝两国间运送的整车危险货物，可以不粘贴标示牌。

（4）运输票据记载的特别规定。发货人托运危险货物时，除了在运送票据的“货物名称”栏内正确填写货物名称、关于危险货物性质的记载（比如“自燃”“易燃”“毒”等），以及注明附件第2号第……表第……货物第……号标示牌外，还应在上述记载的内容下面画一红线或在单据左上角用红色或红色戳记标明类项，或者用红色墨水笔填写。

案例分组讨论

某年6月29日4时20分左右，湖南省株洲市某物流有限公司一辆号牌为湘B83393的重型半挂油罐车行驶至广州市沿江高速公路南岗段夏港入口附近，临时停靠在道路外侧车道和应急车道中间时，被一辆号牌为湘L66215的个体经营货车从后方追尾碰撞，引发交通事故。事故造成油罐车（载重40吨）所载溶剂油泄漏，并顺着高速公路排水管流至桥底排水沟，遇火源引起爆燃，大火迅速引燃桥下一露天木材加工场堆放的木板及临时搭建的工棚，致使木材加工场近千平方米木屋顶被掀飞，数十辆货车、小汽车全部被焚毁，造成20人死亡，31人受伤，其中16人重伤。

问题：事故发生的原因是什么？运输企业是否有违规操作？

2.道路危险品货运代理操作实务

有关道路危险货物运输管理，联合国制定了《关于危险货物运输的建议书》，欧洲经济委员会（ECE）与国际运输委员会制定了《危险货物国际道路运输欧洲公约》（ADR）以及欧洲国家中涉及危险品运输的欧盟指令（危险品安全指令）。在我国，2023年11月10日颁布的交通运输部关于修改《道路危险货物运输管理规定》的决定（中华人民共和国交通运输部令2023年第13号）是规范道路危险货物运输市场秩序、保障人民生命财产安全、保护环境、维护道路危险货物运输各方当事人的合法权益的法规。

（1）托运人办理托运。

①托运人应向具有汽车运输危险货物经营资质的企业办理托运，且托运的危险货物应与承运企业的经营范围相符合。

②托运单。对危险货物性质或灭火方法相抵触的不同种类危险货物，必须分别填写托运单，以防止混装而引发重大事故。

盛装过危险货物的空容器，未经消除危险处理、有残留物的，仍按原装危险货物办理托运。托运人应如实详细地填写运单上规定的内容，即在托运单上填写清楚危险货物品名、规格、件重、件数、包装方法、起运日期、收发货人详细地址及运输过程中的注意事项。

③添附证书。提交与托运的危险货物完全一致的安全技术说明书和安全标签。

托运未列入GB12268的危险货物时，应提交与托运的危险货物完全一致的安全技术说明书、安全标签和危险货物鉴定表。

爆炸物品和需凭证运输的化学危险物品，应当持有公安部门签发的爆炸品准运证或化学危险品准运证。

托运放射性物品，按GB11806办理。放射性物品，应当持有指定的卫生防疫部门核发的包装表面污染及辐射水平检查证明书。

托运未列入“汽车运输危险货物品名表”的危险货物新品种，需提交生产或经营单位主管部门审核的“危险货物鉴定表”，经省道路运输管理局批准后办理运输。

使用集装箱装运危险货物的，托运人应提交危险货物装箱清单。

（2）承运人受理托运。

①业务人员在受理前必须对货物名称、性能、防护方法、形态、包装、单件重量、总重等情况向托运人进行详细了解，再根据物品的危险性能与说明，在承运单据上注明。

②问清包装、规格和标志是否符合要求，对于到达车站、码头的爆炸品、剧毒品、一级氧化剂、放射性物品，在受理前应到现场检查包装情况，对不符合安全运输要求的，应请托运人改善包装后再受理。

③对于添附证书应核对是否齐全、有效。

④摸清危险货物运输前的准备工作是否已做好，装卸现场、环境是否符合安全运输条件，必要时应到现场勘察。

⑤道路危险货物运输企业或者单位不得运输法律、行政法规禁止运输的货物。

（3）制订运输计划。

①配备合适车辆。装运危险品必须选用合适的车辆，不得使用危险货物运输车辆运输食品、生活用品、药品、医疗器具，不得使用罐式专用车辆或者运输有毒、腐蚀、放射性危险货物的运输车辆运输普通货物，其他危险货物运输车辆运输普通货物时，必须进行消除危险处理。运输医疗废物时，应使用有明显医疗废物标识的专用车辆；专用车辆使用后，应当在医疗废物集中处置场所内及时进行消毒和清洁；运送医疗废物的专用车辆不得运送其他物品。

②必须按照货物性质和托运人要求安排车班、车次，选择技术性能良好的车辆，选派技能熟练并熟悉道路的司机驾驶。如无法按要求安排作业，应及时与托运人联系进行协商处理。运输不同性质危险货物，其配装应按“危险货物配装表”规定的要求执行。

（4）车辆运行与装卸作业。

①车辆与人员必须携带相关证件。车辆：交通运输主管部门核发的道路运输证（须加盖道路危险货物运输专用章）、公安交管部门核发的有效行驶证、质量技术监督部门核发的有效槽罐质量检测合格证、剧毒化学品道路运输通行证（运输剧毒化学品），悬挂交通运输部门核发的危险货物运输标志灯牌。驾驶员：公安部门核发的有效驾驶证、交通运输主管部门核发的营业性道路运输驾驶员（危险货物运输）从业资格证。押运员/装卸员：交通运输主管部门核发的道路危险货物操作证（押运员证、装卸员证）。

②货物运送要注意气象预报，掌握雨雪和气温的变化，遇有特殊注意事项，应在行车路单上注明。

③危险货物的装卸作业，应当在装卸管理人员的现场指挥下进行。在危险货物装卸、保管、贮存过程中，应当根据危险货物的性质和保管要求，轻装轻卸，分区存放，堆码整齐，防止混杂、洒漏、破损，禁止危险货物与普通货物混装、混放。

(5) 交接保管。

①承运人自受理托运后至送达交货前应负保管货物的责任。托运人安排押运人员押运的，承托双方应明确押运人员的权利、义务。

②严格货物交接，危险货物必须点收点交，做到交付无误，签证手续完善。

③装货时发现包装不良或不符合安全要求应拒绝装运，待改善后再运。卸货时发生货损货差，收货人不得拒收，并应及时采取安全措施，以避免扩大损失，同时在运输单证上批注清楚。司机、装卸人员返回单位后，应向调度汇报，及时处理。

④因故不能及时卸货，在待卸期间行车人员应负责对所装危险货物看管，同时应及时与托运人取得联系，做出处理决定。

⑤在装卸过程中，如出现泄漏现象，应按规定的防护方法及时采取措施，以免损失扩大。如装运货物在运输或装卸时危及安全，承运人应立即报请当地运输管理部门进行处理。

任务二　掌握冷藏品货运代理业务操作

★问题引导

某年12月30日13点51分，满载着210吨延安优质苹果的冷链专列，在西安集结后经凭祥口岸出境发往越南安员站。该趟班列由中铁国际多式联运有限公司作为全程代理，在西安局集团公司货运部、调度所等的大力支持下，中铁集装箱西安分公司积极对接兄弟分公司，联络越南铁路补充商定信息，协调解决了对外商定的难题。与西安西站、西安国际港站持续沟通协调，高效解决空车调配困难，协助客户完成冷藏箱运输申请办理，重点对集装箱各类证书、中国船级社出具的检验报告及签订的安全协议内容进行核实，在发运前对箱体质量进行联合检查，确认发电机柴油装载量是否达标。协调解决客户在货物装箱、装载加固、报关报检、国际铁路联运单证等方面存在的问题，为客户提供了从制单到装车全流程业务指导，从运输组织、货运调度等方面加强协调联动，进一步优化作业流程，提升作业效率，确保了中越冷藏箱班列顺利首发，该趟班列全程运行时间8~9天，较传统海运运输方式缩短了6~7天，开辟了延安苹果出口东盟新的物流通道。

思考：你了解冷藏品运输吗？与普通货物相比，其业务操作有哪些特征？

引导知识点

一、冷藏集装箱运输的特点

1.运输对象的特殊性

冷藏货物相较于其他一般的产品，其显著的特点是容易腐败变质，共性特征均以

“鲜”为主，具有季节性、保鲜性、温控要求高等特点。

(1) 具有明显的地区性、季节性和不稳定性。冷藏货物大部分是季节性生产的农副产品，比如，水果集中在第3、第4季度，南菜北运集中在第4季度，水产品集中在春汛和秋汛期间。由于这些农副产品受自然气候的影响较大，所以运量时多、时少，运输计划难以掌握。

(2) 冷藏货物需要“冷藏链”，使之不间断地处于低温状态，并可根据食品种类或环境变化进行温度调节。不同冷藏货物都有一定的贮藏温度、湿度条件，这就要求在冷藏运输过程中，冷藏集装箱必须有温度检测和控制设备，能够准确连续地记录货物间的温度，以确保在整个过程中能满足冷藏货物贮藏条件的要求，并保持其稳定性。

(3) 对送达时间有明确规定、运输途中需要特殊照顾。承运人不仅要配备专用车辆和设备，安排专人沿途进行照看、饲养，还要求以最短的时间、最快的速度运达目的地，以防止鲜活货物死亡、腐烂或变质。

2.运输过程的专业性与风险控制

(1) 专业性。运输企业应加强对各种冷藏运输工具、易腐货物的冷藏条件、货源的组织、装卸方法、调度工作等管理，实现对冷藏产品的全程温控、配送服务等方面的全面提升，提升客户体验冷藏运输服务的幸福感。

(2) 风险控制。为了保证冷藏运输产品质量与安全，运输企业不仅应具有包括温度监测、异常提示、异常报警等功能的风险监测系统，还需具备异常作业高效处理、运输人员管理考核、安全卫生要求、温度检测等管控方案，提升服务，有效控制风险。

二、冷藏集装箱运输系统分析

1.冷藏货物

冷藏货物，是指需要采取诸如冷藏、保温、防寒、通风等特殊措施，以防止其死亡和腐烂变质的货物。广义的冷藏货物包括以下两大类：

(1) 易腐货物，也称鲜活易腐货物，是指容易在较短时间内腐烂或变质的货物，比如，肉、蛋、水果等。此类货物由过去基本以冷冻食品（冷冻肉类、水产品）为主发展到新鲜肉类、水果、蔬菜占较大比例，还有乳制品、冷饮、糕点、巧克力、保健食品等。

(2) 有生动植物，也称为活动物，是指有生命的动物、植物，比如活鱼、鱼苗、蜜蜂、家畜、野生动物（包括鸟类）、试验用的动物、两栖动物、昆虫以及其他动物等。

上述冷藏货物并非均适用于冷藏集装箱运输。一般而言，冷藏集装箱主要适宜装载以下三类货物：一是鱼、肉、蛋浆等冷冻货；二是肉、柑橘、甜瓜、干酪等低温货；三是胶片、某些药品等需要保持一定温度的货物。

2.冷藏集装箱

冷藏集装箱（refrigerated container），是指具有冷源和隔热箱体，适用于各类易腐物品的运送、贮存的特殊集装箱。

相对于普通箱，冷藏集装箱除了在箱子内部包裹着保温用的保温层（俗称发泡层）以外，还有一些比较特殊的设备。

课外拓展

冷藏集装箱

①隔热。隔热，是指在冷藏集装箱外部与内部之间建立一个隔层，以阻止外界热量传入箱内部。现代冷藏集装箱一般采用聚氨酯泡沫进行隔热。

②制冷。常见的制冷方法包括冰制冷、制冷剂制冷、冷板制冷、机械制冷等。

③供电。对于机械制冷集装箱，需要解决如何向机械式制冷机组供电的问题。具体可分为以下两类供电方式。

a.独立制冷机组。它是指制冷机组拥有单独的动力源，即自带发动机，通常是柴油发动机，以此来独立地驱动制冷系统，而无须借助牵引车的发动机动力，同时还自带备电系统，可在停车时切换备电驱动，因此也称为自驱动。独立制冷机组更适用于大批量且对温度要求较高的货物的中长途运输。

b.非独立式制冷机组。非独立式机组本身没有发动机，主要依靠车辆的发动机作为动力来源，因此也称为车驱动。相对独立机组来说，非独立机组质量更轻、价格低廉，目前已成为城市配送、宅配的主流。

课外拓展

冷藏集装箱的分类

④超高、超宽、大尺寸。目前，传统的20英尺、40英尺标准冷藏集装箱已逐步被40英尺的冷藏高箱（HC）所取代，后者占冷藏集装箱的比重已超过90%。同时，45英尺冷藏集装箱的应用也日益增多。

3.冷藏集装箱载运工具

（1）集装箱船。载运冷藏集装箱的船舶包括全冷箱集装箱船和普通集装箱船。为了便于承载冷藏箱，普通集装箱船均设置了冷藏箱的电源插座及箱位，通常一艘标准集装箱船的冷藏箱位占总箱位的15%~20%。

（2）铁路BX1K型冷藏集装箱专用平车。BX1K型冷藏集装箱专用平车主要由X1K型集装箱平车安装插电线路和设施，由B23机械保温车负责供电，以“一拖多”的形式与B23型机保车组成冷藏集装箱运输车组。

（3）汽车冷藏集装箱牵引车与半挂车。冷藏集装箱半挂车由集装箱平板或者骨架车组成。与厢式冷藏半挂车相比，冷藏集装箱半挂车价格更具有优势，同时冷藏集装箱可拆卸，具有很强的机动灵活性，但因具有独立车架，故其整车自重较高。

4.冷藏集装箱场站

冷藏集装箱场站，是指设有供冷藏集装箱使用的电源插座等装置，为存放冷藏集装箱提供电源等特定条件的场地。

与一般集装箱场站相比，冷藏集装箱场站应具备如下技术条件：

（1）冷藏集装箱场站的技术条件应符合《GB/T 13145 冷藏集装箱堆场技术管理要求》的规定。

（2）冷藏集装箱场站应具备快速换装装备，公铁联运、公水联运、铁水联运换装用的起重机宜具备吊运45英尺冷藏集装箱的能力。轨道式集装箱门式起重机技术要求符合《GB/T 19683 轨道式集装箱门式起重机》的规定，集装箱正面吊运起重机技术要求应符合《GB/T 26474 集装箱正面吊运起重机技术条件》的规定。

（3）冷藏集装箱场站应配置冷藏集装箱检修场地和设备，具备冷藏集装箱检修功能。

（4）冷藏集装箱场站应配置充冷设备，以满足蓄冷式冷藏集装箱的充冷需求。充冷设备的技术要求应符合《GB/T 13145 冷藏集装箱堆场技术管理要求》中 4.1.3.3 的要求。

（5）冷藏集装箱场站宜配建冷库，以更好满足冷藏集装箱的联运要求。冷库应符合《GB 50072 冷库设计规范》的要求。

（6）冷藏集装箱场站的电源和送配电设施应满足机械式冷藏集装箱供电需求和蓄冷式集装箱制冷设备供电需求，应保证连续24小时电力供应。冷藏集装箱场站宜配置冷藏集装箱应急供电设施，应急供电设施应能保证满足2台冷藏集装箱供电2小时的要求。

三、冷藏集装箱运输组织与管理

1.冷藏集装箱运输的组织模式

目前，海上冷藏集装箱运输较为普遍，道路运输由于监管难度大，冰块+棉被+泡沫箱等“土保温”仍是主要的冷藏方式，甚至还在大量使用改装车，全程温控更是难以达到。至于铁路冷藏集装箱运输在我国起步较晚，其组织模式也有其自身特点，下面予以重点介绍。

发达国家铁路中，冷藏集装箱供电模式基本上是集中供电、成组或成列运输。而供电工具则有发电车、发电箱的区别。比如，美国南太平洋公司采用发电机组，可同时向9个40英尺冷藏集装箱供电，该机组装在40英尺集装箱内，铁路运输时挂于车组中部；加拿大铁路载有发电箱的平车挂于列车中部，每一发电箱可供12~14个40英尺冷藏集装箱用电；俄罗斯铁路的冷藏集装箱由挂在冷藏集装箱车列中间的柴油发电机供电，而在车辆拆解后，由冷藏集装箱本身的柴油发电机供给。

我国铁路冷藏集装箱供电模式主要采用“一拖多”的形式组成成组式专用车组。目前主要有两种组织形式：

（1）单组联动车组，即“1+8”模式（称为“一拖八”），车组由1台B23型机械保温车（简称机保车，柴油发电车）和8台BX1K型冷藏集装箱专用平车组成，可为8个40英尺冷藏集装箱供电。注：对于机械冷藏车（机保车、机冷车），其组织方式是“1+4”模式（称为“一拖四”），车组由1辆机保车和4辆冷藏车组成。

（2）双组联动车组，车组由2台B23型机保车（柴油发电车）和16台BX1K型冷藏集装箱专用平车组成。

2.冷藏集装箱运输操作流程

（1）受理托运。承运人或其代理人在受理托运时应与发货人商定运输条件和特约事项，尤其应明确运输全程温度控制要求和联运衔接转换要求，并在订舱单中注明商定的运输条件和特约事项。

①冷藏货物的名称、规格、包装、标识、运输时限要求。托运人订舱时必须提供详细的货品，最好将中英文的品名一起提供，如在特殊情况下，无法提供确切品名，则至少应提供货品的类别，如水果、蔬菜、海产品、牛肉丸子、鱼丸、蚕蛹等。此外，某些港口有限重要求，因此还需要提供货物毛重。

②是否通风及有关温度限制。在实践中，可由托运人提出或由托运人和承运人共同协商确定全程温度控制范围，包括测温位置、测温方法、测温时间间隔等。

③冷藏集装箱是否预冷（Pre-cool）、是否通过适载检验（Cargo Worthy

Inspection，CWI)，同时还要确认是否需要多式经营人安排检验。

④货物在不同运输方式转换衔接过程中的换装场站地点及换装作业相关要求。

(2) 适载检验(CWI)。适载检验是指对集装箱、船舱、飞机、车辆等运载工具是否适宜装载易腐烂变质食品、冷冻品的检验。

对装运出口的易腐烂变质食品、冷冻品的集装箱、船舱、飞机、车辆等运载工具，承运人、装箱单位或者其代理人应当在装运前向出入境检验检疫机构申请清洁、卫生、冷藏、密固等适载检验。未经检验或者经检验不合格的，不准装运。

(3) 装箱管理。

①装箱前准备工作。

a.冷藏箱预检(Pre-trip Inspection，PTI)，也称冷藏箱行前检查或预检。PTI检测是指对箱体、制冷系统等进行全面检查，保证冷藏箱清洁、无损坏、制冷系统处于最佳状态。

b.冷藏箱预冷。冷藏箱出场装货前，船公司将PTI预检合格的箱号提供给码头箱管人员，箱管人员应根据用箱人要求，会同机修车间技术人员对冷藏箱进行相应的预冷(如果需要)，以及设置好相应的温度和通风口。

c.货物预冷。在实践中往往需要对货物进行预冷，使之预冷至冷藏箱设定温度方可装箱。比如，在进口货物为水果时，商检部门会要求买方提供货物冷处理记录。

d.配置专业插座。冷藏箱电源插头为专业插头，与普通插座无法正常匹配连接，因此在工厂装箱，需要配置专业的冷藏箱插座或配置冷藏箱转接插头。

e.其他准备工作。根据不同易腐货物应确认下述事项：最佳温度设定；新鲜空气换气量设定；相对湿度设定；运输总时间；货物体积；采用的包装材料和包装尺寸；所需的文件和单证等。

②装箱操作。

主要包括装箱时切断电源、选择合适包装，合理衬垫与固定、快速装卸货物、保证箱体安全、保持箱体内清洁、避免货物机械伤、箱内堆装货物不得超重等。

③装箱后工作。

a.装箱完毕，应在2小时内给予恢复通电。

b.制作装箱单，注明设定温度、风门开启度等。

(4) 冷藏箱储存保管。

①冷藏箱应堆放在配备有专用电力设备的专用冷藏箱场区。

②与普通重箱一般堆放4层高不同，冷藏重箱一般堆放2层高，以方便电工检查、记录温度；

③集装箱场站应优先受理、优先装卸和优先取送待转运的冷藏集装箱。

(5) 运送与衔接。

①温度与通风换气。依据《GB/T 22918 易腐食品控温运输技术要求》及《GB/T 34399 医药产品冷链物流温控设施设备验证 性能确认技术规范》等标准确定相应的温度与通风换气。

②箱体交接与检查。

a.交接双方应凭箱号、封印和箱体外状况交接。

b.新增的管理单证。主要包括交接记录、冷藏箱清单、冷藏箱巡查记录表。

c.脱离制冷时间。对冷冻和冷藏保鲜货物短时间停止制冷是允许的，但不允许长时间停止制冷。

（6）信息共享。

不同运输方式转换交接时，应做到信息共享，实现运输信息不断链。交接的信息应符合《GB/T 28843 食品冷链物流追溯管理要求》《GB/T 36088 冷链物流信息管理要求》的规定。

（7）空箱返还。

冷藏箱为高价值箱体，要求严格做好箱体交接，检查箱体内外部、机组单元，特别是机组电源插头和电缆等易盗物品，以明确交接责任；所有进口冷藏箱拆空后车队必须回到指定场地进行清洗，保持箱内清洁；冷藏箱若有温度记录盘，冷藏重箱拆空后回场时，码头检查口作业人员应将温度记录盘从箱体上取下，在背面记录箱号、船名、航次、进场日期，并交还码头中控室单证人员保管。

（8）特种情况处理。

①冷藏危险货物集装箱。进出口冷藏危险货物集装箱，如采用车—船直取方式，装卸船前2小时由码头通知汽车运输企业提箱，承运的汽车运输企业必须具备危险品运输资格，车辆符合规定要求。

②冷藏箱装载普通货物。冷藏箱作为普通集装箱使用时，船公司或其代理必须在箱子进场时向码头提供书面申请书。

③异常报警。在出现报警时，用箱人应第一时间将情况反馈给箱管人员，箱管人员应在第一时间进行应急处理。

3.中欧班列冷藏集装箱运输组织与管理

（1）中欧班列易腐货物运送条件。

根据《货物运送规则》第4章13条“易腐货物”的规定，凡在运送中对高温或低温情况需要采取防护措施（加冷、加温、通风）、照料或照管的货物，均属于易腐货物。

①发货人托运的易腐货物，必须符合发送国国内法律规定的应有的质量和温度状态。

②发货人根据货物装车前的热状态和生理状态、适运期限、算出的运到期限，以及运行全程最差的气候条件，确定运送易腐货物的必要防护措施及车辆或集装箱种类。

③允许使用同一车辆、同一集装箱运送不同品名的易腐货物，但这些货物不应散发或吸附气味，并应有相同的运送条件。

④运送中需要采取防护措施、照料或照管的易腐货物，应装到车辆或集装箱内承运，并为装载到每辆车或每个集装箱内的货物办理运单。

⑤发货人在运单“货物名称”栏内注明“易腐”。如使用通风棚车运送货物时，还应注明“通风”字样。

⑥在运单“发货人的声明”栏内，发货人应根据车辆或集装箱的技术可能性注明运送全程所需的防护措施和保温制度。如果运单中没有发货人的此项记载，则认为运

送该易腐货物时没有必要采取防护措施和遵守保温制度。

（2）中欧班列冻结货物运送条件

根据《货物运送规则》第4章19条“冻结货物”规定，外界温度低于0°C时货物颗粒因相互冻结或冻结在车辆地板和壁板上而失去松散性的堆装或散装货物，属于冻结货物。

①发货人在托运冻结货物前应采取措施，减少含水量并使含水量达到货物不致冻结的程度。

②如货物含水量无法减少到不使货物冻结的程度，发货人应根据国内法律在装车时采取预防货物冻结的措施（以下简称预防措施）。

③冬季期间，货物运送全程均应采取预防措施。如发货人未采取预防措施，承运人可拒绝承运货物。

④冬季运送冻结货物时，发货人应在运单“货物名称”栏内记载“冻结”，在“发货人的声明”栏内注明货物的含水量百分比及采取的预防措施（“货物冻结”“撒入石灰数量占　%”“用油处理的数量占　%”“分层垫入锯末”等）。在运送泥土、沙土、碎石和砾石时，发货人可不在运单中注明含水量。

任务三　熟悉展品货运代理业务操作

★问题引导

某年春节期间，成都市政府如期举办一年一度的“金沙太阳节”活动，此次盛会特邀请韩国首尔旅游事业科来成都展示自己的灯组。锦程国际物流受成都博物院委托，负责灯组全程门到门的往返运输，代办ATA单证册，进口展品货物的报关及清关。此次展品货运代理展会的举办方及发货方均不了解临时进出口的操作流程，报关难度增大。在冬天长江进入枯水期，海运时间无法保证，时间紧迫很难赶上展会时间。锦程国际物流依托强大的涉外代理资源，协助发货方办理ATA单证册及相关报关单证，确保顺利通关。并根据展会的时间安排，采取海铁联运的运输方式，通过铁路运至成都，在上海做转关，保证了成都博物院灯组的顺利展出。

思考：展品货运代理有什么特点？

小词典

展品货运代理是指根据展商的要求，接受展商委托，代表货主办理有关货物报关、交接、仓储、调拨、检验、包装、转运、订舱等业务的货运服务企业。

引导知识点

一、展品货运代理

1.展品货运代理的服务范围

一般而言，展品货运代理的服务范围主要包括：制订展品运输工作方案，确定展品类别、数量，代为安排展品的征集、制定、购买，安排展品、道具、宣传品、行政用品的运输，协调安排展品等货物的装箱、开箱、清点、保管，协助安排展品和展台布置，安排有关展品运输的调研、评估、总结。具体包括以下内容：(1) 多式运输服务：海陆空联运，安全、及时地实现展品的空间位移，协助展品成功参展；(2) 报关报检服务：协调港口、货站、空港、海关、商检等职能部门；(3) 保险代理服务：提供展品全程运输保险，费率优惠，理赔方便；(4) 仓库增值服务：提供装箱、刷唛、衬垫、包装、拆箱、出入库服务；(5) 展馆增值服务：提供布展、撤展及展品的现场咨询；(6) 参展指导服务：提供参展方案设计，指导展商准备展品，提高参展质量；(7) 招展协助服务：协助组展单位进行招展，代理展位销售服务。

2.展品货运代理的服务特点

大型展品货运代理实际上是专业会展物流服务提供商。他们通常具备强大的资源整合和供应商甄选、控制以及管理的能力，并且拥有多家资质良好、操作能力强的分供方，可以充分利用分供方的运力（船舶、汽车、仓库、装卸设备等）和网络资源，通过直接和间接的渠道，在全球范围内灵活地调用可用的运力资源，为客户提供全面的展品运输解决方案，实现运输计划。因此，大型展品货运代理不仅为展商提供全程一站式服务：境外收货、境外运输、展品通关、展馆内装卸、展品回运等；在展览期间还可以为展商提供现场咨询服务，并对展品进行监管，帮助展商解决实际问题。

此外，许多货运代理还参加了国际展览物流协会（International Exhibition Logistics Association，IELA）。国际展览物流协会是一个有着70多家展品物流货运代理的全球化协会，其会员可以充分利用这个组织遍布全球的服务网络与货运资源，因而在服务水平与费用方面具有较强的竞争力。

★问题引导

展品运输包装问题

中国国际展览中心举办的某次国际木工类机械展览会上，一家瑞士公司首次参展，发运了1个40英尺集装箱的海运展品，货物经天津新港转关运输至北京展览中心。展品进馆前，检疫人员对货物进行查验，邀参展商一同去展览中心的监管仓库，当去掉铅封锁、打开集装箱时，发现3件木工加工机械均为裸装展品，也就是没有外包装箱。第一件、第二件完好无损，第三件由于包裹着塑料薄膜，也没有发现异常。但是当海关查验核对机器型号时，检查人员发现了第三件展品右侧外腿有损坏的现象，好像是被重物撞击而产生的凹陷。展商当即表示，出厂安检时，机器外观完好无损，很有可能是发运出境时国外的运输公司在装箱时造成的损坏。虽然进馆调试后，机器运转还算正常，但展商非常遗憾没有对机器进行外包装。由于有破损现象，因此造成展会期间许多原本有意购买展机的厂家最后被迫放弃。

思考：展品运输对会展有什么影响？

小词典

从广义上来讲，展品运输包括展览前后展品的运输以及与此相配套的会展设施的运输等。

从狭义上来讲，展品运输就是指以展品为主体所产生的运输过程。如果从物流角度看，展品物流是指为满足商品展览的特殊需要，将展品这种特殊的商品，及时准确地从展商所在国（地区）转移到参展目的地，展览结束后再将展品从展览地运回的过程，包括展览前后的仓储、包装、国内运输、进出口报关和清关、国际运输，展览中的装卸、搬运，以及在此过程中所需要的信息流动。

引导知识点

二、展品运输

1.展品运输的特点

作为同属于运输业范畴的展品运输，除了具有其他运输行业所共有的对安全性、及时性、经济性以及准确性的要求之外，还具有以下特点：

（1）高度时效性。展览会日期的确定性和严格性较强，因此对展品运输的时效性要求非常高。多数国外来华参展的展品普遍会在展览会开幕前的一周或半个月抵达中国的海、空港口，而包括报关、报检、查验、内陆监管运输、展台就位等重要的操作环节在内的展品运输工作需要在短短一周之内全部准确无误地完成，高度的时效性要求是展品运输区别于其他运输的最重要的特征。

（2）返回运输。会展逐渐向国际化趋势发展，特别是对于大多数展品，有进口必然就有出口，因为展品存在返回运输，这是展品运输很特殊的一点。

（3）海关检验检疫严格。由于展品多数为临时进口的海关监管货物，因此在检验检疫方面有着更为严格的要求（详见下面的专门说明）。

（4）对展品运输服务商实行严格管理。为了保证出国（境）文物展览的展品在国际、国内运输过程中的安全、准确、快捷，国家文物局于2001年7月30日特制定《出国（境）文物展览展品运输规定》。根据此规定，展品承运人的资格由国家文物局根据本规定认定并颁发资格证书，国家文物局定期向社会公布展品承运人名单。

课外拓展

展品运输承运人资格

（5）会展主办方通常指定运输代理。一些大型展览会，主办方通常会指定一个运输商作为其展览会的运输代理，统一办理展品运输事宜。品牌展览会指定的往往也是服务好、信誉佳的运输商。会展运输代理是主办方为方便展商而为其准备的备选服务项目，当然，展商也可以自行安排运输。

（6）实行项目经理负责制。展品运输工作是展商参加展览会的一项主要工作，它对展出的效果有直接、重要的影响。货运代理，除了严格按照展商的要求，安全、及时、准确、经济地完成展品运输，保证展商顺利参展、展览会如期开幕之外，通过实行项目经理负责制，为每个展览会项目配备专职的项目经理和项目助理，全面负责每个展览会的展品运输，使展商能够得到一站式的全方位的服务，节省展商沟通、联络的时间，为展商提供更贴心、更周到的服务。

2.展品运输的分类

（1）按展品运输的区域分类。按展品运输的区域不同，其可分为国内展品运输和国外展品运输，国内展品运输又可细分为本地参展运输和异地运输。其中，异地运输还可分为三大类：一次性展览运输、巡回展运输和出国展运输。

①一次性展览运输。这类运输相对简单，因主要承担国内某城市举办的一次性展览活动，涉及的运输方式通常为铁路运输和道路运输。

②巡回展运输。巡回展是一类特殊的展览，由于展品要转战各地，服务商能否按时保质地将展品运到是最关键的问题，至于运费倒是次要的。一般参展企业为了保险起见，都要通过不同的途径向同一地点发送两套展品。

③出国展运输。出国展运输手续最为繁杂，涉及海关、检验检疫等多个部门，而且不同展品、展览会要求也各不相同。

（2）按组织方式分类。按组织方式的不同，其可分为集体运输与单独运输。

①集体运输。集体展出通常由组织者统一安排运输。统一运输有许多好处：一是可以节省展商的时间和费用；二是可以避免混乱；三是可以更有保证地将展品按时运到展地，并可以使用集装箱方式运输，安全、快捷。

②单独运输。单独展出或者虽是集体展出却不统一安排集体运输，则展商就需要自己安排运输事宜。

★问题引导

广州中远物流作为独家代理承办了西班牙艺术大师DALI在中国举办的“DALI艺术互动展”的展品运输代理服务。这批展品投保金额逾2亿元人民币，分三批从瑞士、丹麦历经空运、海运运达中国广州。第一批48件雕塑品从瑞士接货，由COSCO ANTWERP号于3月7日从安特卫普起运。第二批设备从丹麦的哥本哈根接货，由COSCO ROTTERDAM号于3月19日顺利出运。第三批名画于4月8日从瑞士空运至广州。这三批展品抵达广州白云国际机场和广州黄埔新港后，4月28日在广东美术馆成功举办了“DALI艺术互动展”，受到各媒体和市民的广泛关注。这次展品价值高、操作难度大、社会效应好，对提高中远展品物流的品牌将起到积极的作用。

思考：简要说明境外展品进口货运代理操作流程。

引导知识点

三、展品进出口货运代理操作流程

1.展品进口货运代理操作流程

境外展品进口货运代理操作流程如图6-1所示。

①货运代理项目部接到组委会确定的展商的目录和通信方式后进行核对，并与组委会保持密切联系，及时更新展商资料。

②货运代理项目部根据组委会提供的展商名录通过电子邮件、传真、电话等多种渠道在第一时间内与展商取得联系，确保展商知道展品运输方面有关事项。展商根据自身需要按要求填写展品清单并传给货运代理项目部。

③货运代理项目部将展商反馈的信息进行整理后，将相关需求信息第一时间通知涉外代理和国内相关网点，并根据展品清单做好展品通关准备。

④货运代理的国外代理和国内网点根据展商提供的展品清单收取货物（如展商要求可上门收货）；国外代理根据展品内容制作准确的展品清单并传给货运代理项目部，货运代理项目部根据展品清单向海关报关。

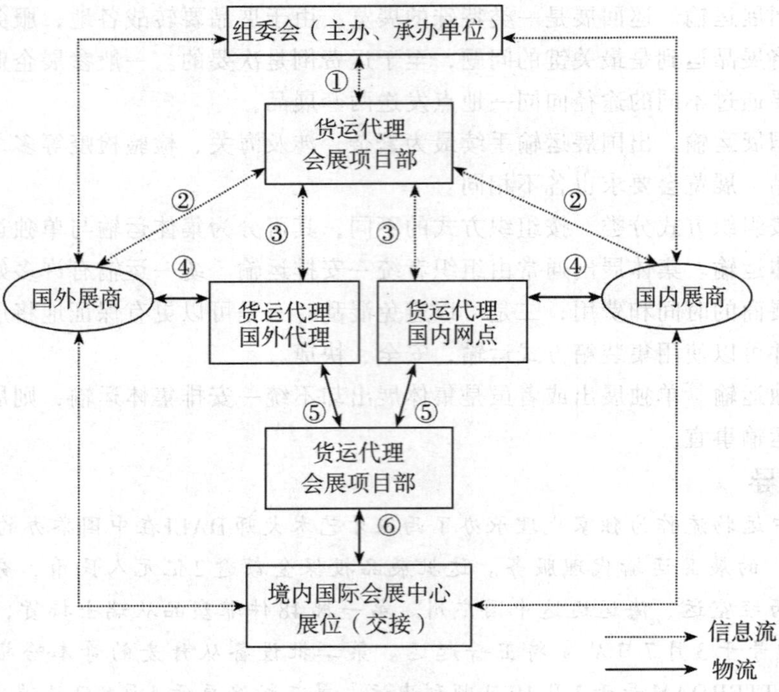

图6-1 境外展品进口货运代理操作流程

⑤货运代理的国外代理和国内网点根据货运代理项目部的安排采用多式联运的方式将展品在规定时间内运抵指定口岸，并将展品的到达信息（到达时间、运输方式、船名、航次等）通知货运代理项目部。

⑥货运代理项目部根据国外代理和国内网点提供的展品到达信息，按照接货流程做好报关工作并根据展商要求提供仓储、运输、拆装箱等服务。

图6-2是某国际货运代理公司作为博览会物流总代理商时组织境内展品货运代理操作的基本流程。

2.展品出口货运代理操作流程

①租船订舱。如前所述，展品承运人必须取得出国（境）文物展览运输的资格。境外展览方或国内参展单位委托没有展品承运人资格的单位运输展品，或不与承运人签订展品运输合同，由国家文物局取消其举办展览或参加展览的资格。由此造成展品损失的，应依照法律追究其民事责任和刑事责任。

②签订展品运输合同。出国（境）文物展览展品运输合同应包括以下内容：展品的名称、数量、重量；展品委托方、接收方的名称，运输的起始地和目的地；使用的运输工具；展品运输需要办理的审批、检验和报关等手续；展品的内、外包装；押运人员的派出及责任；委托方、承运人及接收方对展品的点交和检验；保险及承运人的违约责任；其他相关内容。

③按要求进行展品的运输包装。出国（境）文物展览展品的运输包装，应符合国家文物局发布的《出国（境）文物展览包装工作规范》。

④展品的交接。展品委托方以文字、照片或录像等形式记录展品在运输前的保存状况。展品承运人、展品接收方及其他相关检验人员根据记录对展品进行点交和检验。

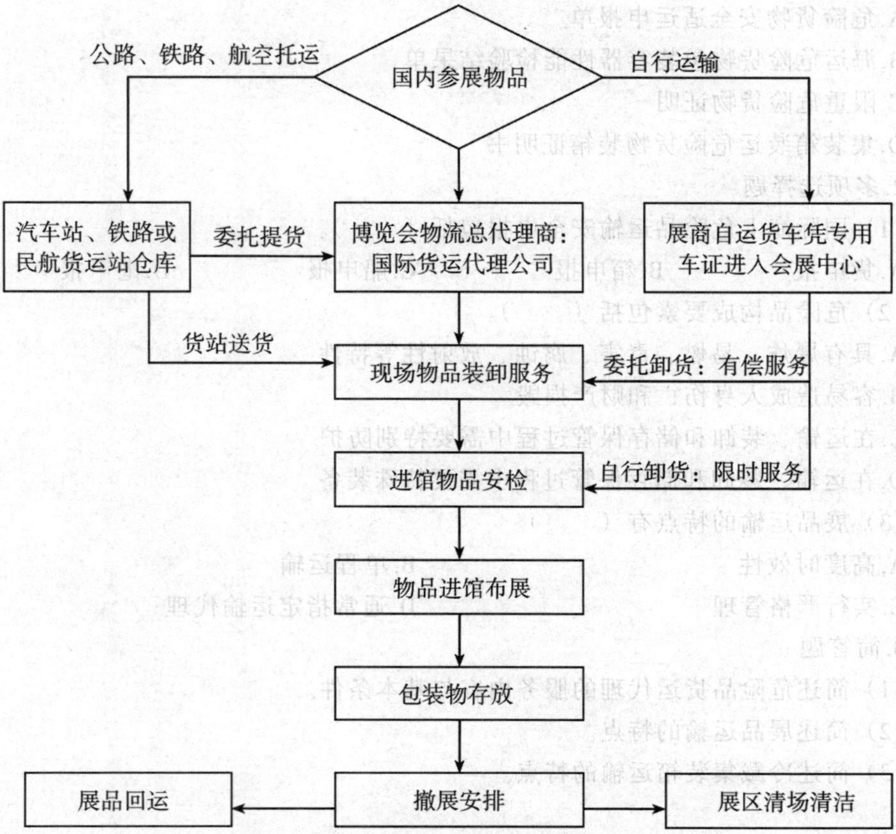

图6-2　境内展品货运代理操作流程

⑤在规定的口岸出境。出国（境）文物展览展品必须在北京、上海、天津、广州、西安、深圳等指定口岸出境。

⑥展品运输过程中的基本要求：a.运输工具的选择以保障展品安全为前提；b.使用汽车或火车的运输，应有武装人员押运；c.国际运输过程中应有中方人员随行；d.运送展品的汽车在高速公路上的车速不应超过90千米/小时；e.装卸作业中，展品包装箱的倾斜角不得超过30度。

项目考核

1.单项选择题

（1）生产出口危险货物包装容器的企业，必须向商检机构申请进行包装容器的（　　）。

A.性能鉴定　　B.质量认证　　C.使用鉴定　　D.卫生注册

（2）我国铁路冷藏集装箱运输组织模式采用（　　）。

A.“1+2”模式　　B.“1+4”模式

C.“1+8”模式　　D.“1+16”模式

（3）一批危险货物采用海上集装箱运输，装箱后集装箱场站需签发（　　）。

A.危险货物安全适运申报单

B.海运危险货物包装容器性能检验结果单

C.限重危险货物证明

D.集装箱装运危险货物装箱证明书

2.多项选择题

(1)国际海上危险品运输安全申报包括( )。

A.货申报　B.箱申报　C.船申报　D.港申报

(2)危险品构成要素包括( )。

A.具有爆炸、易燃、毒害、腐蚀、放射性等特性

B.容易造成人身伤亡和财产损毁

C.在运输、装卸和储存保管过程中需要特别防护

D.在运输、装卸和储存保管过程中需要特殊装备

(3)展品运输的特点有( )。

A.高度时效性　B.单程运输

C.实行严格管理　D.通常指定运输代理

3.简答题

(1)简述危险品货运代理的服务内容与基本条件。

(2)简述展品运输的特点。

(3)简述冷藏集装箱运输的特点。

模块三

当事人业务

学生通过本模块的学习，能够认识无船（车、机）承运业务，了解无船（车、机）承运人，熟悉无车承运与航空快递业务操作，掌握无船承运人提单、航空分运单制作；认识国际多式联运业务，了解国际多式联运经营人，熟悉国际多式联运业务操作，掌握国际多式联运方案设计。

本模块内容架构如下：

模块三　当事人业务

- 项目七　无船（车、机）承运业务操作
  - 任务一　掌握无船承运操作
  - 任务二　熟悉无车承运操作
  - 任务三　掌握航空集中托运操作
  - 任务四　熟悉国际航空快递操作
- 项目八　国际多式联运业务操作
  - 任务一　了解国际多式联运与多式联运经营人
  - 任务二　掌握国际多式联运方案设计
  - 任务三　熟悉国际多式联运业务操作

项目七
无船（车、机）承运业务操作

学习目标

知识目标：

1.认识无船（车、机）承运业务。

2.了解无船承运人、无车承运人与无机承运人。

3.熟悉无车承运与航空快递业务操作。

4.掌握无船承运人提单、航空分运单制作。

能力目标：

1.能进行海运与空运集中托运业务操作。

2.具备无船承运人提单、航空分运单制作能力。

素养目标：

1.认识无船（车、机）承运业务对于提升国际货运代理行业综合能力的支撑作用。

2.明确货运代理人的责任和担当，增强提高我国货运代理服务水平的使命感。

任务一　掌握无船承运操作

★课堂讨论

什么是无船承运人？与传统货代相比，无船承运人操作有何特点？

★问题引导

20世纪60年代，集装箱化运输成为国际贸易中货物运输的显著特征。集装箱作为一种便利的集运工具，表现出极大的优势：货代通过将不同托运人托运到同一目的地的货物集中起来放在一个集装箱内进行运输，大大便利和节省了国际贸易中小批量货物流通的成本，不仅促进了国际贸易的发展，也为国际货运代理企业的不断发展壮大提供了条件。于是，海运界首先出现了无船承运人制度，即传统货代开始直接签发货运单或提单，对货主以承运人的姿态出现，但不经营任何船舶。此时，货代在法律上已不再是货主或轮船公司的代理人，而是与货主和轮船公司分别签订合同的中间承运人。巨无霸的班轮运输公司面对着众多中小货主，为了集约化经营，班轮公司必须以优惠价把大批量舱位放给大货代公司揽货；大货代公司加价把小批量舱位放给小货代公司揽货；小货代公司再加价向广大而零散的中小货主揽货，聚沙成塔，形成层层转委托的批发零售关系。因此，货主和轮船公司都愿意接受这种承运，无船承运人制度很快在国际海运中发展、盛行。

思考：无船承运人就是没有船舶，但却赚取运费差价的人，你认为这种说法正确吗？

小词典

无船承运人（non vessel operating carrier，NVOC），也称无船公共承运人（non vessel operating common carrier，NVOCC），是指以承运人身份接受托运人的货载，签发自己的提单或其他运输单证，向托运人收取运费，通过班轮公司完成国际海上货物运输，承担承运人责任，并依据法律规定设立的企业。

引导知识点

一、无船承运人的特点

根据2023年颁布的《中华人民共和国国际海运条例》《中华人民共和国国际海运条例实施细则》（以下分别简称《国际海运条例》《国际海运条例实施细则》）相关规定，可梳理出无船承运人与国际海上货代的异同（见表7-1）。

表7-1 无船承运人与国际海上货代的比较

比较项目	无船承运人	国际海上货代
服务领域	海上班轮运输	海上班轮运输
法律地位	承运人	代理人
收入性质	运费（差价）	代理费
资金占用	较高	很少
拥有船舶	禁止拥有	禁止拥有
自己的提单	有	无（实践中有例外）
自己的运价表	有	无（实践中有例外）
经营重点	以拼箱货的集拼、分拨为中心	以整箱货的订舱、交付为中心
委托人	货主	货主
注册资金	仅要求在中国境内依法设立企业法人	500万元人民币
保证金	无	无
外商投资	允许	允许
许可制/备案制	备案制	备案制

1.在法律地位上为海上承运人

这是与货代的本质区别。无船承运人作为承运人，有权制定自己的运价表，签发自己的提单或其他运输单证，收取运费，但同时也应承担货物运输责任。

2.不拥有或不经营船舶

“无船”是无船承运人的充分条件，这是无船承运人与船公司的本质区别。从《国际海运条例》第七条对“无船承运业务”的界定看，无船承运人对船舶无实质的占有或控制权，要通过“国际船舶运输经营者”完成运输，表明无船承运人经营的是运输，而不是船舶。

3.提供海上班轮运输服务

在英美法系中，通常将承运人分为公共承运人（Common Carrier）和合同承运人（Private Carrier），并将无船承运人界定为公共承运人，故称之为无船公共承运人；在大陆法系中，并无公共承运人和合同承运人之分，因而通常称为无船承运人，但实际上，在大陆法系中，尽管不再强调“公共”二字，但我国《国际海运管理条例》已规定无船承运人不拥有或不经营船舶，表明无船承运人的服务范围限制为从事国际班轮运输。

4.实行登记备案制度

目前，国际货代、无船承运市场已全面彻底开放，已由最初的行政许可制改为登记备案制度。

（1）国际货代。根据《国际货运代理企业备案（暂行）办法》（商务部令2005年第9号）第二条“凡经国家工商行政管理部门依法注册登记的国际货物运输代理企业及其分支机构（以下简称国际货代企业），应当向商务部或商务部委托的机构办理备案”和第四条“国际货代企业备案工作实行全国联网和属地化管理。商务部委托符合条件的地方商务主管部门（以下简称备案机关）负责办理本地区国际货代企业备案手续；受委托的备案机关不得自行委托其他机构进行备案。”

（2）无船承运人。

一是企业设立与变更备案。根据《国际海运条例实施细则》第九条、第十四条规定，经营无船承运业务，应当自开业或变更之日起15日内向省、自治区、直辖市人民政府交通运输主管部门备案。设立备案信息包括企业名称、企业统一社会信用代码、注册地址、办公地址、联系方式等。对于发生“变更企业名称、企业迁移以及歇业、终止经营”三种情形之一的，需要办理变更备案。

二是运价备案。根据《国际海运条例》第十四条规定，经营无船承运业务经营者的运价，应当按照规定格式向国务院交通运输主管部门备案。备案的运价包括公布运价和协议运价。其中，公布运价，是指国际船舶运输经营者和无船承运业务经营者运价本上载明的运价；协议运价，是指国际船舶运输经营者与货主、无船承运业务经营者约定的运价。同时《国际海运条例实施细则》第二十条进一步规定，国际班轮运输经营者与货主和无船承运业务经营者协议运价的，应当采用书面形式。协议运价号应当在提单或者相关单证上显示。

三是签单代理备案。根据《国际海运条例实施细则》第十九条、第二十一条规定，无船承运业务经营者需要委托代理人签发提单或者相关单证的，应当委托依法取得经营资格或者办理备案的国际船舶运输经营者、无船承运业务经营者和国际海运辅助业务经营者代理上述事项。国际班轮运输经营者和无船承运业务经营者应当将其在中国境内的船舶代理人、签发提单代理人在交通运输部指定的媒体上公布。公布事项包括代理人名称、注册地、住所、联系方式。代理人发生变动的，应当于有关代理协议生效前7日内公布上述事项。国际班轮运输经营者、无船承运业务经营者应当及时将公布代理事项的媒体名称向交通运输部备案。

二、无船承运人的业务范围

根据《国际海运条例实施细则》第三条（四）规定，无船承运人围绕其所承运的货物开展下列活动：

（1）以承运人身份与托运人订立国际货物运输合同；

（2）以承运人身份接收货物、交付货物；

（3）签发提单或者其他运输单证；

（4）收取运费及其他服务报酬；

（5）向国际船舶运输经营者或者其他运输方式经营者为所承运的货物办理订舱和托运；

（6）支付运费或者其他运输费用；

（7）集装箱拆箱、集拼箱业务；

（8）其他相关的业务。

三、无船承运人提单操作实务

1.无船承运人提单的概念与特点

参照《中华人民共和国海商法》的定义，无船承运人提单，是指用以证明海上货物运输合同和货物已经由无船承运人接收或者装船，以及无船承运人保证据此交付货物的单证。

显然，无船承运人提单是特指无船承运人所签发的提单。如前所述，目前除了美国、中国等少数国家外，其他国家并无无船承运人的概念，因而这些国家的货运代理所签发的提单，虽称为货代提单，但与无船承运人提单并无差别。

课外拓展

无船承运人提单

无船承运人提单具有以下特点：

（1）提单签单主体不同。无船承运人提单是由无船承运人（货运代理）或其代理签发的，而船公司提单是由船公司、船长或其代理签发的。

（2）提单相互关联。在无船承运业务中，会涉及两个不同主体所签提单的操作，其中，由船公司签发的提单，通常称为母提单、主提单或备注提单（master B/L或memo B/L或ocean B/L），由无船承运人签发的提单，通常称为子提单或运输行提单（house B/L），因而，通常称为套单操作。

（3）提单类型不同。在套单操作下，无船承运人提单通常是收货待装船提单、指示提单，船公司提单一般是已装船提单和记名提单。

（4）提单制作存在差异。在套单操作下，无船承运人提单与船公司提单，在制作依据以及当事人、货物数量与体积、集装箱交付方式等方面记载不尽相同。

2.无船承运人提单的流转程序

（1）整箱货下无船承运人提单的流转程序。当无船承运人分别以CY/CY方式接受发货人的订舱以及向船公司办理订舱时，提单的流转程序如图7-1所示。

（2）拼箱货下无船承运人提单的流转程序。在拼箱货下，各个实际发货人与无船承运人之间按CFS/CFS条款交付货物，然后，无船承运人再以CY/CY交接方式向船公司办理订舱，此时提单的流转程序如图7-2所示。

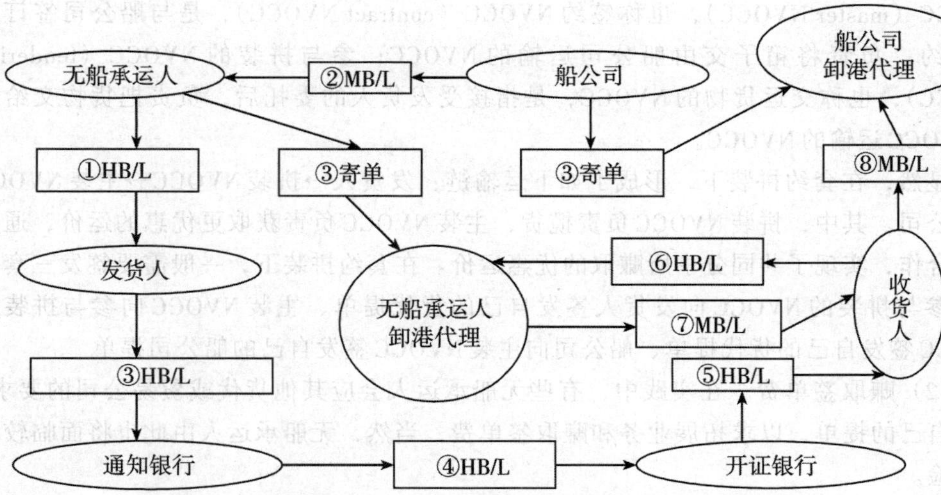

图7-1　整箱货下无船承运人提单流转程序

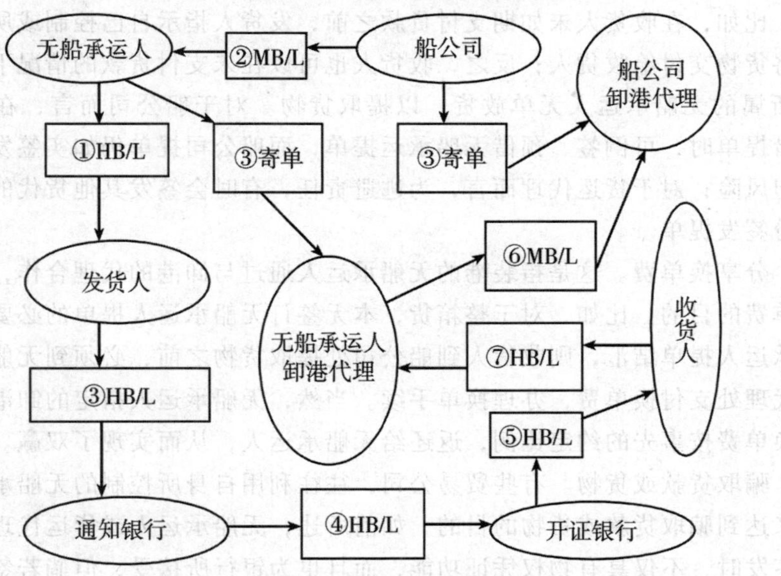

图7-2　拼箱货下无船承运人提单流转程序

3.无船承运人提单的应用

目前，无船承运人提单除了用于办理正常业务，供货方结汇之外，还会应用于以下几个方面，有时会产生一定的负面影响。

（1）分享优惠运价。这是指两个无船承运人通过合作，以达到共同分享优惠运价的目的。在实践中，一些由大货主组建的无船承运人具有掌控货源的便利，一些由船公司组建的无船承运人则具有掌控“运力”的便利，因而双方便有了合作的可能。此外，有些无船承运人并未取得合法经营的资格，因而不得不借助于其他无船承运人。比如，在北美航线上，只有取得联邦海事委员会批准的无船承运人才有资格通过与船公司签订服务合约的方式享受优惠运价。因而，实践中出现所谓的套约拼装（co-loading)，也称合并出运、合作装载。套约拼装，是指两个或两个以上的NVOCC的拼装货物，以一个主装NVOCC的名义，通过船公司实现海上运输的行为。其中，主装

NVOCC（master NVOCC），也称签约NVOCC（contract NVOCC），是与船公司签订服务合约，负责将箱子交由船公司运输的NVOCC；参与拼装的NVOCC（tendering NVOCC），也称交运货物的NVOCC，是指接受发货人的委托后，负责把货物交给主装NVOCC运输的NVOCC。

显然，在套约拼装下，形成了如下运输链：发货人→拼装NVOCC→主装NVOCC→船公司。其中，拼装NVOCC负责揽货，主装NVOCC负责获取更优惠的运价，通过彼此合作，实现了共同分享所赚取的优惠运价。在套约拼装下，一般需要签发三套提单：参与拼装的NVOCC向发货人签发自己的货代提单、主装NVOCC向参与拼装的NVOCC签发自己的货代提单、船公司向主装NVOCC签发自己的船公司提单。

（2）赚取签单费。在实践中，有些无船承运人会应其他货代或贸易公司的要求，出借自己的提单，以求拓展业务和赚取签单费，当然，无船承运人由此也将面临较大的风险。

（3）规避风险。有时，无船承运人提单成为货主或者货运代理、船公司规避风险的工具。比如，在收货人未如期支付货款之前，发货人指示自己控制或所属的无船承运人不将货物交付给收货人；反之，收货人也可以在未支付货款的情况下，要求自己控制或所属的无船承运人无单放货，以提取货物。对于船公司而言，在货方要求倒签、预借提单时，可倒签、预借无船承运提单，而船公司提单仍如实签发，以避免船公司承担风险；对于货运代理而言，为逃避责任，有时会签发其他货代的提单或以代理的身份签发提单。

（4）分享换单费。这是指装港的无船承运人通过与卸港的代理合作，以达到共同分享换单费的目的。比如，对于整箱货，本无签订无船承运人提单的必要，但如签发了无船承运人提单结汇，则收货人到船公司处提取货物之前，必须到无船承运人指定的卸港代理处支付换单费，办理换单手续。当然，无船承运人指定的卸港代理会将所收取的换单费按事先的约定比例，返还给无船承运人，从而实现了双赢。

（5）骗取货款或货物。有些贸易公司，往往利用自身所控制的无船承运人所签发的提单来达到骗取货款或货物的目的。如前所述，无船承运人或货运代理提单以承运人身份签发时，不仅具有物权凭证功能，而且也为银行所接受，但倘若签发人的信誉较差，就有可能使该“物权凭证”成为“一张废纸”。因此，对于货主而言，如选择接受无船承运人提单，则应确保该无船承运人的信誉良好。

4.无船承运人提单的缮制

无船承运人提单与船公司提单在其格式、内容、条款、签发等方面均应符合有关调整海运提单的国际公约、法律法规的规定，其法律地位相同，而且基于同一运输目的，它们之间具有一定的关联性，但在缮制方面有所不同。无船承运人提单应严格按照信用证的规定进行缮制与签发，以便货方结汇及提货；船公司提单则应根据无船承运人与船公司之间的约定和船公司收到货物的实际情况进行缮制。表7-2显示了无船承运人提单与船公司提单在若干项目上的差别。

表7-2 无船承运人提单与船公司提单若干项目对比

项目	无船承运人提单（子提单）	船公司（实际承运人）提单（母提单）
发货人	信用证规定的发货人	无船承运人
收货人	信用证规定的收货人，通常为指示提单	无船承运人在目的港的代理，通常采取记名提单
通知人	信用证规定的通知人	无船承运人在目的港的代理
适用运价本	无船承运人运价本	实际承运人运价本
货物名称、数量、体积等	按各个发货人交付的情况记载	按无船承运人交付的情况记载
货物交接方式	按与各发/收货人约定的方式，如拼箱—拼箱	按无船承运人与实际承运人间的约定方式，如整箱—整箱
签发数量	按发货人数量（每位发货人一式三份）	仅一式三份
签发人	无船承运人或其代理	实际承运人或其代理或船长
主要用途	结汇	提货

5.无船承运人提单的签发

根据《UCP600》的规定，班轮提单只能以承运人、船长或其代理人的身份签发；租船提单只能以船东、租船人、船长或其代理人的身份签发。因此，在实务中，尽管货运代理可以采取不同的方式签发提单，但会涉及两个问题：一是所签发的提单是否符合信用证的规定；二是由此可能面临的责任与风险。

（1）以承运人（acting as a carrier）身份签发提单。《UCP600》取消了货运代理（freight forwarders）这一用语，由承运人、船东、船长或租船人以外人士取代。即《UCP600》第14条l项：假如运输单据能够满足本惯例第19条、20条、21条、22条、23条或24条的要求，则运输单据可以由承运人、船东、船长或租船人以外的任何一方出具。可见，银行可以接受货运代理、无船承运人等以承运人的身份所签发的运输单证。

（2）以自己的名义签发提单。根据是否接受承运人的委托，可以细分为以下两种情况：

一是作为间接代理/隐名代理。此时，虽然以自己的名义签章，却未在提单上公开其代理人身份和代理关系，但如果持有承运人、船长、船东或租船人的授权的话，则可以适用我国《民法典》第九百二十六条的规定，即货运代理可以向提单持有人披露承运人，提单持有人可以选择货运代理或者承运人作为提单签发人主张其权利，但不得变更选定的相对人。

二是作为非间接代理/隐名代理。此时，货运代理应独立承担责任。

如上所述，货运代理提单只有在以承运人身份签发时才能被《UCP600》所接受。因此，当货运代理以自己名义签发所谓“提单”时，除非当事人在信用证中另有规定，否则银行对于这种信用证是不予接受的。

（3）以代理人的名义（as agent）签发提单。根据是否事先披露被代理人，可以细分为以下两种情况：

一是表明代理人与被代理人的名称。即以承运人、船长、船东或租船人的代理身份签发，并且对被代理人的名称加以注明。此时，如果获得了被代理人的授权，而且明确表明其代理人身份并指明被代理人名称，则货运代理不承担责任。如果未获得授权便以其名义签发提单，属于无权代理，那么就必须为其签发的提单负责。当然，如果事后被代理人追认或者构成表见代理，被标明为被代理人的船公司或无船承运人仍可被认定为承运人。

二是未具体披露被代理人名称但表明了自己的代理人身份。此时，应结合具体案例来进一步判断货运代理的身份——代理人还是承运人，由此决定是否承担责任。

《UCP600》规定，无论是承运人、船长还是代理人均应做到其身份的可识别性，即承运人或船长签署时，既要标明承运人公司的名称或船长的姓名，也要标明承运人（carrier）或船长（master）；而由代理人签署时，除了必须有代理人的签名外，还必须标明被代理人的名称和身份。显然，当货运代理所签发的提单仅表明代理身份而未明确披露代理人名称时，除非当事人在信用证中另有规定，否则银行对这种提单是不予接受的。

6.无船承运人提单的收回

在套单下，既涉及无船承运人提单的收回，也涉及船公司提单的收回，前者发生在收货人与无船承运人之间，后者发生在无船承运人与船公司之间。

由于船东提单在无船承运人与船公司之间流转，并非用于结汇，因此其流转速度较快，通常不会发生晚于船到的情况，同时申请电放所受限制的因素也较少；无船承运人提单主要用于结汇，其流转较慢，通常会发生晚于船到的情况，为避免无单放货，可采用电放交货，但申请电放却可能受贸易合同、信用证及提单类型等诸多限制，由此可见，在套单下，船东凭正本提单交货或电放均是可行的，一般不会出现无单放货操作，而无船承运人却更可能采取正本提单、无单放货或电放交货的方式。

四、无船承运人拼箱操作实务

1.拼箱的含义与优点

拼箱，是指无船承运人作为集拼经营人（consolidation）或组装化人（groupage）将起运地的拼箱货汇集成一个或数个整箱货后，交由船公司发运的组织方式，因此也称为集中托运。拼箱操作下各关联方的相互关系如图7-3所示。

拼箱操作可实现“四方”受益：

（1）无船承运人受益。无船承运人将拼箱货装入集装箱后，以整箱货集中托运，可以赚取“整箱货”与“拼箱货”之间的运费差价。

（2）托运人受益。托运人直接向船公司订舱，因货源较少，船公司将会按“零售价”收费，如向无船承运人订舱，为吸引客户，无船承运人会将赚取的运费差价返回一部分给托运人，因而托运人将支付较低的运费。此外，在集拼操作下，无船承运人提供了站到站，甚至门到门服务，货方可获得更为便捷的服务，同时，因托运人交付货物后即可取得无船承运人签发的提单，从而使结汇时间提前，加速了资金的周转。

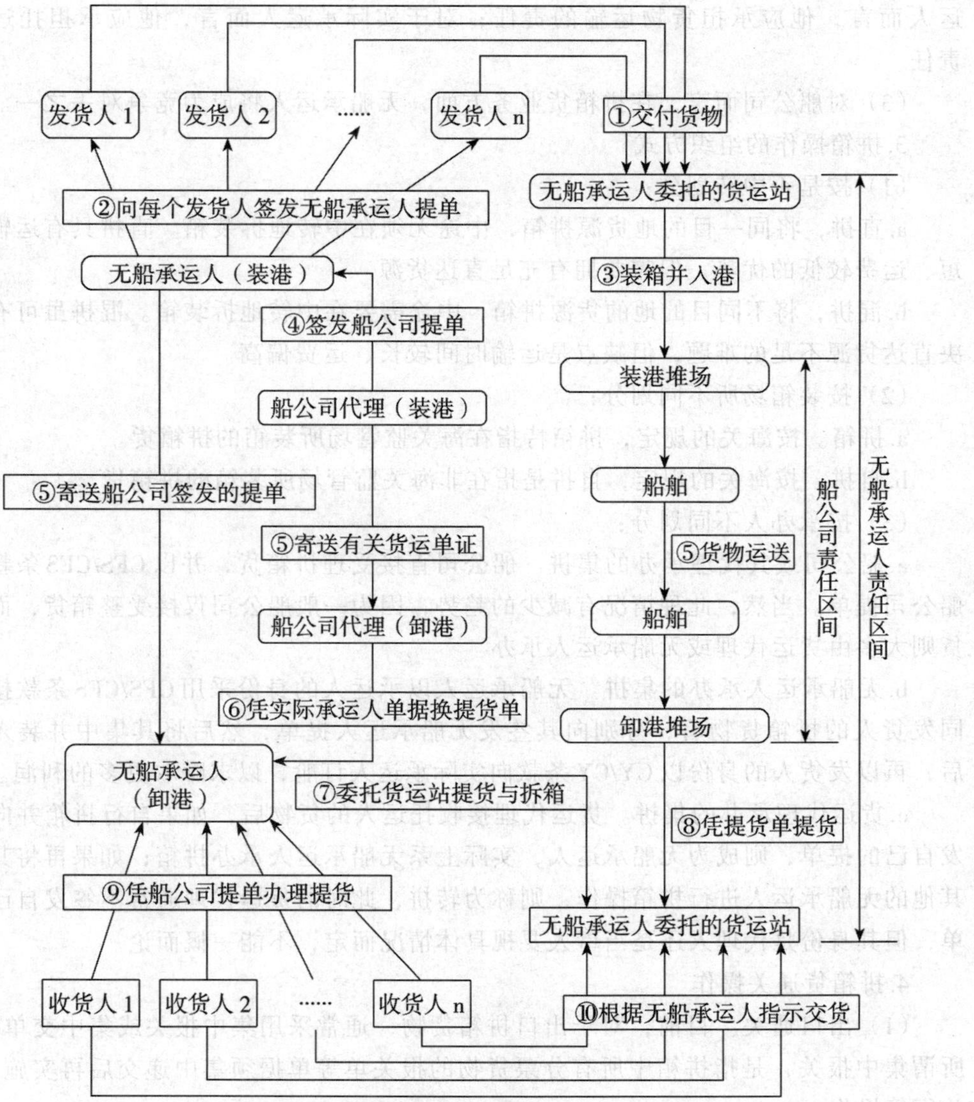

图7-3　拼箱操作下各关联方的相互关系示意图

（3）船公司受益。可以解除船公司揽货量不足的困扰，提高船公司的满载率。

（4）社会受益。有利于无船承运人与船公司之间的分工与合作。前者专注于货运组织工作，后者专注于实际的海上运输生产。

2.拼箱操作的缺点

（1）对货主而言，在集拼操作下，货物实际装船时间及交付时间不易确定，这在无船承运人或其代理资信较差的情况下更是如此。因而，易腐烂变质货物、紧急货物或对时间要求较高的货物一般不宜采取集中托运方式。此外，货方应向资信良好的无船承运人办理集中托运业务，以避免上述不足。

（2）对于无船承运人而言，一是需要"硬件"和"软件"投入，以便具备从事分拨的设施、通信网络与服务网络。二是风险增加。在集拼操作下，无船承运人承担从收取货物开始至交付货物为止的全程运输责任，而且他还具有双重身份：对于每个托运人而言，他应承担货物运输的责任；对于实际承运人而言，他应承担托运人的责任。

（3）对船公司而言，在拼箱货业务方面，无船承运人将成为竞争对手之一。

3.拼箱操作的组织方式

（1）按是否中转划分：

a.直拼，将同一目的地货源拼箱，中途无须在中转地拆装箱。直拼具有运输时间短、运费较低的优势，但需要拥有充足直达货源。

b.混拼，将不同目的地的货源拼箱，中途需要在中转地拆装箱。混拼虽可有效解决直达货源不足的难题，但缺点是运输时间较长、运费偏高。

（2）按装箱场所不同划分：

a.拼箱。按海关的规定，拼箱特指在海关监管场所装箱的拼箱货。

b.自拼。按海关的规定，自拼是指在非海关监管场所装箱的拼箱货。

（3）按承办人不同划分：

a.船公司或其代理承办的集拼。船公司直接受理拼箱货，并以CFS/CFS条款签发船公司提单。当然，此种情况有减少的趋势，因为一般船公司仅接受整箱货，而拼箱货则大多由货运代理或无船承运人承办。

b.无船承运人承办的集拼。无船承运人以承运人的身份采用CFS/CFS条款接受不同发货人的拼箱货物后，分别向其签发无船承运人提单，然后将其集中并装入整箱后，再以发货人的身份以CY/CY条款向实际承运人订舱，以求赚取更多的利润。

c.货运代理承办的集拼。货运代理接收托运人的货物后，如果自行拼箱并向其签发自己的提单，则成为无船承运人，实际上系无船承运人承办拼箱；如果再将其交由其他的无船承运人进行拼箱操作，则称为转拼，此时的货运代理通常不签发自己的提单，但其身份是代理人还是当事人要视具体情况而定，不能一概而论。

4.拼箱货通关操作

（1）出口通关。目前，对于出口拼箱货物，通常采用集中报关或集中交单模式。所谓集中报关，是指拼箱中所有分票货物的报关单等单据须集中递交后再实施审核、放行等操作。

a.一次报关。拼箱货的各个发货人或其代理可以各自向海关发送电子数据申报。

在货物装箱后，拼箱承运人按整箱将各分票报关单及随附单证汇齐后，向现场海关一次性递单，并附“出口拼箱货物装箱明细表”或“出口拼箱货物清单”。向海关发送电子数据的各报关企业分别承担各自所报单证的法律责任及相关义务。

b.货到报关。在集装箱内的所有货物运抵海关监管场所后，拼箱仓库向海关发送运抵报告。运抵报告发送后，拼箱承运人才能办理拼箱货物的海关申报，以保障“货到报关”的有效实施。

c.以箱为单元进行查验。拼箱货物报关后，对拼箱货物的监管将按集装箱为单元进行管理，所有查验手续按照整箱货物查验手续进行办理。

（2）进口通关。如前所述，对于进口拼箱货，首先，应由无船承运人向海关申请分拨，将其从码头CY移至自己的CFS；然后，拆箱后，各个收货人在办理换单、报关手续后，可以提取货物。

分拨，是指海关监管场所经营人将进境货物、物品从一海关监管场所运至另一海关监管场所的行为。

分拨申报流程如下：

a.进境货物、物品需要分拨的，舱单传输人应当以电子数据方式向海关提出分拨货物、物品申请，经海关同意后方可分拨。

b.分拨货物、物品运抵海关监管场所时，海关监管场所经营人应当以电子数据方式向海关提交分拨货物、物品运抵报告。

c.在分拨货物、物品拆分完毕后的2小时以内，理货部门或者海关监管场所经营人应当以电子数据方式向海关提交分拨货物、物品理货报告。

d.分拨货物、物品提交理货报告后，海关可办理货物、物品的查验、放行手续。

5.拼箱货的运作流程

图7-4显示了无船承运人以拼箱货条款（CFS/CFS）接受若干家发货人的拼箱货之后，将其集中并委托自己的货运站装箱后，再以整箱货条款（CY/CY）交付船公司承运，货物到达目的地后，无船承运人目的地的分支机构或代理从船公司提取整箱货并送至自己的货运站拆箱，然后再分拨各个收货人。

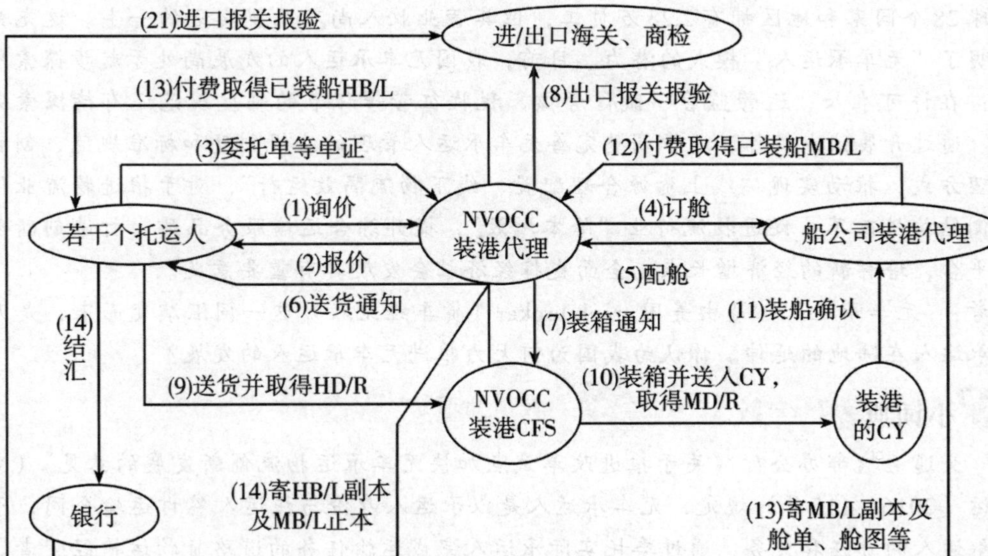

图7-4 无船承运人进出口集装箱拼箱货流转程序

（1）装港装箱集运。其主要包括接受委托；集中订舱；通知送货，通知装箱，集运报关，收货签单并装箱；箱交船公司，付费取得船公司提单；收费签发货代提单；托运人递单结汇等。

（2）卸港拆箱分拨。其主要包括接收、核对、缮制并分发单证；凭船公司提单办理提箱手续；无船承运人卸港代理向海关办理移库手续，提箱、拆箱；向收货人发到货通知，凭货代提单向收货人签发提货单；收货人报关、提货。

任务二 熟悉无车承运操作

★课堂讨论

探讨我国政府推广无车承运人的重要意义？

★问题引导

提到无车承运人，就不得不提首创无车承运人模式的罗宾逊物流。作为北美最大的第三方物流公司，罗宾逊拥有全美最大的卡车运输网络，到2014年4月，罗宾逊仅有1.1万名员工，而美国最大公路运输企业之一的世能达，仅司机就有1.55万人，在全球28个国家和地区拥有2.23万员工，但其营业收入尚不及罗宾逊的一半。这充分说明了“无车承运人”模式的潜力。目前，我国无车承运人的发展尚处于起步探索阶段，在许可准入、运营监管、诚信考核、税收征管等环节的制度规范还有待探索完善。通过开展试点工作，逐步调整完善无车承运人管理的法规制度和标准规范，创新管理方式，推动实现“线上资源合理配置、线下物流高效运行”，对于推进物流业供给侧结构性改革，促进物流行业“降本增效”，提升综合运输服务品质，打造创新创业平台，培育新的经济增长点，全面支撑经济社会发展具有重要意义。

思考：“无车承运人”是由美国 track broker（货车经纪人）这一词汇演变而来，是无船承运人在陆地的延伸。你认为我国为何大力推进无车承运人的发展？

小词典

交通运输部办公厅《关于推进改革试点加快无车承运物流创新发展的意见》（交办运〔2016〕115号）规定，无车承运人是以承运人身份与托运人签订运输合同，承担承运人的责任和义务，通过委托实际承运人完成运输任务的道路货物运输经营者。

引导知识点

一、无车承运人的作用

2019年9月6日，交通运输部、国家税务总局发布了《网络平台道路货物运输经营管理暂行办法》（交运规〔2019〕12号）（以下简称《办法》）将“无车承运”更名为“网络平台道路货物运输经营”，并对其定义和法律地位进行了明确界定。《办法》第二条规定，网络平台道路货物运输经营（以下简称网络货运经营），是指经营者依托互联网平台整合配置运输资源，以承运人身份与托运人签订运输合同，委托实际承运人完成道路货物运输，承担承运人责任的道路货物运输经营活动。网络货运经营不包括仅为托运人和实际承运人提供信息中介和交易撮合等服务的行为。实际承运人，是指接受网络货运经营者委托，使用符合条件的载货汽车和驾驶员，实际从事道路货物运输的经营者。

无车承运人具有资源整合能力强、品牌效应广、网络效应明显等特点，利用互联网手段和组织模式创新，有效促进货运市场的资源集约整合和行业规范发展，对于促进物流货运行业的转型升级和提质增效具有重要意义。

二、无车承运人与货运代理人的区别

如表7-3所示，无车承运人与货运代理人的区别如下：

表7-3　无车承运人与货运代理人的比较

名称内容	货运代理人	无车承运人
运输合同的订立	不可以	可以
收全程运费	不可以	可以
收佣金	可以	不可以
收运费差价	不可以	可以
对全程运输的责任	不承担	承担
相对于委托人的身份	代理人	承运人
相对于实际承运人的身份	代理人	委托人
托运人法律地位	单一法律地位	双重身份

（1）法律地位不同。“无车承运人”属于承运人的范畴，其业务活动是以承运人的身份接受货载，并以托运人的身份向实际承运人委托承运，签发自己的提单，并对货物的安全负责。在“无车承运人”与实际承运人对货物的损失都负有赔偿责任的情况下，二者要承担连带责任；而货运代理人则是接受货方委托、代货方办理货物运输的人，属代理人范畴，其业务活动是代理货主办理订舱、报关等业务，不对货物的安全运输承担责任。

（2）身份不同。二者虽然都是中介组织，但“无车承运人”是处于中介组织与实际承运人之间的一种业态形式，兼具二者的共同特性。“无车承运人”与托运人是承托关系，与收货人是提单签发人与持有人的关系。即对于托运人而言，他是承运人；而对于实际承运人来讲，他又是托运人。货运代理是受他人委托办理服务事宜，与托运人是被委托方与委托方的关系，与收货人则不存在任何关系，而在托运人与收货人之间承担的只是介绍人的角色。

（3）收费性质不同。“无车承运人”是以承运人的身份向货主收取运费。在整个运输过程中，“无车承运人”在收取货主运费后，需委托实际承运人完成运输，并向其支付运费，赚取两者的运费差价；货运代理人收取的是服务中介费。因此，是否赚取运费差价，是判断经营者是否承揽无车承运业务的重要依据。

（4）成立的条件及程序不同。按照《国际货运代理管理规则》规定，国际货运代理实行备案制，其中，经营陆路国际货运代理业务，注册资本最低限额为200万元人民币；按《办法》第六条规定，无车承运人实行经营许可制，应按照《中华人民共和国道路运输条例》《道路货物运输及站场管理规定》的规定，取得道路运输经营许可证，经营范围为网络货运。

三、无车承运企业应具备的条件

无车承运人虽不拥有或不经营车辆，但《办法》明确要求无车承运人应以互联网平台为载体，整合配置资源。《办法》强调无车承运人应是以互联网平台为载体，通过互联网平台在更大的范围内整合资源，目的在于培育互联网与道路运输融合发展的新业态。至于那些不以互联网平台为载体的无车承运人，至少不是我们国家现阶段鼓励发展的无车承运人。

《办法》第七条规定：从事网络货运经营的，应当符合《互联网信息服务管理办法》等相关法律法规规章关于经营性互联网信息服务的要求，并具备与开展业务相适应的信息交互处理及全程跟踪记录等线上服务能力。

任务三　掌握航空集中托运操作

★课堂讨论

在学习本节课程之前，你是否了解航空托运？在你的生活中有哪些货物的航空托运？

★问题引导

传统意义上的航空货代一般只代表货主从事订舱、清关等事务或代理航空公司出具货运单。随着无船承运人制度的确立，无船承运人方式很快蔓延到空运界，航空货代开始以承运人的身份签发自己的空运单，尽管他们并不拥有或经营任何飞行器。其经营的方式与海运业基本相同，即货代从货主那里接收货物，然后将每一个单独发运的货物集中起来作为一批货物，使用同一张航空货运单向航空运输公司交运，这种营运方式也被称为“集中托运”。

思考：你了解集中托运业务吗？航空货代发挥何种作用？如何进行这种业务操作？

引导知识点

一、集中托运的概念与优缺点

1.集中托运的概念

如图7-5所示，集中托运（consolidation）是指空运代理作为集运商（consolidator）将起运地几个托运人运往另一目的地的几个收货人的小件货物汇集成一整批后，以托运人身份向航空公司办理托运，采用一份总空运单（master air waybill，MAWB）集中发运到同一目的地，由空运代理在目的地的分拨代理（break bulk agent）以收货人身份从航空公司处提取货物后，再根据空运代理签发的分运单（house air waybill，HAWB）分拨给各个实际收货人的运输组织方式。

表7-4显示了集中托运与直接运输的区别。由此可见，在集中托运下，集运商除

了可以提供货运销售代理人提供的服务内容外，还可以承担其他货运服务。

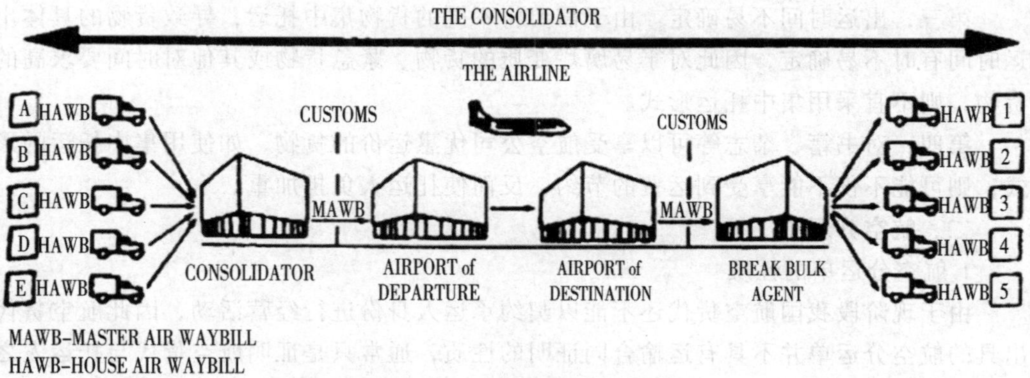

图7-5 航空集中托运过程示意图

2.集中托运的优点

对于托运人而言，集中托运的优势主要表现在以下三个方面：

表7-4 集中托运与直接运输的区别

比较项目	直接运输	集中托运
货物交付	货物由货主或航空货运代理交付给航空公司	货物由货主交付给集运商，集运商集运后再交付给航空公司
使用运单	航空公司的货运单	同时使用航空公司的主运单和集运商的分运单
运单填开	航空货运单由航空货运代理人填开；托运人栏和收货人栏分别填列真正的托运人和收货人	主运单、分运单均由集运商填开；主运单上记载的货物收货人、发货人分别为集运商或其代理人；分运单上记载的货物收货人、发货人分别为真正的托运人和收货人

第一，节省运费。由于航空运输的运费按不同重量标准确定不同运费率，托运量越多，费率越低。例如有10批货物空运至美国芝加哥，每批20千克，如单批发运，运价为每千克人民币19.34元，若将此10批货物集中托运，开列一张运单，按200千克级运价，仅为每千克13.69元。因此，当货运代理将若干个小批量货物组成一大批出运时，能够争取到更为低廉的费率。货运代理会将其中一部分支付目的地代理的费用，另一部分会返还给托运人以吸引更多的客户，其余的作为自己的收益。

第二，提供方便。货运代理的专业性服务可使货物到达航空公司到达地点以外的地方，延伸了航空公司的服务，方便了货主。这包括完善的地面服务网络，拓宽的服务项目，以及更高的服务质量。

第三，提早结汇。发货人将货物交与航空货运代理后，即可取得货物分运单，可持分运单到银行尽早办理结汇。

3.集中托运的缺点

集中托运的局限性主要体现在以下方面：

第一，托运货种受限制。根据航空公司的规定，集中托运只适合办理普通货物，因而贵重物品、活动物、危险品、外交信袋等不得采用集中托运的形式。

第二，目的地受限制。只有目的地相同或邻近的一批货物才可以办理集中托运，否则无法发挥集中托运的优势。

第三，出运时间不易确定。由于需要将不同的货物集中托运，导致货物的具体出运时间有时不易确定，因此对于易腐烂变质的货物、紧急货物或其他对时间要求高的货物，则不宜采用集中托运形式。

第四，对书籍、杂志等可以享受航空公司优惠运价的货物，如使用集中托运的形式，则可能不仅不能享受到运费的节约，反而使托运人负担加重。

二、航空分运单

1.航空分运单的性质

由于现阶段我国航空货代还不能以契约承运人身份进行经营活动，因此航空货代出具的航空分运单并不具有运输合同证明的性质，通常只是证明航空货代与托运人之间存在委托代理关系。

（1）航空货代同时签发主运单与分运单。

此种情况下，关键在于航空货代与航空公司之间是否存在委托代理关系。如果双方存在委托代理关系，除非具有相反证据，否则分运单可视为主运单的补充，航空货代仅承担航空公司代理人的责任。不过，如航空货代以自己名义签发主运单，则构成间接代理，托运人可以选择航空公司或者航空货代主张其权利；反之，如果双方不存在委托代理关系，托运人无权对航空公司主张权利，只能向航空货代主张权利。当然，如果托运人与航空公司能够举证证明航空货代存在欺诈，使自己利益受到损害，也可以主张撤销合同。

（2）航空货代只签发分运单。此种情况下，“分运单”可证明航空货代与托运人之间存在委托代理关系，可据此确定双方权利、义务与责任。

（3）转委托下签发分运单。这是指航空货代向托运人签发分运单，而由另一家具有航空运输销售代理资格的货代签发主运单。此种情况下，“分运单”可证明航空货代与托运人之间存在委托代理关系。

课外拓展

航空分运单制作

2.分运单的制作

（1）航空货运单上注明航班的，货物应由注明的航班出运；没有注明航班的，承运人及其代理人应当证明在合理的时间内出运。“合理期”，是指在没有“约定期间”的情况下，营运航空器到达同一约定地点通常所需要的时间。如果从始发地点次日内到达约定地点有几个航班（包括经停约定地点或者他处）的，应以营运航空器行驶最长时间或者最晚的航班确定。

（2）“运费预付”的债务人是托运人，“运费到付”的债务人是收货人。航空运输销售代理企业出具航空货运单和“分运单”时均没有注明或者虽然注明“运费预付”，但航空货运单、“分运单”没有托运人的签名，也不能证明运单已经交付托运人，又不能提供托运人出具的注明“运费预付”的托运书或者有关结算协议，事先又未收取有关费用，可以推定“运费到付”。

（3）总运单和“分运单”数据不一致的，承运人或其代理人应负有举证责任，否则应承担对其不利的后果。

（4）货物重量一般应当以航空货运单上确定的重量为准。航空货运单上确定的货物重量与航空公司配载交接记录的重量不一致的，应当以配载交接记录上确定的重量为准。承运人及其代理人能够证明两单数据对应性的，可以按照“分运单”货物重量认定。不按重量确定计费单位的泡货，应当注明体积。既注明重量又注明体积的，按照计费规定确定。

（5）在托运人、空运代理、航空运输企业相互之间的运输、销售代理合同中，双方一般均明确了运输、代理费用的费率和结算方式，其效力优于航空货运总单、分单上的费率规定。

（6）委托代理合同中，空运代理向托运人出具“分运单”，其中的费用是运费和报酬之和。价格存在争议时，可以根据货物的重量乘以公布的运费费率确定。

案例7-1

A公司是深圳市手机公司在A市的仓库管理人，负责库存货物的保管及代理发运。B公司是中国国际航空公司在A市的货运代理人。某年6月7日，A公司接到手机公司的指令，将一批V70手机发运至上海。6月8日，A公司与B公司联系，要求B公司代办航空货运，当日发运。B公司将货物以抽称的方式称重为198千克，并填开空运单：托运人为A公司，收货人为上海某公司（手机公司的上海收货代理人），未注明承运人，B公司加盖法人公章，货物名称为配件，16件/箱，重量为198千克，费率为4.5元/千克，运费为891元，提货方式为机场自提，未注明货物包装有瑕疵。但B公司未能赶上航空公司当日航班，遂延迟至第二日发运。6月9日，B公司在机场发运时，又重新以逐一过秤方式对货物称重，称重为190千克，由B公司工作人员（系为A公司填开运单的同一个人）重新填开空运单：托运人为B公司，收货人为上海某公司，承运人为中国国际航空公司，B公司加盖其货运科印章，货物名称为配件，16件/箱，重量为190千克，费率为5.9元/千克，运费为1 121元，燃油加价38元，提货方式为机场自提（北京速中转），未注明货物包装有瑕疵，并以该空运单发运货物，但未将上述情况变化告知A公司。6月11日，该批货物经北京中转后运至上海，上海某公司提货时发现货物某一件包装有黄色胶带缠绕的情况，即进行复称，全部货物重量为191千克。后上海某公司将货物交手机公司上海公司。经开箱检查，手机公司上海公司发现丢失9部V70手机及配件，即通知A公司。A公司与B公司多次交涉，因分歧较大，未能达成一致，遂向A市人民法院提起诉讼。请分析本案中有关当事人的法律关系。

案例分析：前后两份空运单的最大差别在于当事人的记载：第一份运单托运人为A公司，未注明承运人，B公司加盖单位公章；第二份运单内容为：托运人为B公司，承运人为中国国际航空公司，B公司加盖货运科的印章。这实际上符合前述探讨的航空货代（B公司）同时签发分运单（第一份）和主运单（第二份）的情形。在此案中B公司是中国国际航空公司的销售代理人，故可以认定A公司与中国国际航空公司之间建立了运输合同关系，而B公司只是航空公司代理人。不过，由于B公司对其改变托运人名称进行托运的行为负有告知义务，因此为了有效保护A公司的合法权益，可判定B公司应当承担一定的民事赔偿责任。

三、集中托运操作流程

集中托运的流程如下：货主—货运代理人（起运港）—航空公司—货运代理人（目的港）—收货人。

在这个过程中，货运代理人以自己的名义对外揽货，货主将自己的货物交给货运代理人，货运代理人将多个托运人的货物集中起来作为一票货物交付给实际承运人即航空公司。航空公司将货物运抵目的地后，目的港的货运代理人统一办理海关手续，再分别将货物交付给不同的收货人。在集中托运模式下，货运代理人向货主出具分运单，航空公司向货运代理人出具总运单。

1.出口货运服务

（1）将每一票货物分别制定航空运输分运单，即出具货运代理的运单（House Airway Bill，HAWB）。

（2）负责集中托运货物的组装。将所有货物区分方向，按照其目的地相同的同一国家、同一城市来集中，制定出航空公司的总运单（Master Airway Bill，MAWB）。总运单的发货人和收货人均为航空货运代理公司。

（3）打出该总运单项下的货运清单（manifest），即此总运单有几个分运单，号码各是什么，其中件数、重量各是多少等等。

（4）把该总运单和货运清单作为一整票货物交给航空公司。一个总运单可视货物具体情况随附分运单（可以是一个分运单，也可以是多个分运单）。例如，一个MAWB内有10个HAWB，说明此总运单内有10票货，发给10个不同的收货人。

（5）货物的信息跟踪。

2.进口货运服务

（1）货物到达目的地站机场后，当地的货运代理公司作为总运单的收货人负责接货、分拨，按不同的分运单制定各自的报关单据并代为报关、为实际收货人办理有关接货、送货事宜。

（2）实际收货人在分运单上签收以后，目的站货运代理公司以此向发货的货运代理公司反馈到货信息。

任务四　熟悉国际航空快递操作

★课堂讨论

国际航空快递与普通快递有什么区别？

★问题引导

UPS是一家大型的国际快递公司，它除了自身拥有几百架货物运输飞机之外，还租用了几百架货物运输飞机，每天运输量达1 000多万件。UPS在全球建立了10多个航空运输的中转中心，在200多个国家和地区建立了几万个快递中心。UPS公司的员工达到几十万，年营业额可达到几百亿美元，在世界快递公司中享有较高的声誉。UPS公司是从事信函、文件及包裹快速传递业务的公司。它在世界各国和地区均取得了进出的航空权。在中国，它建立了许多快递中心。公司充分利用高科技手段，做到迅速安全，使物流服务内容广泛，形象完美。

讨论：UPS是否需要建立许多仓库？描述一下国际快递物流企业的发展前景。

小词典

国际航空快递是指由具有独立法人资格的企业，将进出境的诸如急需的药品、医疗器械、贵重物品、图纸资料、货样、各种运输贸易商务单证和书报杂志等小件物品从发件人所在地通过自身或代理的网络运达收件人的一种快速运输组织形式。

引导知识点

一、国际航空快递的特点

1.国际航空快递与国际航空普通货物运输的区别

作为国际航空货物运输业的一个分支，国际航空快递与国际航空普通货物运输既存在许多相似性，又有自己的特点：

（1）国际航空快递的最显著特点是快捷、方便。

（2）国际航空快递承接的货物以商业函件、小型样品为主，其本身的价值并不高，但一旦在运输途中造成损坏、灭失或延误，却可能引起货方较大的间接损失。

（3）国际航空快递大多提供“桌至桌”服务，快递经营人的责任期间为在收货地从收货人处收到物件开始直至在目的地将物件交至收货人止的全部期间，即责任期间在传统的航空运输的基础上向两端延伸，从而扩大了快递经营人的责任期间。

（4）国际航空快递大多采取“预先申报，集中验放”方式通关。发达国家快递公司的资料库一般同海关联网，在承运快件的飞机尚未到达时，有关资料已进入了海关的资料库进行电子清关。飞机到港后，海关决定查验的快件马上送交海关查验，其他快件海关会立即放行。这样，快件的清关就可缩减到很短的时间。我国海关对进出境快件的监管依据1998年4月1日起实施的《中华人民共和国海关对进出境快件监管办法》办理。

（5）尽管国际航空快递过程涉及陆运与空运两种运输方式，但整个国际航空快递过程仍统一适用规范国际航空货物运输方面的国际公约或国内法律法规，因而它并不构成我们将在后面章节中予以介绍的国际多式联运。

（6）基于国际航空快递的特殊性，与普通的航空货运单相比，各快递公司所签发的分运单（也称为交付凭证，Proof of Delivery，POD）均专门增加了有关间接损失、保险等方面的条款，而且承运人的责任限制也提高到100美元/件。

2.航空快递与邮政EMS、邮政普通服务的区别

航空快递是为商务客户提供的限时服务，其经营行为是与国际惯例接轨的市场行为，其价格由市场调节。邮政EMS，是我国邮政部门办理的特快专递业务。既为商务客户提供服务，又为私人、党政军客户提供服务，其价格是国家定价。邮政的普通服务不经营快件业务，只履行国际“邮联”规定与宪法规定的义务，只能是“微利”或“保本”经营，而非完全的市场行为。

二、国际航空快递的分类

国际航空快递主要分为三类：门到门、门到机场、专人派送。比较起来，第一种方式最普遍、最简单方便，适合于发运一般的文件、成交的样品；第二种方式适用于快件价值较高，或者目的地海关当局对快件物品有特殊规定的情况，比如，如果目的地海关当局对快运货物有特殊规定，那么采用此种方式，快件到达目的地机场后，当地快递公司及时将到货信息通知收件人，收件人可自己办理清关手续，也可委托原快递公司或其他代理公司办理清关手续，但需额外交纳清关代理费用；第三种方式是一种特殊服务，一般很少采用，主要是在一些比较特殊的情况下，为了确保货物安全和交货时间而采用。

三、国际航空快递运作流程

国际航空快递运作流程如图7-6所示。

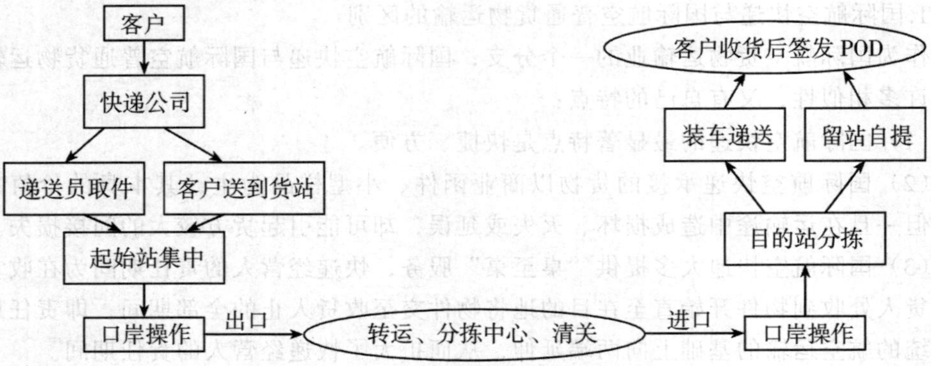

图7-6 国际航空快递运作流程

项目考核

1. 单项选择题

（1）无车承运人是（ ）。

A. 承运人　　B. 托运人的代理人

C. 收货人的代理人　　D. 公路承运人的代理人

（2）航空集中托运时，航空货运代理通常向托运人签发（ ）。

A.EWB　　B.HAWB　　C.SLI　　D.MAWB

（3）从运输和报关单据来看，航空快运业务中有一种其他运输形式所没有的单据是（ ）。

A.POD　　B.HAWB　　C.MAWB　　D.AVI

2. 判断题

（1）无船承运人、无车承运人、航空快递经营人均要求无运输工具。（ ）

（2）航空快递实际上是一种特殊类型的多式联运。（ ）

（3）目前我国现有法律已明确了航空集中托运下货运代理的法律地位。（ ）

3. 简答题

（1）简述无车承运人与货运代理人的区别。

（2）简述中美两国无船承运人管理上的区别。

（3）简述航空快递的特点。

项目实训

选择若干家无船或无车承运企业进行调研，撰写一份我国无船承运行业或无车承运行业发展现状与展望的调查报告。

项目八
国际多式联运业务操作

学习目标

知识目标：

1.认识国际多式联运业务。

2.了解国际多式联运经营人。

3.熟悉国际多式联运业务操作。

4.掌握国际多式联运方案设计。

能力目标：

1.能进行国际多式联运业务操作。

2.具备国际多式联运方案设计能力。

素养目标：

1.认识国际多式联运业务对于加快我国海洋强国、交通强国建设的支撑作用。

2.明确货运代理人的责任和担当，增强提高我国国际多式联运服务水平的使命感。

任务一　了解国际多式联运与多式联运经营人

★课堂讨论

学习本课程之前，你了解国际多式联运与多式联运经营人吗？知道国际多式联运与多式联运经营人的特点吗？

★问题引导

根据委托，某年6月8日，天华运输公司负责将托运人仁和贸易公司托运的货物由天津经海运运至大连后，经大连转公路运至丹东，然后由天华运输公司的丹东代理人安排货物经丹东出境由铁路运抵朝鲜新义州。在托运人仁和贸易公司向天华运输公司出具“指定朝鲜真城公司为唯一收货人，提单只作议付单据”的声明后，天华运输公司向托运人签发了国际多式联运提单，提单载明：托运人为仁和贸易公司，收货人为朝鲜真城公司，同时批注有“仅作议付用”（for negotiable only）。在铁路签发的运单上载明装货地为丹东，卸货地为朝鲜新义州，收货人为朝鲜真城公司。

思考：本案是否属于《中华人民共和国海商法》中规定的“多式联运”，为什么？

小词典

多式联运（multimodal transport）的概念有广义与狭义之分。广义的多式联运是指多式联运经营人按照多式联运合同，以至少两种不同的运输方式，将货物运送到目的地的过程。狭义的多式联运是指多式联运经营人按照多式联运合同，采用集装箱、拖车、公铁两用车等标准化成组器或道路车辆，以至少两种不同的运输方式，将货物运送到目的地的过程。

引导知识点

一、多式联运的内涵

多式联运的核心内涵主要体现在“效率”与“责任”两个方面。

1.效率

尽管多式联运利用两种以上的运输方式，但利用两种以上运输方式所进行的运输并不都是多式联运。这是因为，多式联运并不是不同运输方式的简单叠加，其核心是“联”，它要从过去的分方式、分环节、分区域的运输组织拓展为全程无隙的运输链条，即以统一标准、专业规范构建连续的、综合性的一体化货物运输，从而使多式联运更加方便、简洁、安全、高效。由于全程运输的“一体化”程度可以反映出多式联运系统的效率水平，因此“一体化”也可以作为多式联运的核心内涵，用以评价多式联运系统的运作效率。

2.责任

此处的“责任”，是指“全程运输责任”，即多式联运必须以多式联运合同为根据，而且该合同中必须明确规定由多式联运经营人承担全程运输责任。

目前，欧美国家技术体系较完备，其定义主要是基于技术的视角，强调运载单元和道路车辆作为载货工具必须标准化，因而更多强调的是效率；我国参照联合国国际货物多式联运公约的定义，则是从法律的视角，更多的是强调“全程运输责任”，即多式联运经营人履行全程运输的责任。

建立“全程责任制”，最终体现在更多的企业采用多式联运提单，形成“一票到底”的结算模式。实现“一票到底”的“全程责任”，需要各种运输方式在运力交易节点做到“无缝衔接”，以保证转运效率的可靠性；需要统一各种运输方式的规则；需要形成覆盖主要业务区域的联运网络，以解决空重箱调配问题；需要一站式运输服务产品和可以承担全程责任的多式联运经营主体。

“效率”与“责任”作为多式联运的核心内涵，二者缺一不可，片面地强调效率或责任，都是不可取的。通过多式联运经营人的高效组织与管理，在运输组织环节，多式联运下的货物可以在不同运输方式间实现快速、无缝式换装；在货运业务环节，虽然涉及不同运输方式，但对于发货人而言，在多式联运合同下，无须再同各区段的实际承运人打交道，只需面对一个多式联运经营人，这个多式联运经营人必须对全程运输负责，而不管实际承运人到底是谁，到底有几个，这也意味着对于发货人、收货人而言，不但是“一次托运、一次付费、一票到底、统一理赔”，而且因多式联运经营人承担全程货损货差责任，从而可有效地保护自身的合法权益。

二、多式联运构成要件

1.必要条件

必要条件是应满足的最低条件。构成国际多式联运的必要条件可概括为“两种方式、两个国家、一份单证、一人负责”。

（1）两种方式。严格来讲，这里所称的运输方式是指铁路、公路、水路、航空、管道五种运输方式。不过，在实践中，有时会根据需要，对运输方式进行扩大或缩小的解释。如前所述，《中华人民共和国海商法》仅将包含国际海运方式在内的多式联运纳入管辖范畴，因而排除了公铁、陆空等其他多式联运形式；1973年国际商会《联合运输单证统一规则》将“江海联运”视为多式联运，纳入其管理范畴。此外，为了履行单一方式运输合同而进行的该合同所规定的货物接送业务，比如，全程签发航空运输单证下机场两端的汽车接送货物运输业务，从形式上看已构成陆空组合形态，不过，作为航空运输的延伸，这种汽车接送习惯上视同航空业务的一个组成部分，它虽称为陆空联运，但由于签发了包括全程运输在内的航空运输单据，因而即使货运事故发生在陆运区段，仍会按航空运输方面的国际公约或法规处理。对此，《联合国国际货物多式联运公约》将这种全程适用某一运输方式法规的接送业务排除在多式联运之外，以避免多式联运法规同单一方式法规在这个问题上的矛盾。这再一次说明，基于不同法规适用的特定性，在不同的法规下所界定的多式联运内涵会有所差异。

（2）两个国家。两个国家，是指货物的接收地和交付地位于不同的国家，这是区别于国内运输和是否适用国际法规的限制条件。也就是说，在国际多式联运方式下，货物运输必须是跨越国境的一种国家间运输。

（3）一份单证。在多式联运模式下，多式联运经营人根据多式联运合同的规定，负责完成或组织完成货物的全程运输并一次收取全程运费。因此，多式联运合同是确定多式联运性质的根本依据，也是区别多式联运和一般传统联运的主要依据。然而，在实践中，买卖双方在贸易合同中大多将多式联运单证作为结汇、提货的必备单证，因此作为多式联运合同证明的多式联运单证往往取代多式联运合同，成为多式联运不可缺少的必要条件。

（4）一人负责。一人负责是指由一个多式联运经营人作为当事人，承担全程货物运输责任。这意味着，多式联运经营人不但应该承担全程运输组织、全程运输服务，更应该实现“身份”的转变，成为多式联运合同的当事人和多式联运单证的签发人，负有履行多式联运合同的责任。

2.充分条件

以上只是从法律构成要件角度分析了构成国际多式联运的最低条件。不过，从效率与便利等方面考虑，理想的国际多式联运应该是两个“二”和八个“一”：

（1）两个“二”。两种方式，核心在于实现两种或两种以上运输方式有机组合。两个国家，实现国内、国际一体化运输。

（2）八个“一”。

一次托运。货主直接向多式联运经营人办理托运，签署多式联运合同，无须再与各区段承运人签署各区段运输合同。

一票到底。多式联运经营人签发多式联运单证，既便于结汇，也可以在缺乏多式联运合同的情况下作为多式联运合同。

一个多式联运经营人全程负责。由多式联运人负责全程运输组织、全程运输服务，并承担全程运输责任。

一个标准化联运载体。全程以集装箱等标准化联运装置为载体，以更加充分地发挥各种运输方式的优势，提高运输效率与安全。

一个费率。全程采用单一费率，有助于简化运费计算，方便货主。但目前还无法实现，只能做到一次计费与收费。

一次保险。改变目前分段保险模式，实现全程统一保险。

一次通关。在跨关区的情况下能实现一次通关。

一次检验检疫。在跨关区的情况下，能实现一次报检。

三、多式联运经营人

1.多式联运经营人的含义与特征

1980年《联合国国际多式联运公约》规定"多式联运经营人（Multimodal Transport Operator，MTO）是指本人或通过其代表订立多式联运合同的人，他是事主，而不是发货人的代理人或代表或参加多式联运的承运人的代理人或代表，并且负有履行合同的责任"。

从以上的定义中，不难发现国际多式联运经营人具有如下基本特征：

（1）多式联运经营人是多式联运合同的主体。国际多式联运经营人是"本人"而非代理人。他既对全程运输享有承运人的权利，又负有履行多式运输合同的义务，并对责任期间所发生的货物的灭失、损害或迟延交付承担责任。

（2）多式联运经营人的职能在于负责完成多式运输合同或组织完成多式运输合同。国际多式联运经营人既可以拥有运输工具从事一个或几个区段的实际运输，也可以不拥有任何运输工具，仅负责全程运输的组织工作。

（3）多式联运经营人是"中间人"。国际多式联运经营人具有双重身份，他既以契约承运人的身份与货主（托运人或收货人）签订国际多式联运合同，又以货主的身份与负责实际运输的各区段运输的承运人（通常称为实际承运人）签订分运输合同。由此可见，国际多式联运经营人不同于无船承运人、传统货运代理，他们之间的异同见表8-1。

表8-1　**国际多式联运经营人、无船承运人和传统货运代理异同比较**

比较项目		国际多式联运经营人	无船承运人	传统货运代理
相同之处		它们均属于运输中间商，其主要业务是为供需双方提供运输服务或代理服务，以求赚取运费或代理费		
不同之处	涉及运输方式	至少两种运输方式	海运	海、陆、空
	法律地位	对货主而言是承运人，对各区段承运人而言是货主	对货主而言是承运人，对船公司而言是货主	代理人
	资金占用	很大	较大	很少
	是否拥有船舶	必要时可以拥有	禁止拥有	禁止拥有
	是否拥有陆运与空运工具	必要时可以拥有	必要时可以拥有	禁止拥有

续表

比较项目		国际多式联运经营人	无船承运人	传统货运代理
	是否有自己的提单	有	有	无
	是否有自己的运价表	有	有	无
	收入性质	运费（差价）	运费（差价）	代理费或佣金

2.多式联运经营人的类型

根据是否拥有运输工具、场站设施，多式联运经营人可以分成以下三类：

（1）承运人型。这类国际多式联运经营人拥有船舶、汽车、火车、飞机等运输工具。他与货主订立国际多式联运合同后，除了利用自己拥有的运输工具完成某些区段的实际运输外，对于自己不拥有或经营的运输区段则需要通过与相关的承运人订立分包合同来实现该区段的运输。

（2）场站经营人型。这类国际多式联运经营人拥有货运站、堆场、仓库等场站设施。他与货主订立国际多式联运合同后，除了利用自己拥有的场站设施完成装卸、仓储服务外，还需要与相关的各种运输方式的承运人订立分合同，由这些承运人来完成货物运输。

（3）代理人型。这类国际多式联运经营人不拥有任何运输工具和场站设施，需要通过与相关的承运人、场站经营人订立分合同来履行他与货主订立的国际多式联运合同。

3.多式联运经营人的业务范围

随着企业类型、规模的不同，国际多式联运经营人的业务范围也有较大的差异。大型国际多式联运企业可以集代理人、经纪人、承运人、场站经营人、国际多式联运经营人、第三方物流经营人为一体，从事以上全部业务；而"代理型"的国际多式联运企业只能以代理人、经纪人、国际多式联运经营人身份从事咨询业务、货运代理业务、运输经纪业务和国际多式联运业务。但无论何种类型的国际多式联运企业，在实际业务操作中，通常都是以"混合身份"向客户提供服务。

4.多式联运经营人的必备条件

从经营的角度来看，多式联运应被划归在定期运输之列，因此为了确保多式联运业务的稳定性，多式联运经营人必须具备如下基本条件：

（1）取得从事国际多式联运的资格。

（2）拥有国际多式联运线路以及相应的经营网络。

（3）与有关的实际承运人、场站经营人建立长期合作关系。

（4）拥有必要的运输设备，尤其是场站设施和短途运输工具。

（5）拥有雄厚的资金和良好的资信。

（6）拥有符合要求的国际多式联运单据。

（7）具备自己所经营的国际多式联运线路的运价表。

5.多式联运经营人的经营方式

在业务经营过程中，国际多式联运企业需要根据自己的经济实力、业务量大小采取合适的经营方式。目前国际上通用的业务活动经营方式主要有如下三种：

（1）独立经营方式，即所有业务完全由国际多式联运企业及其附属机构独立经营。

（2）联营方式，即国际多式联运企业与其他独立经营企业联合经营国际多式联运业务。

（3）代理方式，即委托国内外同行作为联运代理，办理或代安排分承运工作和交接货物，签发或收回联运单证，制作有关单证，处理信息，代收、支付费用和处理货运纠纷等。代理关系可以是相互的，也可以是单方的。

上述三种经营方式各有利弊。在实际业务中，几乎所有的国际多式联运企业都是三种经营方式组合运用，其中以第一种与第三种的结合最为常见。

任务二　掌握国际多式联运方案设计

★课堂讨论

学习本课程之前，你了解国际多式联运方案设计吗？知道国际多式联运方案设计的影响因素、内容与程序吗？

★问题引导

青岛海尔冰箱厂计划每月从青岛工厂将1 000台冰箱运往欧洲鹿特丹的某商品经销中心，现寻找合适的运输承运商。假设你是一家国际货运代理企业，欲外包此业务。

思考：（1）简要说明运输方案设计的影响因素。（2）列出可能的运输方案并给出你认为最佳的方案。（3）简要说明整个运输的实施程序。

小词典

国际多式联运方案设计（international multimodal transport planning），也称为国际多式联运解决方案（international multimodal transport solution），是指国际多式联运企业针对客户的运输需求，运用系统理论和运输管理的原理和方法，合理地选择运输方式、运输工具与设备、运输路线以及货物包装与装卸等过程。

引导知识点

一、国际多式联运方案设计的影响因素

1.物品特征方面

这主要包括产品的种类、单件体积与毛重、外包装规格与性能、可堆码高度、货物价值和是不是贵重、冷藏、危险品等特种商品等。

2.运输与装卸搬运特征

这主要包括每次发运货物数量（数量有无增减）、装运时间、发运频率、到达时间、可否拼装及分批装运与转运、装货与卸货地点是否拥挤或罢工、运输距离的长短等。

3.储运保管特征

这主要是指货物的物理与化学性质对储运与保管的要求等。

4.客户其他要求

比如，对运输价格、运输方式、运输工具、运输线路、装卸搬运设备、运输时间、运输单证等有无具体要求。

二、国际多式联运方案设计的内容与程序

如图8-1所示，国际多式联运方案设计主要包括运输方式、运输工具与设备、运输路线和自营与分包等四个方面的决策。国际多式联运方案设计是一项复杂的系统工程，最佳的设计方案往往是通过对各种方案的多次修正与调整后获取的。

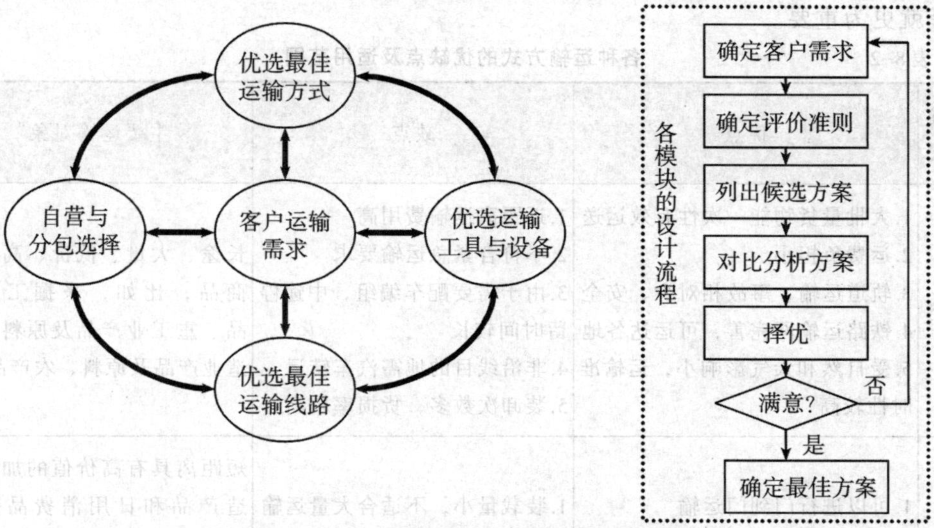

图8-1　国际多式联运方案设计内容与流程

1.客户运输需求分析

国际多式联运企业应以客户的需求为导向，为客户“量身定做”国际多式联运运作方案。一个好的方案，必须得到客户的认可，因而方案设计时，应首先分析客户的需求，并在此基础上设计出初步方案，同时与客户不断沟通、交流，这样做出的方案才能在运行中达到预期的目标和效果。

2.运输方式的选择

运输方式的选择实际包括两个方面的选择：一是单一运输方式与多式联运之间的选择，表8-2显示了铁路、公路、水路、航空、管道五种基本运输方式的优缺点及适用范围；二是各种货运形式的选择，比如，对铁路运输下的整车运输、零担运输、集装箱运输、特种货物运输等货运形式的选择，比如，集装箱多式联运下就包括九种交付方式，因而显现出不同的运输组织形式。

一般情况下，考察运输方式服务性的内容主要有以下十个方面：运费的高低、运输时间的长短、可以运输的次数（频率）、运输能力的大小、运输货物的安全性、运输货物时间的准确性、运输货物的适用性、能适合多种运输需要的伸缩性、与其他运输方式衔接的灵活性、提供货物所在位置信息的可能性。上述影响因素中，突出的决定因素是运输成本、运输时间、可靠性、运输能力、可用性和安全性。

3.运输工具与设备的选择

（1）运输工具的选择。在同一运输路线上使用技术性能与经济性能不同的运输工

具，将会产生不同的经济效果；同一运输工具在不同的运输路线上营运，其经济效果也会不同。因此，研究各类运输工具在运输路线上的合理配置是国际多式联运方案设计的重要内容之一。运输工具选择主要是指对运输工具的类型、吨位（载重量）、国籍、出厂日期等有关指标的选择。

（2）装卸搬运设备的选择。选用合理的装卸搬运设备，对于提高装卸搬运效率、加速运输工具的周转以及最大限度地防止货运事故的发生，有着极其重要的意义，尤其是对于那些超长、超宽、超高、超重、移动困难、易损坏的货物，装卸搬运设备的选择就更为重要。

表 8-2　　各种运输方式的优缺点及适用范围

运输方式	优点	缺点	主要运输对象
铁路	1.大批量货物能一次性有效运送 2.运费负担小 3.轨道运输，事故相对少、安全 4.铁路运输网完善，可运达各地 5.受自然和天气影响小，运输准时性较高	1.近距离运输费用高 2.不符合紧急运输要求 3.由于需要配车编组，中途停留时间较长 4.非沿线目的地需汽车转运 5.装卸次数多，货损率较高	长途、大量、低价、高密度商品，比如，采掘工业产品、重工业产品及原料、制造业产品及原料、农产品等
公路	1.可以进行门到门运输 2.适合于近距离运输，较经济 3.使用灵活，可以满足多种需要 4.输送时包装简单、经济	1.装载量小，不适合大量运输 2.长距离运输运费较高 3.环境污染较严重 4.燃料消耗大	短距离具有高价值的加工制造产品和日用消费品，比如，纺织和皮革制品、橡胶和塑料制品、润滑金属产品、通信产品、零部件、影像设备等
水路	1.运量大 2.成本低 3.适于超长超宽笨重的货物运输	1.运输速度慢 2.港口装卸费用较高 3.航行受天气影响较大 4.运输准确性和安全性较差	主要是长途的低价值、高密度大宗货物，比如，矿产品、大宗散装货、化工产品、远洋集装箱等
航空	1.运输速度快 2.安全性高	1.运费高 2.重量和体积受限制 3.可达性差 4.受气候条件限制	通常适用于高价、易腐烂或急需的商品
管道	1.运量大 2.运输安全可靠 3.连续性强	1.灵活性差 2.仅适用特定货物	石油、天然气、煤浆

（3）集装箱的选择。在货物装箱前，针对所运货物的实际情况和运输要求、运输线路和港口、内陆场站条件及经济合理性等因素，选择合适的集装箱，对保证运输质量、提高运输效率、减少运输时间、降低运输成本都有着重要意义。对集装箱的选择

主要是指集装箱种类（箱型）的选择、集装箱规格尺度的选择以及所需集装箱数量的计算。

（4）运输包装的设计。运输包装的方式和造型多种多样，包装用料和质地各不相同，包装程度也有差异，这就导致运输包装的多样性。在设计运输包装时要考虑对运输方式的适应性和方便性，以及何时、何地将运输包装转换为销售包装，以实现货物运输既安全又快捷。

4.运输路线的选择

（1）运输路线选择与运输方式选择的协同。实际上，同一路线上可以选择不同的运输方式和运输形式，同样，两点间同一运输方式和运输形式下也可能存在不同的运输路线。因此，最好是将运输路线选择与运输方式选择结合在一起，因为路线选择的可行性在很大程度上取决于运输方式等其他环节。

（2）注重装卸地点的选择。以海上运输为例，一般来说，应尽量安排直达运输，以减少运输装卸、转运环节，缩短运输时间，节省运输费用。必须中转的进出口货物，也应选择适当的中转港、中转站。进出口货物的装卸港，一般应尽量选择班轮航线经常停靠的自然条件和装卸设备较好、费用较低的港口。进口货物的卸港，还要根据货物流向和大宗货物用货地来考虑，出口货物的装港，还应考虑靠近出口货物产地或供货地点，以减少国内运输里程，节约运力。此外，港口还有基本港和非基本港的区别，有些港口可能发生罢工与拥挤。

（3）注重不同装货量的拼装，以实现集运、拼装模式，从而影响运输路线选择。随着跨国经营和货运“批多量少”趋势的发展，有时货源与目的港都很分散，必须采用另一种运输方式。有时没有现成的运输方式可用，就要做出特别的运输安排，把小批量货物集中起来进行集运。图8-2是以海运为干线运输的集装箱多式联运集疏运形式示意图，可见，基于装箱地的不同，可形成不同的集疏运方式。一是产地或收货地装箱、拆箱，此种模式可选择铁路、公路、水路多种方式，实现门—港之间全程集装箱运输；二是内陆公路货运站或铁路办理站装箱、拆箱，此种模式需要“两段运输”，即选择铁路、公路、水路多种方式分别安排门—站之间的非集装箱运输以及站—港之间的集装箱运输；三是港口周边货运站装箱、拆箱，此种模式可选择铁路、公路、水路多种方式，实现门—港之间全程非集装箱运输。至于选择何种集疏运模式，需要综合考虑空箱调运、装拆箱等费用以及收发货地、内陆场站是否具备装拆箱设施、是否有铁路专用线等条件，进行综合判断。

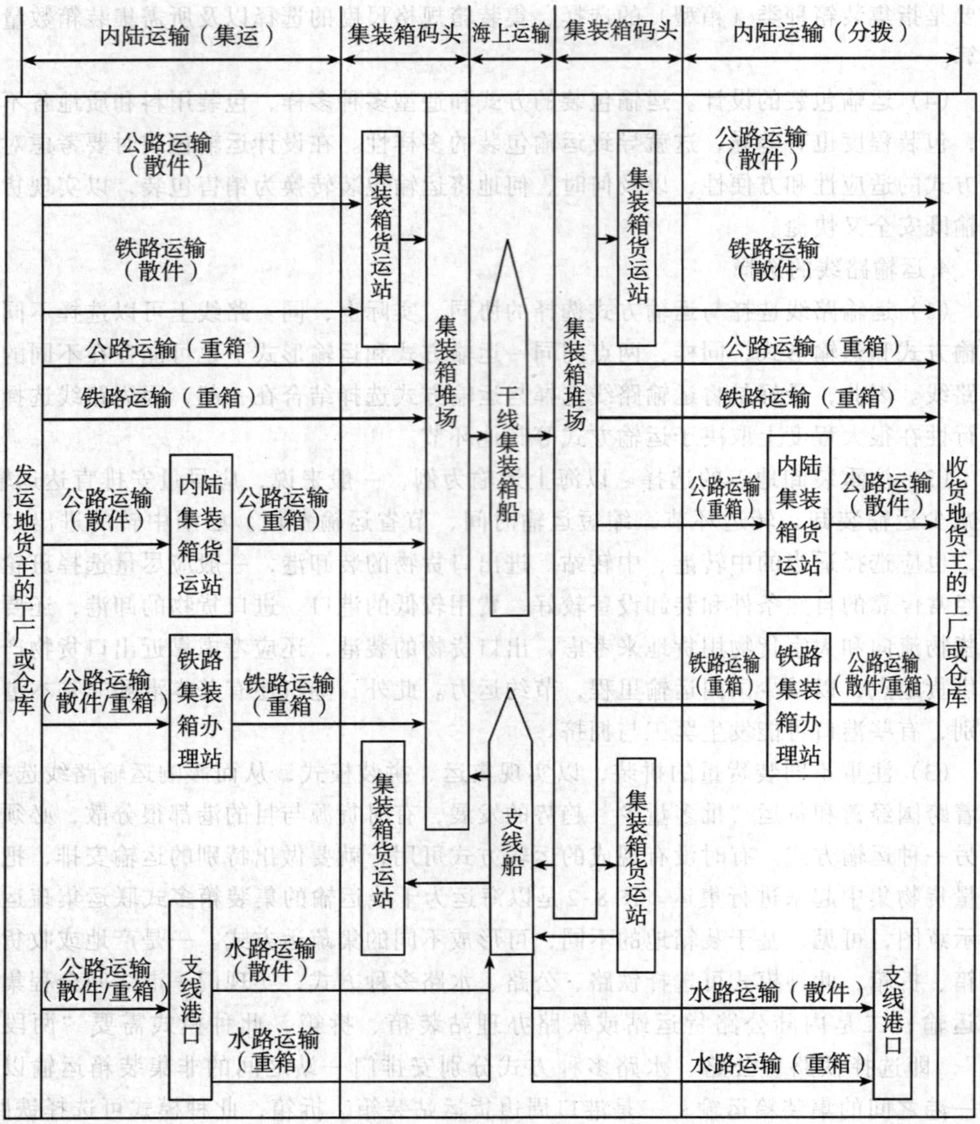

图8-2 以海运为干线运输的集装箱多式联运集疏运形式示意图

案例8-1

哈尔滨某工厂有一批货物拟经由大连出口至德国，请根据以下所提供资料（见表8-3、表8-4、表8-5），计算哈尔滨工厂运输至大连港的不同运输方案的运费。假设哈尔滨中心站—大连港铁路里程944千米，哈尔滨中心站有部分空箱；港口装箱费：20英尺和40英尺分别为350元和700元，内陆场站装箱费：20英尺和40英尺分别为300元和600元，哈尔滨中心站至工厂之间的空箱运费（以下简称调车费）：80元/TEU，工厂及大连港内具备装箱能力，而哈尔滨中心站仅接收整箱货，不提供装箱服务；20英尺、40英尺集装箱总重/内容积分别为30 480千克/33.2立方米、30 480千克/67.5立方米。

表8-3　　拟承运的货物数量、尺寸与重量情况

数量	单位尺寸（cm）			单位包装尺寸（cm）			重量（kg）		
	长	宽	高	长	宽	高	箱重	净重	总重
960	40	40	12	50	50	20	10	35	45

表8-4　　铁路运价　　单位：元

类型		费率1		费率2	
		单位	运价	单位	运价
整车	70吨车	车	1 141	车千米	6.86
	60吨车	车	978	车千米	5.88
集装箱	20英尺	箱	440	箱千米	3.185
	40英尺	箱	532	箱千米	3.357

表8-5　　工厂至哈尔滨办理站、大连港的公路运价

类型		哈尔滨办理站	大连港
整车（元/车）		300	9 200
集装箱（元/箱）	20英尺	100	4 500
	40英尺	200	9 000

根据表8-3可知，货物重量和体积分别为43 200千克和48立方米，对比两种集装箱总重与内容积，可知，不能选择1个40英尺集装箱，只能选择2个20英尺标准箱。

方案一：工厂装箱，公路集装箱运输至大连港CY

成本包括调车费、铁路运费，即运费=80×2+4 500×2=9 160元

方案二：工厂装箱，公铁集装箱联运至大连港CY

成本包括调车费、工厂—铁路中心站集装箱汽运费、铁路中心站—大连港铁路运费，即运费=80×2+100×2+（440×2+3.185×944×2）=7 253.28元

方案三：口岸装箱，公路整车运输至大连港CY

成本包括工厂—大连港整车运费、大连港装箱费，即运费=9 200+350×2=9 900元

方案四：口岸装箱，公铁整车运输至大连港CY

成本包括工厂—铁路中心站公路整车运费、铁路中心站—大连港铁路整车运费、大连港装箱费，即运费=300+（978+5.88×944）+350×2=7 528.72元

5.自营与分包的选择

这里所称的国际多式联运分包商是指根据国际多式联运企业的需要，能为其提供国际多式联运运作资源保障的企业或个体，包括但不限于：各种类型的运输企业或车主、仓库业主、装卸机具或包装设备等的设备拥有者，物流IT企业，以及上述企业或机构的代理人等。国际多式联运企业在选择合适的分包商时，往往要使用多个目标

准则对各个企业进行评价，因此国际多式联运企业分包商选择问题往往是多目标决策问题。此外，运输方式、运输工具与设备、运输路线和自营与分包之间也需要相互协调、相互调整。

任务三 熟悉国际多式联运业务操作

★课堂讨论

学习本课程之前，你了解多式联运的单证业务和计费业务吗？知道国际多式联运运作流程吗？

★问题引导

某货主委托承运人的货运站装载1 000箱小五金，货运站在收到1 000箱货物后出具仓库收据给货主。在装箱时，装箱单上记载着980箱，货运抵进口国货运站，拆箱单上记载着980箱，由于提单上记载1 000箱，同时提单上又加注“由货主装箱、计数”，收货人便向承运人提出索赔，但承运人拒赔。

思考：承运人是否要赔偿收货人的损失，为什么？

引导知识点

一、国际多式联运单据与计费业务

1.国际多式联运单据业务

国际多式联运单证有两种：一种是可转让的多式联运单据，比如，多式联运提单（combined transport B/L or multimodal transport B/L or intermodal transport B/L），具有物权凭证功能，主要适用于包括海运在内的多式联运；另一种是不可转让的多式联运单据，不具有物权凭证功能，主要适用于公铁、陆空等在内的多式联运。

在多式联运业务中，由多式联运经营人签发的多式联运单据与各运输区段的承运人（实际承运人）签发的运输单据（提单或运单等）在缮制上既有一定的联系，又有一定的差别。其具体内容可参见无船承运人提单的缮制。

课外拓展

国际多式联运单据

2.国际多式联运计费业务

国际多式联运运价构成应包括运输总成本、经营管理费用和经营利润三项。

①运输总成本。运输总成本包括集疏运费、港区服务费、海运运费、集装箱租赁费和保险费，至于具体费用项目的构成则主要与集装箱交接方式和采用的运输方式有关。

②经营管理费用。经营管理费用包括多式联运经营人与货主、各派出机构、代理人、实际承运人之间信息和单证传递费用、通信费用、单证成本和制单手续费，以及各派出机构的管理费用。这部分费用也可分别加到不同区段的运输成本中一并计算。

③经营利润。经营利润是指多式联运经营人预期从该线路货物联运中获得的毛利润。

目前，多式联运运费的计收方式主要有单一运费制、分段运费制和混合计费制。

（1）单一运费制是指集装箱从托运到交付，所有运输区段均按照一个相同的运费率计算全程运费。

（2）分段运费制是按照组成多式联运的各运输区段，分别计算海运、陆运（铁路、汽车）、空运及港站等各项费用，然后合计为多式联运的全程运费，由多式联运经营人向货主一次计收。

（3）混合计费制。理论上讲，国际多式联运企业应制定全程运价表，且应采用单一运费制。然而，由于制定单一运费率是一件较为复杂的问题，因此作为过渡方法，目前有的多式联运经营人尝试采取以下混合计收办法：从国内接收货物地点至到达国口岸采取单一费率；从到达国口岸到内陆目的地的费用按实际成本确定。

二、国际多式联运类型与运作流程

1.国际多式联运基本类型

理论上多式联运可以有海—铁、海—空、海—公、铁—公、铁—空、公—空、海—铁—海、公—海—空等多种类型（如图8-3所示），由于内河与海运在航行条件、船舶吨位、适用法规上有所不同，因此通常习惯于将其视为两种不同的运输方式，即所谓的江海联运。目前，大多数多式联运仍需在不同运输方式之间进行换装作业，同时也出现了货物中途无换装作业的多式联运组合形式，如驼背运输、滚装运输、火车轮渡等。

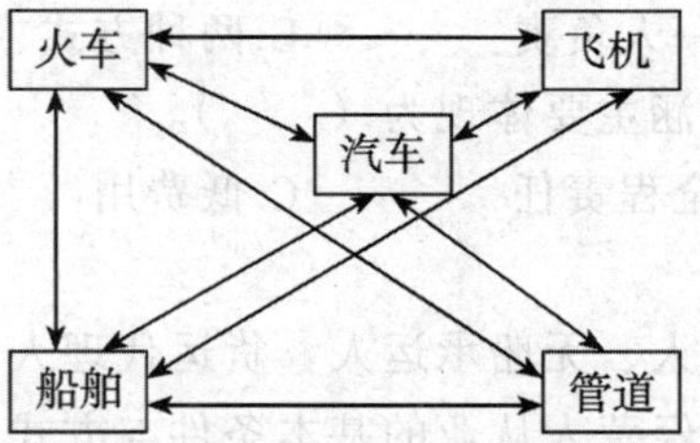

图8-3　国际多式联运服务可能的组合方式

2.国际多式联运运作流程

（1）多式联运路线和运输方式的确定，与分包方签订分包合同等。

（2）出运地作业。这里既包括通知相应承运人及场站安排接货装货，也包括货物交接，即托运人根据合同的约定把货物交至指定地点。多式联运经营人接管货物时，应签发一份多式联运单据给发货人。单据可以是可转让的，也可以是不可转让的，由发货人选择。

（3）转运地作业。比如，通知转运地代理人，与分包承运人联系，及时做好货物过境、进口换装、转运等手续申办和业务安排。

（4）目的地作业。比如，通知货物抵达目的地时间，并要求目的地代理人办理货物进口手续等。

（5）货物运输过程中的跟踪监管，定期向发货人或收货人发布货物位置等信息，以及计算运输费用、箱子跟踪管理、租箱与归还业务、货运事故索赔与理赔业务等。

项目考核

1.单项选择题

(1) 国际多式联运提单与国际铁路联运运单的区别在于是否具有（ ）功能。

A.物权凭证　　B.货物收据

C.运输合同证明　　D.运输合同

(2) 国际多式联运经营人是（ ）。

A.承运人　　B.承运人的代理人

C.发货人　　D.收货人

(3) 通常的大陆桥运输实际上是依托大陆桥的（ ）多式联运。

A.海陆　　B.海陆海　　C.陆空　　D.公铁

2.多项选择题

(1) 沈阳某经销中心拟从德国汉堡港进口一批商品车，可能的多式联运方式有（ ）。

A.海公联运　　B.海铁联运　　C.陆空联运　　D.海空联运

(2) 以下（ ）为国际多式联运所具有的特点。

A.一张单证　　B.一人负责　　C.两种方式　　D.两个国家

(3) 国际多式联运的内涵主要体现为（ ）。

A.高效率　　B.全程责任　　C.低费用　　D.安全

3.简答题

(1) 简述多式联运经营人、无船承运人、货运代理人的异同。

(2) 简述国际多式联运经营人从业的基本条件与方式。

项目实训

沈阳一出口商拟出口一批电子产品到德国汉堡，试列出可能的门到门多式联运方案，并根据影响运输方案选择的因素，对各种运输方案进行简要评述。

模块四

风险管控业务

学生通过本模块学习，能够认识国际货运代理的权利、义务与责任在业务操作中重要性，了解与国际货运代理权利、义务与责任相关的法规，熟悉国际货运代理人作为当事人的权利、义务与责任，掌握国际货运代理作为代理人的权利、义务与责任；认识国际货运代理责任保险与事故处理，了解国际货运代理责任保险与事故处理的关系，熟悉国际货运代理责任保险业务与国际货运代理事故处理，掌握国际货运代理身份识别标准。

本模块内容架构如下：

- **模块四　风险管控业务**
  - 项目九　国际货运代理权利、义务与责任
    - 任务一　掌握国际货运代理作为代理人的权利、义务与责任
    - 任务二　熟悉国际货运代理作为当事人的权利、义务与责任
  - 项目十　国际货运代理责任保险与事故处理
    - 任务一　熟悉国际货运代理责任保险操作
    - 任务二　掌握国际货运代理身份识别
    - 任务三　熟悉国际货运代理事故处理

项目九
国际货运代理权利、义务与责任

学习目标

知识目标：

1.认识国际货运代理权利、义务与责任在业务操作中的重要性。

2.了解与国际货运代理权利、义务与责任相关的法规。

3.熟悉国际货运代理作为当事人的权利、义务与责任。

4.掌握国际货运代理作为代理人的权利、义务与责任。

能力目标：

1.能够明晰国际货运代理不同身份下的权利、义务与责任。

2.具备分析国际货运代理相关案例的能力。

素养目标：

1.认识理顺国际货运代理权利、义务与责任对于加快我国国际货运代理法规建设的支撑作用。

2.明确货运代理人的责任和担当，增强防止货损货差、保障运输安全的使命感。

任务一　掌握国际货运代理作为代理人的权利、义务与责任

★课堂讨论

在实践中，货运代理充当代理人时，可能是直接代理，也可能是间接代理，你认为他们的责任有何差别，各自的权利与义务有哪些？

★问题引导

货运代理A接受出口商委托后，将其业务转交货运代理B办理，后者因操作不当，未能准时订舱，导致出口商的货物未能如期装船，从而影响了贸易合同的履行。

思考：货运代理A是否应承担责任？为什么？

引导知识点

一、国际货运代理作为代理人的权利

1.报酬请求权

货运代理的报酬请求权，与其所承担的委托事项有关。实践中，委托事项可分为“特别委托”和“概括委托”。其中，特别委托是指双方当事人约定货运代理为委托人处理一项或者数项指定事务的协议；概括委托是指双方当事人约定国际货运代理为委托人处理一切事务的协议。

课外拓展

《最高人民法院关于审理海上货运代理纠纷案件若干问题的规定》

2012年5月1日起施行的《最高人民法院关于审理海上货运代理纠纷案件若干问

题的规定》（以下简称《货代纠纷司法解释》）第九条规定："货运代理企业按照概括委托权限完成海上货运代理事务，请求委托人支付相关合理费用的，人民法院应予支持。"显然，在双方没有明确约定的情况下，国际货运代理请求委托人支付概括委托下的费用，人民法院可以根据具体的情况，支持国际货运代理合理的费用请求。当然，国际货运代理应进行初步的举证，而"合理的费用"则需要根据具体的情况判定。

2.费用偿还请求权

《民法典》第九百二十一条规定："委托人应当预付处理委托事务的费用。受托人为处理委托事务垫付的必要费用，委托人应当偿还该费用并支付利息。"显然，货运代理为处理事务垫付的必要费用，如运费、港杂费、关税等，委托人均有义务偿还该费用及其利息。

案例9-1

某年7月16日，被告B公司委托被告C公司向原告A货代公司办理从中国上海出运货物至日本的托运。7月25日，货物装船后，被告C公司函告原告，确认7月25日装船的货物由其委托并要求做电放。7月29日和9月17日，原告分别向被告B公司出具了垫付的装箱费、海运费发票，但被告B公司未予支付。后因货物拒收，10月3日，被告C公司以货物委托人的身份，委托原告办理该批货物退运的进口手续，产生了退运费用。为此，原告向法院起诉，要求两被告支付上述欠款及利息。庭审时，原告出示了被告B公司于10月25日对货物退运进口的有关费用承诺付款的信函，但这份承诺付款的信函中未加盖被告B公司公章。试分析被告B公司和被告C公司是否应承担该批货的出运费用及退运费用？

案例分析：

（1）关于出运费用。由于货物的出运是由被告B公司委托被告C公司向原告A货代公司办理的托运，理应认定被告B公司为委托人。此时与原告A货代公司建立委托关系的是被告B公司，故其应对该批货物的出运费用（装箱费、海运费）承担责任。被告C公司作为被告B公司的代理人，不承担责任。

（2）关于退运费用。由于被告C公司于10月3日以委托人身份办理退运手续，因此其应对货物退运进口的有关费用承担责任。尽管被告B公司于10月25日向原告承诺支付货物退运进口的有关费用，但因这份承诺付款的信函中未加盖被告B公司公章。在被告B公司事后未予以书面认可的情况下，这份承诺付款的信函对被告B公司不具有约束力，也就是说，该批货物退运进口的有关费用仍应由委托人被告C公司承担。

3.留置权

《货代纠纷司法解释》第七条规定："海上货运代理合同约定货运代理企业交付处理海上货运代理事务取得的单证以委托人支付相关费用为条件，货运代理企业以委托人未支付相关费用为由拒绝交付单证的，人民法院应予支持。合同未约定或约定不明确，货运代理企业以委托人未支付相关费用为由拒绝交付单证的，人民法院应予支持，但提单、海运单或者其他运输单证除外。”

由此可见，货运代理可以有条件地扣押提单等运输单证。换言之，当货运代理与委托人明确约定了交付单证以委托人支付费用为条件，则货运代理可以扣押包括提单等在内的运输单证；如果没有约定，则只能扣押除提单、海运单等不具有物权属性的运输单证之外的商业单证。

案例9-2

A货代公司接受B贸易公司委托，为其办理了一批出口货物（从上海运至伦敦）的国际海上运输手续。运输完成后，B贸易公司未能按照双方约定向A货代公司支付各项运杂费1.5万元人民币。A货代公司多次催索未果，遂扣留了B贸易公司的退税核销单。双方几经交涉，但一直未能就付费和退还退税核销单问题达成一致。最后，A货代公司向法院提起诉讼，要求B贸易公司支付拖欠的运杂费及相应利息。B贸易公司随即提出反诉，称A货代公司扣留退税核销单导致自己未能在规定期限内办理出口退税手续，从而造成B贸易公司损失出口退税0.8万元人民币，要求A货代公司予以赔偿。试问此案如何处理？

案例分析：首先，B贸易公司有义务支付1.5万元运杂费；其次，在没有特殊约定的情况下，A货代公司扣留B贸易公司退税核销单并无不当，因此无义务支付0.8万元损失。

二、国际货运代理作为代理人的义务

1.谨慎尽职的义务

国际货运代理只有积极行使代理权，尽谨慎尽职的义务，才能实现和保护委托人的利益。比如，大陆法系民法要求代理人尽到一个“善良家长”对自己事务所应尽的责任，英美法系代理法则要求代理人对其所代理的事务给予“应有的注意”。因此，国际货运代理在执行任务时应做到合理谨慎、尽职尽责，在合理时间内履行其义务，但合同另有约定的除外。

2.自己处理委托事务的义务

国际货运代理合同是具有高度属人性的劳务合同，是基于当事人之间的相互信赖，因此国际货运代理应当亲自处理委托事务，不得将事务转委托他人处理，但合同另有约定或在紧急情况下为委托人利益除外。

所谓转委托，又称复代理、再代理，是指代理人将委托人委托的事务在特殊情况下转委托给他人（称为复代理人）代理的行为。关于转委托认定问题，《货代纠纷司法解释》第五条规定：“委托人与货运代理企业约定了转委托权限，当事人就权限范围内的海上货运代理事务主张委托人同意转委托的，人民法院应予支持。没有约定转委托权限，货运代理企业或第三人以委托人知道货运代理企业将海上货运代理事务转委托或部分转委托第三人处理而未表示反对为由，主张委托人同意转委托的，人民法院不予支持，但委托人的行为明确表明其接受转委托的除外。”显然，《货代纠纷司法解释》采取了严格控制转委托的司法政策，以禁止转委托为原则。如果双方当事人约定了转委托权限，货运代理企业在约定权限内转委托他人办理相关事务，主张转委托

经委托人同意的，应予以认定。在没有约定转委托权限的情况下，如果仅仅是委托人知道货运代理企业将相关事务转委托他人而没有表示反对的，则不认为转委托已经同意。

案例9-3

互利贸易公司和巨龙贸易公司签订了一份委托合同，欲将一批棉花存放于巨龙贸易公司所属的仓库。巨龙贸易公司将棉花运到该仓库存放时发现该仓库严重破损，并且天气预报预计最近两天内将有大雨降临，如仍然将棉花存放于该仓库必将导致严重损失，而此时巨龙贸易公司又无法与互利贸易公司取得联系，无奈之下，决定将这批棉花转至利达公司的仓库内存放，委托利达公司代为管理，但棉花被盗。此后，互利贸易公司要求巨龙贸易公司赔偿棉花被盗的损失，但是巨龙贸易公司认为其变更合理，互利贸易公司所受损失应该由其直接向利达公司索赔。双方争执不下，诉至法院。

案例分析：本案例中的受托人巨龙贸易公司在紧急且无法及时与委托人互利贸易公司取得联系的情况下，为避免互利贸易公司遭受损失，将互利贸易公司委托的事项转托给利达公司，这一转委托行为虽然未经委托人同意，但是符合法律规定的特殊情况下转委托的要件，因而该转委托的发生与已经委托人同意的转委托具有相同的效力，因此利达公司因疏忽而导致棉花被盗造成的损失应该由互利贸易公司直接向利达公司要求索赔。

3.勤勉履行报告的义务

《民法典》第九百二十四条规定：“受托人应当按照委托人的要求，报告委托事务的处理情况。委托合同终止时，受托人应当报告委托事务的结果。”

报告义务分为两种：一种是事务处理过程中的报告义务；另一种是事务终止时的报告义务。如货运代理未能勤勉履行对委托人的报告义务，可能导致其须承担包括赔偿货值在内的重大法律风险。

4.代理成果交付的义务

《民法典》第九百二十七条规定：“受托人处理委托事务取得的财产，应当转交给委托人。”就货运代理合同而言，应当转交的“财产”既包括货运代理接收的货物，也包括货运代理在合同履行过程中取得的各种单证，如从承运人处取得的提单、从海关取得的报关单和核销单等。

5.保密的义务

货运代理对在为委托人完成代理活动中获悉的委托人的商业秘密以及委托人提供的信息、成交机会、后来合同的订立情况等，应按照合同的约定保守秘密。货运代理如违反保密义务致使委托人受损害的，应承担损害赔偿责任。

三、国际货运代理作为代理人的责任

1.货运代理作为直接代理的责任

（1）对委托人的法律责任。《民法典》第一百六十四条规定：“代理人不履行或者不完全履行职责，造成被代理人损害的，应当承担民事责任。代理人和相对人恶意串通，损害被代理人合法权益的，代理人和相对人应当承担连带责任。”

（2）对第三人的法律责任。根据《民法典》第一百六十二条“代理人在代理权限内，以被代理人名义实施的民事法律行为，对被代理人发生效力”的规定，货运代理的代理行为所产生的民事法律关系，其民事权利和民事义务的承担者只能是被代理人和第三人，而不包括代理人，因此货运代理在履行代理义务过程中对第三人产生的责任应由委托人负责，但是以下所述情况除外：

第一，货运代理没有代理权、超越代理权或者代理权终止后实施民事法律行为所产生的法律责任应由货运代理承担，但经委托人追认的行为，或者委托人知道货运代理以自己的名义实施民事行为而不做否认表示的，应由委托人承担责任。

第二，第三人知道货运代理没有代理权、超越代理权或者代理权终止，仍与其实施民事行为而给他人造成损害的，由第三人与货运代理负连带责任。

第三，委托书授权不明。此时委托人应当向第三人承担民事责任，货运代理负连带责任。

第四，代理事项违法。在货运代理知道委托代理的事项违法仍然进行代理活动的，或者委托人知道货运代理的代理行为违法而不表示反对的，由委托人与货运代理负连带责任。

2.货运代理作为间接代理的责任

根据《民法典》的有关规定，基于订约时第三人是否知道委托关系，货运代理作为间接代理时，应承担以下两种不同的法律后果：

（1）订约时第三人知道委托关系的，委托人对代理人的代理后果承担责任，除非有特殊约定。

在此种情况下，货运代理等同于直接代理，除非有确切证据证明该合同只约束货运代理和第三人。

（2）订约时第三人不知道委托关系的，通过第三人的选择权和委托人的介入权，委托人可能承受代理行为的后果。

在此种情况下，根据《民法典》的相关规定，主要包括披露义务、选择权、介入权和抗辩权。首先，货运代理负有披露义务。一是由于第三人的原因对委托人不履行义务，货运代理应当向委托人披露第三人。二是由于委托人的原因对第三人不履行义务，货运代理应当向第三人披露委托人；其次，第三人的选择权。货运代理向第三人披露委托人后，第三人可以选择货运代理或者委托人作为相对方主张其权利，但第三人不得变更选定的相对人；再次，委托人的介入权。货运代理向委托人披露第三人后，委托人可以行使货运代理对第三人的权利，但第三人与货运代理订立合同时如果知道该委托人就不会订立合同的除外；最后，抗辩权。委托人行使货运代理对第三人权利的，第三人可以向委托人主张其对货运代理的抗辩。第三人选定委托人作为相对人的，委托人可以向第三人主张其对货运代理的抗辩以及货运代理对第三人的抗辩。

3.货运代理的举证责任

《货代纠纷司法解释》第十条规定：“委托人以货运代理企业处理海上货运代理事务给委托人造成损失为由，主张由货运代理企业承担相应赔偿责任的，人民法院应予支持，但货运代理企业证明其没有过错的除外。”

显然，委托人向货运代理人索赔，只需要证明其实际遭受损失，而且损失与货运代理人处理货运代理事务具有因果联系即可。在满足上述两个条件下，法院即推定货运代理人应承担赔偿责任，除非货运代理人能够证明其没有过错。此外，根据过错推定的一般理论，如果货运代理人能够证明委托人存在过错，则也可以免除或减轻自身的责任。因此，本条加大了货运代理人的举证责任，对货运代理人较为不利。

任务二 熟悉国际货运代理作为当事人的权利、义务与责任

★课堂讨论

在实践中，基于需要，国际货运代理可能充当无船（车、机）承运人、多式联运经营人等当事人角色，由此承担不同的责任。因此，可在课堂讨论一下国际货运代理作为当事人时，通常享有哪些权利、需要承担哪些义务与责任。

★问题引导

国际货运代理A接受出口商委托后，以自己名义向船公司订舱，支付了海运费及港杂费。随后，货运代理向出口商签发了无船承运人提单，但事后出口商未能如期向货运代理支付相关报酬及费用，由此双方产生纠纷。

思考：在此案例中，国际货运代理A的身份：代理人还是当事人？是否有权索要相关报酬及费用？

引导知识点

货运代理作为当事人时，具有双重身份，对于托运人（收货人），他是承运人，既享受承运人的权利，也应承担承运人的义务；对于实际承运人，他是托运人（收货人），既享有托运人（收货人）的权利，又应承担托运人（收货人）的义务。限于篇幅，以下仅探讨货运代理作为无船承运人、多式联运经营人的责任。

一、无船承运人的责任

目前，已生效的国际海上货物运输公约共有三个：1924年《统一提单若干法律规定的国际公约》，简称《海牙规则》（The Hague Rules）；1968年《修改统一提单若干法律规定的国际公约议定书》，简称《维斯比规则》（The Visby Rules）；1978年《联合国海上货物运输公约》，简称《汉堡规则》（The Hamburg Rules）。2008年联合国大会正式通过了《联合国全程或部分海上国际货物运输合同公约》，简称《鹿特丹规则》（The Rotterdam Rules），它是继《海牙规则》、《维斯比规则》和《汉堡规则》之后第四个关于国际海上货物运输合同的国际公约。

表9-1显示了有关国际公约和《中华人民共和国海商法》在承运人责任限额、诉讼时效等方面的规定。

无船承运人的法律地位与责任应与《汉堡规则》和《中华人民共和国海商法》中的承运人的地位与法律责任相同。根据《中华人民共和国海商法》的规定，承运人是指本人或委托他人以本人名义与托运人订立海上货物运输合同的人。实际承运人是指

接受承运人委托，从事货物运输或者部分运输的人，包括接受转委托从事此项运输的其他人。

表9-1　有关国际公约及《中华人民共和国海商法》对承运人责任等方面的规定一览表

公约或法律名称	责任基础	责任期间	货损、货差责任限额		迟延交付损失		货损、货差通知时限		诉讼时效
			SDR/件	SDR/千克	责任限额	推定灭失	显而易见	非显而易见	
《海牙规则》	不完全过失责任	船/船	100		未规定		交付之前或当时	3天	1年
《维斯比规则》	不完全过失责任	船/船	666.67	2	1年，3个月追偿期				
《汉堡规则》	完全过失责任	港/港	835	2.5	迟延货2.5倍运费，不得超过总运费	60天	1个工作日	15天	2年，3个月追偿期，迟延交付：60天
《中华人民共和国海商法》	不完全过失责任	集装箱货：站/站 非集装箱货：船/船	666.67	2	仅限于事先约定时间的，迟延货运费，不得超过总运费	60天	交付之前或当时	其他货：7天； 集装箱货：15天	1年，3个月追偿期，迟延交付：60天

对于承运人与实际承运人的责任划分，现有国际公约或法律中基本采取如下原则：

（1）承运人对实际承运人的行为负连带责任，但承托双方事先有约定的除外。

承运人的连带责任表明：承运人应当对合同约定的全部运输负责。承运人除了对自己及自己的受雇人或代理人的行为负责外，还必须对实际承运人及其受雇人或代理人的行为负责。可见，承运人的责任范围相当广泛，尤其在实务中，承运人很难控制实际承运人对其受雇人或代理人的选择。然而，如果法律不做出如此规定而免除承运人对实际承运人的受雇人或代理人的行为负责，货方的利益则难以保障，继而会影响商业关系的稳定。因而，实务中，为了减少上述风险，承运人不仅应选择合适的实际承运人，也应约束实际承运人选择合适的受雇人或代理人，并且做好监督工作。

由于国际运输常常涉及多式联运或多次转运，承运人所承担的风险相当大，因而，为了减少承运人的风险，法律允许承运人与托运人以合同的方式，指定履行部分运输合同的实际承运人，并清楚地表明："货物在指定的实际承运人掌管期间发生的灭失、损失或者迟延交付，承运人不负赔偿责任。"然而，承运人与托运人达成的有关限制或免除其对多式联运或多次转运中任何特定阶段的责任的条款，如欲对其他提单/运单持有人发生效力，则必须在提单或运单中明示以便让其知悉。

（2）实际承运人对其履行的运输承担与承运人同等的法律责任。

这一原则表明：实际承运人对自身及其受雇人或代理人的行为责任仅限于自己履行的运输期间，而且由于他与托运人无合同关系，因而，对于承运人与托运人间约定的诸如扩大承运人责任范围、放弃承运人所享有的责任限制或放弃免除责任等超出法定责任的条款，只有在实际承运人以书面方式表示接受时才对实际承运人发生效力。因此，承运人在接受此类义务之前，应考虑实际承运人是否接受，否则将由自己承担此类义务。

(3) 承运人、实际承运人及他们的受雇人或代理人的赔偿总额不能超出法定限额。

这一原则表明：托运人或收货人无权以分别追索赔偿的方式取得双倍赔偿。这也说明实际承运人对其履行运输承担责任的同时，也享有法律所规定的有关承运人的权利及责任限制与法定免责事项。

(4) 承运人与实际承运人可按他们之间的合同约定相互追偿。

当承运人或实际承运人赔偿了托运人或收货人以后，承运人与实际承运人可按他们之间的合同约定相互追偿。

(5) 一般情况下，向承运人或实际承运人提出的索赔或发出的指示具有同等的效力。

按照《中华人民共和国海商法》第八十五条的规定，当货物由实际承运人交付时，收货人依照规定向实际承运人或承运人提交的有关货物、损坏、灭失等通知，与向承运人或实际承运人提交的书面通知具有同等效力。

二、多式联运经营人的责任

多式联运经营人的责任是指其按照法律规定或运输合同的约定对货物的灭失、损坏或迟延交付所造成损失的违约责任，它由责任期间、责任基础、责任形式、责任限额、免责等几部分构成。

从20世纪50年代到70年代末，一些国际公约已考虑了国际货物多式联运问题，目前比较有影响的国际公约和规则主要包括以下三个：

(1)《联合运输单证统一规则》(Uniform Rules for a Combined Transport Document)。该规则由国际商会(ICC)于1973年制定，1975年修订，是最早的国际多式联运规则。

(2)《联合国国际货物多式联运公约》(United Nations Convention on International Multimodal Transport of Goods)(以下简称《联合国多式联运公约》)。该公约于1980年5月24日获得通过，但因迄今未满足公约规定的“公约在30个国家批准或加入后12个月开始生效”的条件，而尚未生效。不过，尽管该公约至今仍未生效，但对各国有关多式联运的法律及其后的国际惯例都产生了重大的影响。

(3) 1991年联合国贸易和发展会议/国际商会(UNCTAD/ICC)多式联运单证规则。20世纪90年代，鉴于《联合国多式联运公约》迟迟未能生效，既担心因多式联运经营人的抵触心理而使它永远不能生效，也想证明所谓多式联运公约在理论上不会带来严重后果的论点属实，国际商会建议把《联合运输单证统一规则》和《联合国多式联运公约》合并，制定新的规则，使之在《联合国多式联运公约》生效之前，供当事人在多式联运合同中自愿选用，以暂时弥补适用公约的空缺。为此，联合国贸易和发展会议(UNCTAD)会同国际商会(ICC)在对《联合运输单证统一规则》做出修订的基础上，共同制定了1991年联合国贸易和发展会议/国际商会《多式联运单证规则》。

我国关于多式联运的法律规定主要体现在《中华人民共和国海商法》第四章第八节“多式联运合同的特别规定”和《民法典》第三编第二分编第十九章第四节“多式

联运合同”中。

表9-2显示了有关的多式联运公约与规则在承运人责任限额、诉讼时效等方面的规定。表9-3显示了我国有关法律法规关于多式联运经营人责任的规定。如果某一多式联运合同同时属于《中华人民共和国海商法》和《民法典》的适用范围，而两者又有不同规定的，应首先适用《中华人民共和国海商法》的规定，然后是《民法典》。

表9-2　**有关国际公约和规则对承运人责任等方面的规定一览表**

<table>
<tr><th rowspan="2">公约或法律名称</th><th rowspan="2">责任基础</th><th rowspan="2">责任形式</th><th rowspan="2">责任期间</th><th colspan="3">货损、货差责任限额</th><th colspan="2">迟延交付损失</th><th colspan="2">货损、货差通知时限</th><th rowspan="2">诉讼时效</th></tr>
<tr><th></th><th>SDR/件</th><th>SDR/千克</th><th>责任限额</th><th>推定灭失</th><th>显而易见</th><th>非显而易见</th></tr>
<tr><td rowspan="3">联合国多式联运公约</td><td rowspan="3">完全过失责任</td><td rowspan="3">修正统一责任制</td><td rowspan="3">接货/交货</td><td>含水运</td><td>920</td><td>2.75</td><td rowspan="3">迟延货2.5倍运费，不得超过总运费</td><td rowspan="3">90天</td><td rowspan="3">1个工作日</td><td rowspan="3">6个连续日</td><td rowspan="3">2年，3个月追偿期；迟延交付：60天</td></tr>
<tr><td>不含水运</td><td></td><td>8.33</td></tr>
<tr><td colspan="3">如区段适用法律规定限额高，则适用该法</td></tr>
<tr><td>联合运输单证统一规则</td><td>确定区段：等同区段适用运输公约/法规，非确定区段：完全过失责任</td><td>网状责任制</td><td>接货/交货</td><td colspan="3">确定区段：等同区段适用运输公约/法规规定，非确定区段：2SDR/千克</td><td>确定区段：取决于适用运输公约规定，且不得超过运费。非确定区段：不赔</td><td>90天</td><td>交付之前或当时</td><td>7个连续日</td><td>9个月</td></tr>
<tr><td rowspan="3">多式联运单证规则</td><td rowspan="3">完全过失责任，但水运段仍实行不完全过失责任</td><td rowspan="3">网状责任制</td><td rowspan="3">接货/交货</td><td>含水运</td><td>666.67</td><td>2</td><td rowspan="3">不超过运费</td><td rowspan="3">90天</td><td rowspan="3">交付之前或当时</td><td rowspan="3">6个连续日</td><td rowspan="3">9个月</td></tr>
<tr><td>不含水运</td><td></td><td>8.33</td></tr>
<tr><td colspan="3">如区段适用法律规定了限额，则适用该法</td></tr>
</table>

表9-3　**我国现有法律法规关于多式联运经营人责任的规定**

<table>
<tr><th colspan="2"></th><th>《中华人民共和国海商法》</th><th>《民法典》</th></tr>
<tr><td colspan="2">运输方式限定</td><td>多式联运必须包含海运</td><td>海陆空均可</td></tr>
<tr><td colspan="2">责任形式</td><td>网状责任制</td><td>网状责任制</td></tr>
<tr><td rowspan="2">责任免除</td><td>货损区段确定</td><td>适用调整该区段运输方式的有关法律规定</td><td>适用调整该区段运输方式的有关法律规定</td></tr>
<tr><td>货损段未确定</td><td>实行不完全过失责任即享有《中华人民共和国海商法》第五十一条规定的12项免责</td><td>实行严格责任，即仅在不可抗力时才可免责</td></tr>
<tr><td rowspan="2">责任限额</td><td>货损区段确定</td><td>适用调整该区段运输方式的有关法律规定</td><td>适用调整该区段运输方式的有关法律规定</td></tr>
<tr><td>货损段未确定</td><td>适用海运规定，即《中华人民共和国海商法》第五十六条规定</td><td>不享受责任限额，即按全额赔偿</td></tr>
<tr><td colspan="2">迟延交付责任</td><td>未规定（参见《中华人民共和国海商法》第一百零五条规定）</td><td>承担责任，并按实际损失给予赔偿（参见《民法典》第八百四十二条和第五百八十四条）</td></tr>
</table>

限于篇幅，以下仅对责任形式做简要说明。目前，多式联运责任形式主要有以下几种：

①责任分担制（dispersion of liability）。责任分担制是指多式联运经营人和各区段的实际承运人仅对自己完成区段的货物运输负责，各区段的责任原则上按该区段适用的法律予以确定。在这种责任形式下，多式联运经营人并不承担全程运输责任，这显然与多式联运的基本特征相矛盾，故目前几乎不再被采用。而且在许多情况下，只要多式联运经营人签发全程多式联运单据，即使在多式联运单据中声明采取这种形式，也可能被法院判定此种约定无效而要求多式联运经营人承担全程运输责任。

②网状责任制（the network system of liability）。网状责任制是指多式联运经营人对全程运输负责，货物的灭失或损坏发生于多式联运的某一区段的，多式联运经营人的赔偿责任和责任限额，适用于调整该区段运输方式的有关法律规定。如果货物的灭失、损坏发生的区段不能确定（俗称为“隐藏损害”），多式联运经营人则按照海运法规或双方约定的某一标准来确定赔偿责任和责任限制。目前，大多数国家的多式联运经营人均采用网状责任制。1973年《联合运输单证统一规则》、1991年《多式联运单证规则》和《中华人民共和国海商法》、《民法典》均采纳了该责任制。比如，1991年《多式联运单证规则》对货物的灭失、损坏和迟延交付规定了统一的归责原则，并对多式联运是否包含海运规定了两种统一的责任限制，同时该规则进一步规定，如果能清楚地知道货损发生的运输区段，而该运输区段所适用的国际公约或国内法又规定了另一项责任限额，则应优先适用该公约或该国家法律。

③统一责任制（uniform liability system）。统一责任制是指多式联运经营人对货主赔偿时不考虑各区段运输方式的种类及所适用的法律，而是对全程运输按一个统一的原则并一律按一个约定的责任限额进行赔偿。统一责任制是与多式联运的基本特征最为一致的责任形式，然而，由于适用于各运输区段的国际公约或者法律所确定的区段承运人的责任不同，而且可能低于多式联运经营人根据统一责任制所承担的责任，这意味着多式联运经营人向货方承担赔偿责任后，面临着不能向造成货物损害的区段承运人全额追偿的危险，从而无法预见其最终承担的责任，因此目前尚没有多式联运经营人愿意采用这种责任形式。

④经修正的统一责任制（the modified uniform liability system）。经修正的统一责任制是指多式联运经营人对全程运输负责，并且原则上全程运输采用单一的归责原则和责任限额，但保留适用于某种运输方式的较为特殊的责任限额的规定。这种修正通常针对多式联运的海运阶段，且有利于多式联运经营人。经修正的统一责任制在最大限度上保留统一责任制的优点，同时通过对其加以修正，缓和统一责任制下各区段运输方式责任制之间存在的差异和矛盾，较好地适应运输法律发展的现状，使多式联运中的运输风险在承托双方间得到较为合理的分配。《国际多式联运公约》采用的是此种责任制。该公约对货物的灭失、损坏和迟延交付规定了统一的归责原则，并对多式联运是否包含海运规定了两种统一的责任限制，同时该公约进一步规定，如果能清楚地知道货损发生的运输区段，而该运输区段所适用的国际公约或国内法又规定了比上述限额高的限额，则应优先适用该公约或该国家法律。

实践训练

某货运代理接受中国香港出口商的委托，在其货运站将一批半成品的服装装入两个集装箱后，签发了装港——中国香港、卸港——印度孟买、交付地——印度新德里的海铁联运提单，表明货物是处于良好状态下接收的。该提单规定多式联运经营人按网状责任制承担责任。该集装箱货物经海运运至孟买港卸船时发现其中一个集装箱外表损坏，货运代理在孟买的代理通知了铁路承运人；当集装箱经铁路转运至新德里开启后发现，外表损坏的集装箱所装货物严重受损，另一集装箱虽然外表完好、铅封也无损，但内装货物已受损。中国香港出口商要求货运代理赔偿其损失。

请回答：（1）该案中这两个集装箱货物的损害性质（即是否为隐藏损害）。（2）货运代理的法律地位是代理人还是当事人？货运代理是否有义务对两个集装箱货物受损予以赔偿？（3）如果予以赔偿的话，按何种标准赔偿？货运代理赔付后，是否有权追偿？应向谁追偿？

项目考核

1.单项选择题

（1）根据《货代纠纷司法解释》，国际货运代理可以有条件地扣押（　　）。

A.提单　　B.退税核销单　　C.保险单　　D.房产证

（2）多式联运经营人承担的货物运输责任是（　　）。

A.全程　　B.自己运输区段

C.实际承运人区段外的区段　　D.自己控制区段

（3）国际货运代理作为代理人，有权要求委托人支付（　　）。

A.海关税费　　B.报酬　　C.海运费　　D.仓储费

2.多项选择题

（1）国际货运代理作为直接代理时，应承担的责任包括因（　　）过失产生的责任。

A.自身　　B.实际承运人　　C.代理人　　D.委托人

（2）国际货运代理作为代理人时，负有保密及（　　）等义务。

A.谨慎尽职　　B.转委托　　C.勤勉报告　　D.成果交付

（3）现有国际多式联运的公约与规则规定的责任制主要包括（　　）。

A.责任分担制　　B.经修正的统一责任制

C.统一责任制　　D.网状责任制

3.简答题

（1）简述国际货运代理作为直接代理时的权利与义务。

（2）简述国际货运代理作为无船承运人时的责任。

（3）简述国际多式联运相关的国际公约与规则。

项目实训

深入某国际货运代理企业调研，了解货运代理在不同身份下如何保障自身的权利、义务与责任。

项目十

国际货运代理责任保险与事故处理

学习目标

知识目标：

1.认识国际货运代理责任保险与事故处理。

2.了解国际货运代理责任保险与事故处理的关系。

3.熟悉国际货运代理责任保险业务与国际货运代理事故处理。

4.掌握国际货运代理身份识别标准。

能力目标：

1.能够准确识别国际货运代理的不同身份。

2.具备对国际货运代理相关案例进行分析的能力。

素养目标：

1.认识国际货运代理保险对于保障我国国际货运代理健康发展的支撑作用。

2.明确货运代理人的责任和担当，增强提高处理各类货运事故能力的使命感。

任务一　熟悉国际货运代理责任保险操作

★课堂讨论

学习本课程之前你了解国际货运保险代理吗？知道国际货运保险代理的险种与保险事故索赔吗？

★问题引导

某货运代理作为无船承运人承运一批货物，从新加坡运抵伦敦，并签发了提单，该提单符合信用证的要求。货运代理将实际承运人签发的海运提单交给伦敦代理人，并指示其一定要凭无船承运人的提单换海运提单。但伦敦代理人由于过失，在未收到无船承运人提单的情况下，就将海运提单交给了收货人。结果收货人提货后，拒付运费和货款。于是发货人为索赔货款起诉无船承运人。

思考：作为货运代理是否承担赔偿责任？

小词典

国际货运代理责任风险是指国际货运代理企业在经营过程中对委托人或第三人的损失负有责任的可能性。

引导知识点

一、货运代理责任风险产生的原因

一般而言，货运代理所承担的责任风险主要产生于以下3种情况：

（1）货运代理自身的过失。货运代理在从事业务活动中因自身未能履行义务给委托人或第三人所造成的损失，是无权向任何人追偿的，故只能自己承担风险。

（2）分包人的过失。货运代理除了对自己的过失承担责任外，还必须对其委托的分包人的过失承担责任。当然，货运代理可以就因分包人的过失向另一方所承担的赔偿而向分包人行使追偿权，但复杂的实际情况却使其无法全部甚至部分地从分包人处得到补偿，比如，分包人破产、追偿成本过高等。

（3）其他方面的原因。比如，当货运代理以当事人身份从事业务活动时，无法确定责任人的损害，以及约定分包人免责或者其应承担的责任小于货运代理对第三方承诺的责任等，都会使货运代理承担相应的风险。

由此可见，利益与风险同在，货运代理在追求利益的同时，应对可能带来的责任风险予以足够的重视，并加强风险管理。

★问题引导

某日，某货运代理受客户委托，为西康铁路一跨线桥吊装钢筋混凝土预制梁。一天傍晚，施工人员在将一根中梁吊放上桥墩后，天色已昏暗、视线不清，于是决定收工，次日继续作业。次日上午开始重新作业。当施工人员将一根边梁刚吊离桥墩约0.3米高时，即发生吊车臂撞击中梁，吊车臂折弯，吊钩中心偏离，吊起边梁的钢丝绳被拉断，边梁坠落地面，明显断裂，经检验已毫无价值，属全损。

思考：上述事故中，货运代理自身的财产损失即吊车的修理费和委托人的一根边梁预制梁的重新购置费是否属于责任保险范围？

小词典

国际货运代理责任保险是为了补偿国际货运代理企业在从事货物运输服务中从收货到交货的所有环节可能出现的责任风险而向保险公司或保赔协会所投保的责任险。

引导知识点

二、货运代理责任保险与货物运输保险的区别及其投保方式

1.货运代理责任保险与货物运输保险的区别

表10-1列示了货运代理责任保险与货物运输保险的区别。

2.货运代理责任保险的投保方式

目前，在国外投保货运代理责任险主要采取如下两种形式：

（1）向联运保赔协会投保。在货代行业最具有代表性的保险机构是联运保赔协会（Through Transport Club，TT-Club），其提供货运代理和码头操作责任及相关财产损失保险业务。TT-Club的业务特点是客户凡发生责任事故，均交由TT-Club聘用的海事及码头专家处理，其法律援助、处理诉讼案件和赔偿后的追索能力较强、费率较高。

表10-1　**货运代理责任保险与货物运输保险的区别**

比较项目	货运代理责任保险	货物运输保险
险种	责任险类	运输险类
标的	责任事故	货物
运输方式	无须申报运输方式	按运输方式投保
保障内容	意外事故、过失、疏忽、错误、遗漏	自然灾害、意外事故
赔偿内容	货损货差、费用损失	货损货差
重要免责	自然灾害	责任事故
责任区段	自收货到交货全程	标明运输线路
投保方式	按年度投保	单票投保
保险费计算依据	货运代理年度营业额	货物价值（加成）
赔偿对象	货运代理或实际货主	实际货主
追偿对象	实际责任人	货运代理或实际承运人

课外拓展

国际货运代理人责任保险条款

（2）向保险公司投保。国外的保险公司普遍开展货运代理责任保险业务，承保能力较强的是责任保险和运输保险业务量大、全球检验便利的大型保险公司。保险名称大都为“运输服务商责任保险”、“运输专业经营者法律责任保险”或“运输及相关责任保险”。

在我国，中国国际货运代理协会与相关保险公司联合推出了国际货运代理责任保险新险种，诞生了我国国际货运代理行业的责任保险“协会条款”。

课外拓展

国际货运代理提单责任保险条款

★问题引导

货主A公司向作为无船承运人的货运代理B公司订舱出运20个出口集装箱，B公司接受委托承运后签发了提单，又以自己的名义将其中10个集装箱交由C航运公司运输，另外10个集装箱交由D航运公司运输。D航运公司的船舶在运输途中遇强风，部分装在甲板上的集装箱因绑扎不牢而落入海中灭失。收货人持B公司签发的提单提货时发现少了3个集装箱，收货人向B公司索赔，B公司拒赔，从而引发诉讼。

思考：B公司和D航运公司是否应对收货人承担赔偿责任？为什么？国际货运代理责任保险的内容有哪些？

引导知识点

三、货运代理责任保险的内容与除外责任

1.货运代理责任保险的内容

货运代理投保的责任险的内容，取决于投保的种类，一般限于因其过失或疏忽所导致的以下风险损失：

（1）错误与遗漏。比如，虽有指示但未能投保或投保类别有误；迟延报关或报关单内容缮制有误；发运到错误的目的地；选择运输工具有误；选择承运人有误；再次

出口未办理退还关税和其他税务的必要手续；保留向船方、港方、国内储运部门、承运单位及有关部门追偿权的遗漏；不顾报关有关说明而产生的遗漏；所交的货物违反保单有关说明。

（2）仓库保管中的疏忽。在港口或外地中转库（包括货运代理自己拥有的仓库或租用、委托暂存其他单位的仓库和场地）监卸、监装和储存工作中货运代理的疏忽过失。

（3）货损、货差责任不清。在与港口储运部门或收货单位等交接货物时，因数量短少、残损责任不清，最后由货运代理承担的责任。

（4）迟延或未授权发货。如部分货物未发运；港口提货不及时；未及时通知收货人提货；违反指示交货或未经授权发货；交货但未收取货款（指以交货付款条件成交时）。

2.货运代理责任保险的除外责任

以下是通用的除外责任，当然，实践中可根据保险险别，制定不同的除外责任。

（1）在承保期间以外发生的危险或事故。

（2）索赔时间超过承保条例或法律规定的时效。

（3）保险合同或保险公司条例中所规定的除外条款及不在承保范围内的国际货运代理的损失。

（4）违法行为如运输毒品、枪支、弹药、走私物品或一些国家禁止的物品造成的后果。

（5）蓄意或故意行为，如倒签提单、预借提单引起的损失。

（6）战争、外敌入侵、敌对行为（不论是否宣战）、内战、反叛革命、起义、军事或武装侵占、罢工、停业、暴动、骚乱、戒严和没收、充公、征购等的任何后果，以及为执行任何政府、公众或地方权力机构的指令而造成的任何损失或损害。

（7）任何由核燃料或核燃料爆炸所致核废料产生的离子辐射或放射性污染所导致、引起或可归咎于此的任何财产灭失、摧毁、毁坏或损坏及费用，不论直接或间接，还是作为其后果损失。

（8）超出保险合同关于赔偿限额规定的部分。

（9）事先未征求保险公司的意见，擅自赔付对方。比如，当货物发生残损后，货运代理自认为是自己的责任，未征求保险公司的意见，自作主张赔付给对方。如事后证明不属于或不完全属于货运代理的责任，保险公司将不承担或仅承担其应负责的部分损失。

案例10–1

某年5月，A货代公司分别给B公司、C公司提供出口货物的拼箱运输，提单等所有单证缮制正确。装箱员为了多装货物，将B公司的一小件货物放入C公司圆筒形货物内。货物抵港后，A货代公司的代理人未发现C公司的圆筒形货物内夹杂其他货物，将圆筒形货物连带内夹小件货物一并交给C公司的收货人。待B公司收货时，发现货物短少，为此，向A货代公司索赔。保险公司核实案情后，根据发票金额和遗失小件货物占全部货物的比例，向A货代公司赔偿了货款、运费、关税、临时仓储费等其他费用。

★问题引导

某年10月，某货运代理在码头误将一个编号为CRXU2074783的20英尺集装箱交给某拖车公司运往内地，集装箱于次日通过海关到达收货人厂房，收货人拆箱后发现不符。货运代理向口岸海关解释并提供有关证据，办理出关手续，将货物拖回中国香港。然后，把真正属于内地收货人的编号为YTLU2974783的20英尺集装箱发运给收货人。两个集装箱对调所产生的额外费用为5万元人民币。货运代理与拖车公司协商解决，各自承担一半，即2.5万元人民币的损失。货运代理赔付后，依据责任险保单条款向保险公司提出索赔。

思考：货运代理是否可以向保险公司提出索赔？如何索赔？

引导知识点

四、货运代理责任保险的索赔

如图10-1所示，货运代理责任保险的索赔通常包括以下步骤：提交损失通知、进行施救、申请检验、保护现场、取得证明、搜集证据、赔偿协商、司法途径、意见征询、积极应诉、赔偿确定、正式提赔、赔款支付、权益转让、协助追偿。

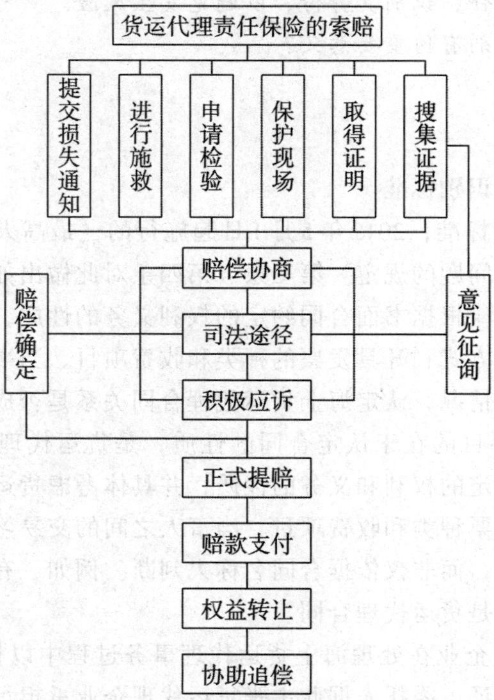

图10-1　货运代理责任保险索赔流程图

任务二　掌握国际货运代理身份识别

★课堂讨论

学习本课程之前你了解货运代理身份识别标准吗？知道如何操作吗？

★问题引导

实践中，货运代理由于属于轻资产型企业，可以根据需要，机动灵活提供服务，有时作为代理人出现，有时作为承运人出现。在作为代理人时，也可能以隐名代理/间接代理的身份与第三人开展业务活动。此外，在一单业务的不同阶段，货运代理也可能体现不同的身份，比如，在仓储、报关、验收等环节作为代理人，而在运输环节，则作为无船承运人，签发提单并收取运费。可见，货运代理属于“变色龙”，怎么方便、怎么利润最大、怎么风险最小怎么来。之所以造成这种局面，主要在于货运代理所处的中间人地位，其业务经营必然涉及两方面的关系：其一是内部关系（internal relationship），即货运代理与委托人之间的关系；其二是外部关系（external relationship），即货运代理与第三人（指与货运代理实施法律行为的人，也称相对人）的关系。显然，在实践中，无论是货运代理还是货主或其他有关主体，都应正确界定货运代理的性质及其责任，识别其身份，以避免发生风险。

思考：货运代理身份识别有何重要意义？

引导知识点

一、货运代理身份识别标准

有关货代身份识别标准，2012年5月1日起施行的《最高人民法院关于审理海上货运代理纠纷案件若干问题的规定》第三条、第四条对此做出如下规定：

第三条　人民法院应根据书面合同约定的权利义务的性质，并综合考虑货运代理企业取得报酬的名义和方式、开具发票的种类和收费项目、当事人之间的交易习惯以及合同实际履行的其他情况，认定海上货运代理合同关系是否成立。

解读：该条的主要目的在于认定合同的性质，是货运代理合同还是货物运输合同，应根据书面合同约定的权利和义务的性质，并具体考虑货运代理企业取得报酬的名义和方式、开具的发票种类和收费项目、当事人之间的交易习惯以及合同实际履行的其他情况等做出判断，而非仅依据合同名称去判断。例如，有些合同的名称为货物运输合同，但实际上却是货运代理合同。

第四条　货运代理企业在处理海上货运代理事务过程中以自己的名义签发提单、海运单或者其他运输单证，委托人据此主张货运代理企业承担承运人责任的，人民法院应予支持。货运代理企业以承运人代理人名义签发提单、海运单或者其他运输单证，但不能证明取得承运人授权，委托人据此主张货运代理企业承担承运人责任的，人民法院应予支持。

解读：司法解释明确规定货运代理企业以自己的名义签发提单、海运单或者其他运输单证，或不能证明取得承运人授权，以承运人代理人名义签发提单、海运单或者其他运输单证，认定货运代理企业承担承运人责任。

由此可见，在实践中判断海上货运代理的身份是代理人还是无船承运人，主要依据以下三大标准：

（1）当事人签订的书面合同的名称和内容。

（2）提单的格式和签署。

（3）其他因素。

二、识别标准的运用

1.审核当事人签订的书面合同的名称和内容

（1）当事人之间签订了具体的书面合同。通常根据合同的名称和内容判断该合同属于运输合同还是代理合同，进而可确定货运代理的身份（无船承运人或货运代理人）；如果合同的名称与内容不一致，则以合同的内容为准。

（2）当事人之间签订了规范长期业务的框架协议。此时，判断某笔具体业务下货运代理的身份，需要综合考虑框架协议以及该笔业务中的具体规定（如有的话），比如，是否签发提单或运输合同等。

（3）当事人之间签订的合同对其身份没有明确约定、措辞含糊。此时，必须借助提单或者其他因素以识别货运代理的身份。

案例10-2

某年4月27日，广州国际与中成公司签订“孟加拉国工程设备物资货运代理合同”，其中约定：中成公司负责按照广州国际的要求将货物安全、及时地运往目的港，并随时提供航运信息，直到收货人如期提货；中成公司负责自货物运抵指定仓库交货起至货物运抵吉大港卸船并交付给收货人为止的全部工作，包括卸车、接货、理货、装箱、码头监装监卸、整理并重新包装、核对标记、丈量尺码、翻译制单、法定商检或换证、代理租船订舱、集港、装船、出口报关报检及运输到吉大港卸船等工作，对货物妥善保管、小心运输，并保持包装完好，如因中成公司存储、运输、装卸不当造成货物损失的，应赔偿广州国际由此而产生的除货运保险责任外的一切损失；中成公司收取的海运费用包括运费、港口包干费、仓储费、报关费。5月16日，广州国际向中成公司出具一份以“广州国际”为抬头的出口货物托运单，其中记载：起运港为上海，运往孟加拉国吉大港，托运人为广州国际，特约事项记载为散货，在“托运人盖章”栏中盖有广州国际的公章。5月17日，中成公司向新加坡胜利海运公司的装货港代理人中海公司出具一份以“中成公司”为抬头的出口货物托运单，其记载与广州国际出具的出口货物托运单相同，但在“托运人盖章”栏中盖有“中成公司业务章（1）”。6月7日，中成上海分公司出具并留底的托运单上的记载与前两份托运单相同。6月30日，货物装上新加坡胜利海运公司所属的“顺安”轮。7月3日，广州国际和中成公司共同向中海公司出具一份倒签提单保函，请求将提单倒签至6月20日。其后，中海公司以船东代理人的身份签发了日期为6月20日、签发地为上海、抬头为“胜利海运”的已装船提单一式三份，其中记载：托运人为广州国际，收货人为达卡供电局，装货港为上海港，卸货港为吉大港。8月31日，“顺安”轮抵达目的港孟加拉国吉大港并开始卸货，发现有12箱配电变压器和19箱电缆不同程度受损。原告广东人保赔偿广州国际后取得代位求偿权，请求判令被告中成公司赔偿。广州国际出具的货物发票显示，涉案货物以CIF价格条件成交。

案例分析：

第一，广州国际与中成公司签订的货运代理合同是什么性质？

双方的合同为运输合同。被告中成公司与广州国际签订的“孟加拉国工程设备物资货运代理合同”，尽管其中有代为报关等约定，但其内容主要是关于中成公司作为承运人、广州国际作为托运人的权利和义务的约定以及运费收取、安全运输等规定，符合货物运输合同的条件和特征，因而应认定该份合同为含有货运代理内容的国际海上货物运输合同。广州国际与中成公司之间的海上货物运输合同关系成立。合同的名称虽为“货运代理合同”，但与合同的主要内容不吻合，故不能认定该合同为货运代理合同。

第二，中成公司以“合同约定广州国际放弃因货运保险责任向我方索赔的权利”为由，拒赔保险公司是否成立？

该理由不成立。当事人可以在海上货物运输合同中约定免责条款，但不得减免承运人根据《中华人民共和国海商法》规定所应承担的法律责任。《中华人民共和国海商法》第五十一条已列明了承运人对其责任期间内的货物灭失或者损坏的免责范围，超出该免责范围的承运人免责约定因违反法律的强制性规定而无效。被告中成公司与广州国际在合同中关于中成公司不承担货运保险责任的货损的约定，超出了法律关于承运人免责范围的规定，故该约定无效。该约定的无效不影响合同其余条款的效力。

第三，被告认为，被保险人广州国际在货损发生时对保险标的不具有保险利益，原告应当对目的港的收货人理赔，其对广州国际的理赔错误，不能取得代位求偿权，这种看法是否正确？

提单记载的收货人是达卡供电局。广州国际出具的货物发票显示，涉案货物以CIF价格条件成交，这表明货物在装货港越过船舷之前，由广州国际承担货物灭失或损坏的风险，越过船舷之后则由收货人达卡供电局承担该风险，即当被保险货物越过船舷后，广州国际就不再承担货物损坏或灭失的风险，从而丧失了保险利益，故其虽持有提单和保险单，也无权要求保险人赔付保险单项下的货物损失。原告对不具有保险利益的广州国际的赔付不符合法律规定，其赔付后不能合法地取得代位求偿权。另外，涉案提单为记名提单，记名的收货人为达卡供电局，而货物已在目的港完成交付，有关货物的索赔权已转移给收货人，原告代位托运人广州国际向承运人要求赔偿，亦无法律依据。

2.在签发提单时，审核提单的格式和签署

提单是辨明法律关系的重要线索，提单的抬头、签署、正面记载、背面条款对于识别承运人、判定承运人的权利和义务都具有重要的证明意义。一般而言，提单上用于确认承运人身份的记载有三处：提单抬头、提单签单章以及提单背面的“承运人识别条款”。对于提单背面的“承运人识别条款”，鉴于其有可能使承运人有机会规避最低限度的义务，因而否认其效力是大势所趋，故在审判实践中一般根据前两项认定其身份，尤以签单章为优先。

(1) 货运代理签发自己的提单。此时，法院通常认定货运代理为承运人，无论其在提单中的签署表示为承运人还是代理人，除非货运代理能够提出类似如下案例中的相反证据。

案例10-3

原告A公司委托被告美商Y公司将一批机翼壁板由美国长滩运至中国上海。实际承运人M公司签发给被告的提单上载明“货装舱面，风险和费用由托运人承担”。而被告Y公司向原告签发的以自己为抬头的提单上无此项记载，同时签单处表明被告代理实际承运人M公司签单。在货抵上海港后，商检结果确认部分货物遭受不同程度的损坏及水湿。为此，原告向被告提出赔偿68万美元损失的请求，被告虽辩称自己的身份是货运代理，但没有提出相应的证据。

案例分析：

第一，本案被告欲证明自己的身份是货运代理，需要提供哪些证据？

本案提单上的签单章表明被告是作为实际承运人的代理人而代签提单，但提单抬头却是被告本身的。因此，被告欲主张自己为货运代理，必须证明两点：①证明其与实际承运人之间存在代理签单协议；②证明实际承运人在该提单签发时是合法存在的。

第二，被告赔偿后能否向实际承运人追偿？应如何防范此类风险？

不能，因为实际承运人在提单上批注了“货装舱面，风险和费用由托运人承担”。货运代理不签发提单，或在签发提单时确保货运代理提单与船公司提单的责任条款相一致，以便事后可向实际承运人追偿。

(2) 货运代理以自己名义签发其他人的提单。此时，如果货运代理能证明是接受被代理人的委托授权，则属于隐名代理；反之，则认定为承运人，应承担承运人的责任。

案例10-4

U公司向V货运代理托运货物，持有抬头为Globe公司的提单，提单背面条款第三条载明：“本提单项下的承运人是指Globe公司。”该提单由V货运代理签署，但没有表明是作为承运人还是作为代理人签署。U公司要求V货运代理赔偿无单放货损失。V货运代理辩称其只是Globe公司的代理人，不承担赔偿责任，并出示了Globe公司在美国合法注册的证明，以及授权V货运代理签发提单的委托书。

案例分析：

U公司是否有权要求V货运代理承担赔偿责任？为什么？

U公司有权要求V货运代理承担赔偿责任。一审：被告在以盖章方式签发提单时虽未注明其身份是承运人还是代理人，但根据提单背面承运人识别条款，涉案提单项下的承运人应是Globe公司，原告与被告之间并不存在海上货物运输合同法律关系。判决：对被告的诉讼请求不予支持。二审：V货运代理属于隐名代理，由于是在事后才披露Globe公司的承运人身份，根据相关规定，U公司既可以向Globe公司主张权利，也可以选择向V货运代理主张权利。

(3) 货运代理以代理人的身份签发其他人的提单。在实践中，许多货运代理签发提单时会在提单上表明其是“作为代理人，或作为承运人的代理人”(as agent，as agent for the carrier) 代签提单，发生纠纷后试图以此回避其承运人的身份。在这种情况下，如果货运代理主张自己为承运人的代理人，则必须证明两点：一是其与被代理人确实存在签发提单的委托关系，而且两者确实独立存在；二是被代理人在该提单签发时是合法存在的。

案例10-5

原告A公司将一批风衣交给被告B公司，委托其从中国海运到意大利，被告C公司是无船承运人。货到意大利后所取得正本提单的抬头为新加坡F船公司，提单显示托运人为A公司、收货人凭中国银行指示，签单处盖有B公司职员李某和深圳D公司的印章。A公司以两被告无单放货为由提起诉讼，要求两被告承担违约责任。在庭审过程中，C公司自认是本案的承运人，表明其与B公司存在代理协议，并授权B公司职员李某签发提单，因此，C公司以第三人身份参加庭审。B公司也承认自己是C公司的代理人。经查，签发上述提单的深圳D公司不存在，新加坡F船公司既未与C公司签过代理协议，也未向C公司出具授权委托书和事后追认授权。

案例分析：

本案各方当事人的身份如何？各自应承担何种责任？

A公司是托运人，B公司是C公司的代理人，C公司是无船承运人，F船公司是实际承运人，应由C公司承担责任。理由是：A公司未提供证据证明其向B公司订舱，也未证明B公司作为托运人向实际承运人新加坡F船公司订舱出运货物。C公司自认是承运人，并提交证据证明授权李某签发提单，与B公司存在转委托关系。作为实际承运人的新加坡F船公司从未与C公司签过代理协议，也没有向C公司出具授权委托书，事后也没有追认，所以C公司代理签单是一种无权代理新加坡F船公司的行为。因此，认定B公司为承运人C公司的代理人，C公司为本案的无船承运人。本案提单为指示提单，C公司作为承运人在未收回正本提单的前提下指示新加坡F船公司将货物放行，违反了承运人凭正本提单交付货物的法定义务，造成了A公司收不到货款，理应承担违约责任。B公司作为C公司的代理人，其没有过错，对本案海上货物运输合同纠纷不承担责任。

3.其他因素

当货运代理与委托人之间不存在书面合同、货运代理也没有签发提单时，则需要依据以下步骤识别货运代理的身份：

(1) 从货运代理对委托人的询价答复、托运单或者委托书的内容、第三方（船公司等）签发给货运代理的提单等方面综合考虑。一般来说，如果委托人指定了船公司，或者货运代理在答复委托人的询价时披露了船公司并且/或者提供了多家船公司供委托人选择，托运单或者委托书记载了船名或者以其他方式表明了货运代理的代理人身份，船公司签发给货运代理的提单记载的托运人是委托人，则应当认为货运代理披露了承运人，并且明示或者暗示了其代理人的身份；反之，如果货运代理在相关文件中没有披露承运人，也没有表明其代理人的身份，而且船公司签发的提单中记载的托运人是货运代理，则一般应认定货运代理为无船承运人。

（2）依据上述因素仍不足以做出判断时，还可以参考其他因素。其他因素包括委托人与货运代理之间的往来函件、双方的交易历史、货运代理的参与程度和发票形式等。这些因素与上段所列的因素相比，它们的正式性、重要性和相关性都比较低，因此只能作为附加因素考虑。此外，贸易条件也可能成为参考的因素。例如，在FOB价格条件下，由买方委托境外的货运代理办理相关事务，境外货运代理转委托境内货运代理办理境内的部分事务，此时，由于境内货运代理不直接受托于国内的买方，因此其被认定为承运人的可能性极小。

案例10-6

原告A货运代理与被告B贸易公司自2019年7月起就有货运业务往来，且双方的交易习惯是原告按被告要求对货物进行卸载、装柜并代被告先垫付相关的费用，然后被告根据其职员在原告出具的铁路整车货物、汽车货物中转委托单上的签名确认相关费用并向原告支付费用。2020年3月，原告称履行了对被告所交付货物的装卸、运输工作及代垫了相关的费用，但被告对其确认应支付的款项却迟迟不予给付。在庭审中，原告提供了被告职员胡永红签名的双方没有争议月份的费用确认单（即铁路整车货物、汽车货物中转委托单）和根据该确认单被告给付款项的银行对账单，以证明双方之间是按这样的交易习惯履行的，而被告则予以否认。经查，胡永红是被告聘请的业务员。

案例分析：

双方是否存在运输合同关系？本案被告是否有权拒付经其职员胡永红签名确认的费用？

在本案中，尽管双方没有订立书面合同，但根据交易习惯可以认定：原、被告双方货运合同关系成立，而且在费用支付方面，首先由原告垫付费用，然后再由被告付款结清。

任务三　熟悉国际货运代理事故处理

★课堂讨论

学习本课程之前你知晓如何处理货运代理业务中面临的风险吗？

★问题引导

货运代理人员在业务操作中，往往会出现超出正常范围而需要予以特殊处理的业务或事件。此类事件如处理不及时或不妥当，将面临客户的投诉与索赔，从而产生业务风险。比如，某货主委托货运代理办理一票海运订舱业务，货运代理取得了船公司订舱确认后，因处于运输旺季，舱位不足，船公司通知货运代理取消此次订舱，发生了所谓的甩柜事件。

思考：作为货运代理，如何处理此次甩柜事件？

引导知识点

一、货运代理风险构成要素

货运代理风险构成要素是风险存在与否的基本条件，主要包括风险因素、风险事故、风险损失。

1.风险因素（hazard）

风险因素也称风险条件，是指风险事故发生的潜在原因，是造成损失的间接的或内在的原因。

根据其性质，通常将风险因素分为实质性风险因素或物理的风险因素（physical hazard）、道德风险因素（moral hazard）和心理风险因素（mentality hazard）三种。

（1）实质性风险因素，属于有形因素，是指能够引起或增加损失的物质条件。比如，失灵的刹车系统、恶劣的气候、易燃物品等。实质性风险因素有时可被人控制，有时却无法被人控制。

（2）道德风险因素，属于无形因素，是人们精神上或心理上的因素所产生的各种潜在的情况或态度，即因人们的不正当行为、缺乏道义、进行欺诈、恶意中伤等道德因素的作用而发生事故并造成损害的隐患。换言之，这是指增加事故的频度和程度的个人性格。道德风险因素与人的不正当社会行为和个人的品德修养有关，常常表现为不良企图或恶意行为，故意促使风险事故发生或损失扩大。

（3）心理风险因素，属于无形因素，是指由于人主观上的疏忽或过失，导致增加风险事故发生的机会或扩大损失的程度。尽管心理风险因素与道德风险因素都是一种无形的风险因素，都与人密切相关，但是，二者还是有所不同。道德风险因素强调的是人的故意或恶行，心理风险因素强调的是人的无意或疏忽。因此，心理风险可以视为广义的道德风险。

2.风险事故（peril）

风险事故也称风险事件，是指引起损失的直接或外在的原因，是使风险造成损失的可能性转化为现实性的媒介，也就是说，风险是通过风险事故的发生来导致损失的。比如，货款呆账引起货款损失，货款呆账就是风险事故。

3.风险损失（loss or damage）

风险损失是指非故意的、非计划的和非预期的财产或经济价值减少。它包括财产损失（loss of property）、收入损失（loss of income）、费用损失（loss due to unexpected expenses）和责任损失（loss associated with legal liability claims）四种。

风险因素、风险损失的内容以及它们与风险事故之间的关系如图10-2所示。风险因素引发风险事故，风险事故导致风险损失，即产生实际结果与预期结果的差异，这就是风险。

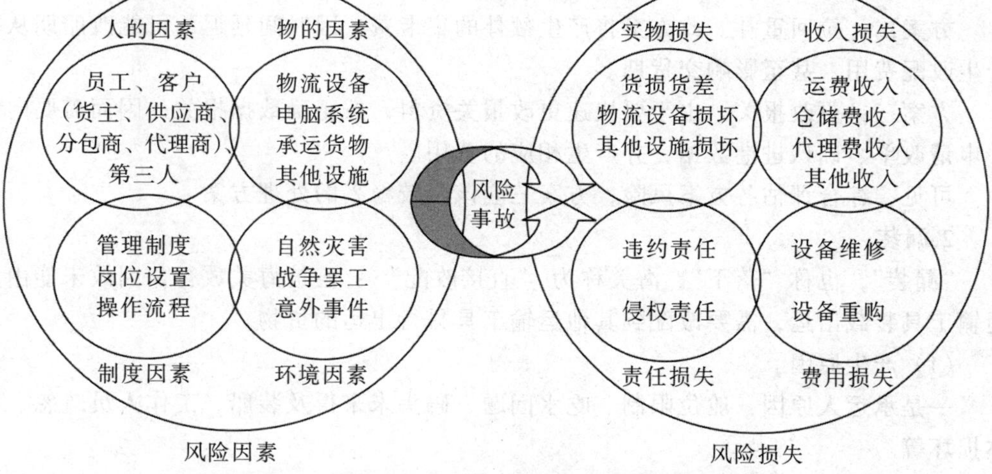

图10-2　风险因素、风险事故、风险损失关系示意图

此外，风险因素、风险事故、风险损失之间存在一种渐进的过渡过程。风险从因素发展到损失存在不同的中间阶段，而只要在每个中间阶段阻止其条件的形成，就可以避免其进入下一阶段或至少延缓最终损失的形成。这是因为，任一具体风险事故的发生，必是诸多风险因素和其他因素共同作用的结果，而且每一因素的作用时间、作用点、作用方向和顺序、作用强度等都必须满足一定的条件，而每一因素的出现，其相互间又无任何联系，许多因素的出现本身就是偶然的。

二、货运代理常见的风险类型

货运代理业务实践中通常需要处理各类风险事件，具体可分为以下三大类：

（1）服务质量投诉。比如，服务态度差、单证填错或删改等。

（2）违约。比如，撤单、改配、漏配/漏装、货损货差及灭失、海关等罚款、费用损失、延迟交收货、不按时派车等。

（3）侵权。因过失对第三方造成货损货差事故等。

上述三大类纠纷或投诉，具体细分为以下八大类。

（1）货：货运纠纷。

（2）单：单证纠纷。

（3）箱：集装箱管理纠纷。

（4）物：运输设施、设备损害纠纷。

（5）时：延迟交付（货物、车船、工作成果等）纠纷。

（6）费：代理费、垫付费用纠纷。

（7）人：人身伤亡纠纷。

（8）质：服务质量投诉。

三、主要货运代理风险事件的处理

1.短装

货柜短装进港后，货运代理可采取下列方案进行处理。

方案一：将错就错。此方案将面临单货不符风险，且面临收货人因收货短少而索赔的风险等。

方案二：拉回重补。此方案将产生额外的集卡费；因时间延迟，可能改船期从而产生改配费用，甚至影响交货期。

方案三：更改报关。由于要快速更改报关资料，按正确数据报关，因而需要向海关申请改单、确认进港数据，并产生相应的费用。

可见，综合评估各方案风险，方案三应该是较稳妥的处理方案。

2.漏装

“漏装”，也称“落下”，海关称为“直接改配”：已被海关放行，因故未能由原运输工具装载出运，需要改配到其他运输工具另行出运的货物。

(1) 产生原因。

一是承运人原因：舱位限制、吃水问题、码头未来得及装船、工作人员疏忽、船体损坏等。

二是货代原因：未及时操作或误操作，如未及时发送装运信息，提交的箱封号与实际的箱封号不符等。

三是天气以及战争、疫情等不可抗力原因。

(2) 漏装货物直接改配的条件。船公司通常要求满足以下条件：

一是非私人物品、非空箱、非危险品。

二是前后船舶不能跨港区、跨航次，前后船期不超过7天。

三是不能分船直接改配（即A船不能直接改配到“B船+C船”，但是“B船+C船”直接改配到A船不受限制）。

四是“直接改配”只能申请一次。

五是集装箱货物不存在分票出运的情况。

(3) 漏装货物直接改配的程序。作为货运代理，需要完成以下操作：

一是改单：无论货物是否出运，均需将报关单原“船名、航次”更改为改配后的“船名、航次”。

二是删单（注销）：船开后，船公司开具的未上船证明、盖了海关放行章的场站收据与客户提供的情况说明要办理注销，否则存在一单多报，海关无法结关。

三是根据新提供的报关资料与配舱回单打印最终报关单。

3.改配

改配是指集装箱货物入港后，因故未能装上原船，而不得不改配其他船的行为。一般情况下，通常改配至原订舱的船公司的其他船，除非船期不合适，才改配到其他公司的船舶。

货运代理办理改配时，其操作流程如下：

(1) 船开后，立即让船公司代理开具未装船证明、撤回场站收据；

(2) 让客户出具情况说明正本，并重寄一套报关资料；

(3) 重新订舱后，将场站收据、客户情况说明、未装船证明交由报关行办理注销；

(4) 安排车队重新办理设备交接单，凭未装船证明及提离港区证明，提箱并送到约定港区；

（5）船代发新舱单，报关员根据新的报关资料重新报关，收取改配费、移港区费、超期用箱费等。

4.改港

改港，是指更改集装箱货物目的港的行为，具体可分为已装箱未进港、已起航未到港、已进港未截港等不同情况。

货运代理改港操作流程如下：

（1）提单、舱单等单证更改费：按票收取。

（2）改港费：按票收取或者按柜收取。

（3）翻舱费/中转费：根据货柜在船实际装位，由船公司确认并报价。

（4）新运费：根据实际情况，由船公司确认。若新运费高于旧运费，则按实际收取；若新运费低于旧运费，差价不予退还。

（5）其他费用：舱单更改费，海关罚金等，目的港改仓单费用等。

5.单证事故处理

单证事故主要包括单证瑕疵纠纷、承运人签发单证时失误纠纷、托运人未与收货人达成协议却要求签发特殊单证（倒签或预借提单）而在承运人与托运人之间产生的纠纷。

（1）制单错误。比如，原定出货100箱，可实际装运的时候发现仓库记录错误，实际发货量只有98箱，或者是在装卸过程中损坏了2箱等。

解决方案：一是将错就错：即在货物短少的情况下，仍按照全数缮制单证。二是分套处理：依单证交付对象不同，分别制作内容不同的单证。比如在报关数量和金额与实际有误差的情形下，报关单证将错就错，给客户的单证则按实际数量和金额缮制；如提单上数量与报关数量一致，则可略微调整单价，在总数量不变情况下减少总金额，使之符合实际收取的货款。

（2）单证遗失。既可能是因出口商制作和保管单证不善造成的，也可能是单据在交付邮政或快递公司转递过程中遗失的。

解决方案：一是加强对记录册、单证交接登记本的管理。二是第一时间处理。属于自己缮制的发票、装箱单等，即刻补制，属于国家机构或第三方出具的，及时通知出具人，出具保函办理补单手续。

6.投诉处理

当货运代理面对客户投诉时，应采取以下措施：

一是安抚客户。接到客户投诉后，安抚客户情绪，利用同理心，站在客户角度考虑问题。

二是解释原因。根据客户投诉的问题，调查原因并向客户作出解释，希望客户理解原谅。

三是提出替代方案。如有替代方案，向客户提供替代方案，直到问题解决。

四是提出改进措施。承诺以后会改进，提升客户满意度。

四、货运代理理赔与索赔程序

1.货运代理理赔

理赔是指货运代理对货主（托运人或收货人）或第三方所提出的货运赔偿要求予以受理并进行处理的过程。

（1）货运代理可能面临的索赔。

一是因过失，如未妥善保管货物导致货损货失；二是选择分包商不当而造成损失；三是交单不当，比如，迟延交付提单、交付提单方式不当、擅自向国外买方交付提单；四是擅自扣货、扣单等；五是拒绝或未按要求执行委托人回运指令等。

（2）货运代理理赔要点。

一是充分研读索赔人提交的索赔材料与索赔依据，收集与此次货损货差相关的资料，做好抗辩准备。

二是在投保货运代理责任险的情况下，查明是否在保险范围内等，并及时向保险公司或保赔协会发出通知并转交索赔人的相关材料，则理赔事宜由保险公司或保赔协会予以处理，当然，货运代理公司仍有协助的义务。

三是在未投保货运代理责任险或虽投保但不在承保范围内时，则由自身处理理赔事宜。对此，一方面，应明确自身的身份：代理人还是当事人。其依据主要是委托代理合同或运输合同（包括提单、运单等运输单据），因在不同的身份下，货运代理所享有的权利和承担的义务与责任有较大的差别；另一方面，应依照图10-3的程序及时办理理赔。货运代理理赔的关键是能否提出自身无过失或发生不可抗力的抗辩理由与依据。或者在过失的情况下，是否存在诸如免责、超过诉讼时效、存在责任限额等有利于自身的事项。

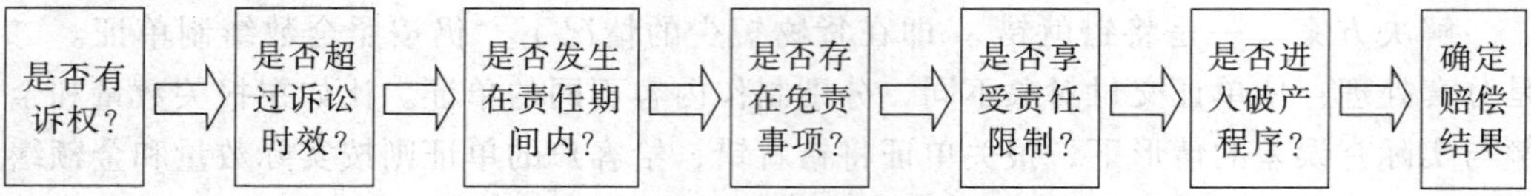

图10-3 货运代理理赔要点示意图

2.货运代理索赔

货运代理索赔，包括直接索赔与赔偿后的追偿，即货运代理因其损失依约或依法直接向委托人、保险机构或第三人索赔，或者在赔偿委托人或第三方的损失后，依约或依法向实际造成损失的责任人（如其他货运代理、区段承运人、港站经营人等）进行追偿的过程。

（1）重视事前防范。

一是投保货代责任险；二是了解委托人资信；三是订立书面合同；四是留存支付凭证及垫付依据；五是加强员工选聘与培训。

（2）强化事后索赔。

一是核损失：有无损失？损失大小？

二是寻证据：收集证据。

三是找原因：明确责任原因。

四是定方案：根据损失大小、证据等确定解决方案。

五是发通知：及时向相关方发索赔通知。目前，规范各种运输方式的国际公约与法规中均要求货主应在索赔通知时限内向承运人发出货损货差的通知，索赔人必须遵循其规定。

六是递材料。提交索赔申请书或索赔清单及随附单证。货运代理作为索赔人，除提交索赔函外，还应该提供能够证明货运事故的原因、损失程度、索赔金额、责任所在以及索赔人具有索赔权利的单证。这些单证主要包括提单或运单正本、商业发票、装箱单、货损货差理货报告及货物残损检验报告、修理单、权益转让书、往来电传等。

七是看结果。解决方式主要包括协商、调解、仲裁和诉讼。其中，仲裁、诉讼不能同时使用。一般情况下，双方可采取协商或调解途径解决争议，如果无法解决争议，则可能进入仲裁或诉讼程序，其中，选择仲裁手段解决的前提是合同中事先约定采用仲裁方式解决争议。

项目考核

1.多项选择题

（1）解决货运争议的方式包括（　　）。

A.协商　　B.调解　　C.仲裁　　D.诉讼

（2）货运代理责任保险通常不承保（　　）。

A.走私物品　　B.罢工　　C.超出限额的部分　　D.倒签提单

（3）货运代理责任保险承保事项包括（　　）。

A.投保类别有误　　B.仓库保管疏忽　　C.迟延发货　　D.选择承运人有误

2.案例分析题

上海某地毯公司向德国某公司出口高端定制地毯，双方在合同中约定："定制地毯30卷，CIF法兰克福7 000美元/卷，总值21万美元；采用航空运输方式，起运地上海，目的地法兰克福；支付方式为100%不可撤销即期信用证结算。"

合同签订后，德国公司通过一家德国银行开来信用证。而后出口方将货物运至上海浦东机场并顺利发运，缮制完单据后凭有关单据向国内银行议付，顺利得到议付款项。不料，国内议付银行再将有关单据寄往德国开证行进行索汇时，交单后的第四个银行工作日，开证行以"单据不符"为由拒绝付款。于是出口商立即与承运这批货物的航空公司联系，被告知货物早被航空运单上写明的收货人（即买方）提走。再与买方联系，毫无音信。多次与开证行联系，开证行均以同样的理由推脱。后来多方打听，方知德国开证行是一家实力很弱、信誉不佳且濒临破产的金融公司，货款根本无法索回。三个月后，国内议付行以单据不符、遭开证行拒付为由，收回议付款并加收利息。

（1）在结算方式上，本案采用信用证结算方式，在航空运输方式下是否合适？

（2）在出单方式上，本案采用使用航空公司运单的直接出单方式，为何说采用货代签发分运单，并在收货人或通知人一栏中填写买方所在地的卖方代理人的出单方式，可能更有利于规避风险？

3.简答题

（1）简述货运代理风险构成要素。

（2）简述货运代理责任保险及与货物运输保险的区别。

（3）简述货运代理索赔与理赔的概念。

主要参考文献及网站

[1] 孙家庆. 海运管理 [M]. 北京：北京交通大学出版社，2013.

[2] 孙家庆. 集装箱多式联运 [M]. 4版. 北京：中国人民大学出版社，2020.

[3] 孙家庆，等. 集装箱运输实务 [M]. 北京：北京大学出版社，2012.

[4] 孙家庆. 国际货运代理 [M]. 6版. 大连：东北财经大学出版社，2021.

[5] 孙家庆. 国际货物运输设计与管理 [M]. 北京：中国物资出版社，2011.

[6] 孙家庆. 国际陆路货运代理与多式联运理论与实务 [M]. 北京：中国商务出版社，2020.

[7] 孙家庆. 国际航运代理理论与实务 [M]. 2版. 大连：大连海事大学出版社，2016.

[8] 孙家庆. 运输代理理论与实务 [M]. 北京：人民交通出版社，2018.

[9] 孙家庆. 物流风险管理 [M]. 5版. 大连：东北财经大学出版社，2023.

[10] 孙晓，金飒帅. 货运代理 [M]. 上海：华东师范大学出版社，2022.

[11] 李贺. 国际货运代理 [M]. 2版. 上海：上海财经大学出版社，2023.

[12] 顾永才，王斌义. 国际货运代理实务 [M]. 6版. 北京：首都经济贸易大学出版社，2023.

[13] 苏兆河. 货运代理 [M]. 北京：中国劳动社会保障出版社，2021.

[14] 李凌，李海峰. 国际货运代理实务 [M]. 4版. 北京：对外经贸大学出版社，2023.

[15] 王学锋. 国际航运代理理论与实务 [M]. 上海：上海交通大学出版社，2014.

[16] 孟于群. 无船承运人法律实务及案例 [M]. 北京：中国商务出版社，2014.

[17] 黎孝先，王健. 国际贸易实务 [M]. 7版. 北京：对外经贸大学出版社，2023.

[18] 司玉琢. 海商法 [M]. 5版. 北京：法律出版社，2023.

[19] 中国船舶代理与无船承运人网：http：//www.casa.org.cn.

[20] 中国航空运输协会网：http：//www.cata.org.cn.

[21] 国际货运代理综合服务网：http：//www.ciffic.org.